高职高专互联网+新形态教材·财会系列

审计基础与实务

(微课版)

陈小英　林晓娉
张仁杰　樊　葵　　主　编

清华大学出版社
北京

内 容 简 介

本书根据教育部新制定的高等职业教育财经大类专业教学标准和国家新颁布的审计法规编写而成。在内容上以审计工作流程为导向,分十个项目,层层递进,充分展现审计工作的全貌。十个项目分别为认知审计职业、接受审计业务委托、编制审计计划、评估与应对审计风险、销售与收款循环的审计、采购与付款循环的审计、生产与存货循环的审计、筹资与投资循环的审计、货币资金的审计、撰写审计报告。全书系统地展示了审计的基本理论、基本方法和基本操作要领。本书提供了相应的微课配套资料,以二维码的形式呈现,扫码可以直接获取。为了方便教与学,本书还配有教学课件、习题答案等教学资源。

本书既可作为高职高专院校会计、审计专业和财经类其他专业的教学用书,也可作为财会、审计相关行业从业人员的参考用书。

图书在版编目(CIP)数据

审计基础与实务: 微课版/陈小英等主编. —北京:清华大学出版社,2022.8(2023.9重印)
高职高专互联网+新形态教材. 财会系列
ISBN 978-7-302-61348-0

①审… Ⅱ. ①陈… Ⅲ. ①审计学—高等职业教育—教材 Ⅳ. ①F239.0

中国版本图书馆 CIP 数据核字(2022)第 124208 号

责任编辑: 梁媛媛
封面设计: 刘孝琼
责任校对: 周剑云
责任印制: 丛怀宇

出版发行: 清华大学出版社
    网 址: http://www.tup.com.cn, http://www.wqbook.com
    地 址: 北京清华大学学研大厦 A 座 邮 编: 100084
    社 总 机: 010-83470000 邮 购: 010-62786544
    投稿与读者服务: 010-62776969, c-service@tup.tsinghua.edu.cn
    质量反馈: 010-62772015, zhiliang@tup.tsinghua.edu.cn
    课件下载: http://www.tup.com.cn, 010-62791865
印 装 者: 三河市龙大印装有限公司
经 销: 全国新华书店
开 本: 185mm×260mm 印 张: 15.5 字 数: 372 千字
版 次: 2022 年 8 月第 1 版 印 次: 2023 年 9 月第 2 次印刷
定 价: 48.00 元

产品编号: 091607-01

前　　言

"审计基础与实务"课程是财会类专业的专业课之一，内容涵盖审计学的基本理论、程序和方法。审计基础与实务课程主要通过对审计理论和实务的讲解，并辅以生动的案例剖析，使学生掌握审计学的基本理论、程序和方法，更好地了解和掌握审计理论、审计过程和审计决策，为今后从事会计、审计工作打下扎实的基础。

本着与时俱进的精神，为了体现注册会计师审计工作的现实需求，反映审计准则的最新变化，遵循"以就业为导向、以能力为本位、以实践为中心"的原则，突出学生实践能力的培养，按照财会类专业人才培养方案的要求，我们组织编写了《审计基础与实务(微课版)》一书。

本书具有如下三大特点。

1. 体现了工学结合的人才培养模式要求

为了实现"做中学""学中做"，我们对审计课程进行了创新，把会计师事务所的审计工作引入课堂，即教室就是审计现场，赋予了学生注册会计师的特殊身份，实现了人才培养理论与实践的零距离对接，突出了高素质、应用型人才培养的特点。

2. 基于工作过程设计课程内容体系

根据审计工作流程，将教学内容分十个项目，层层递进，充分展现审计工作的全貌。十个项目分别为认知审计职业、接受审计业务委托、编制审计计划、评估与应对审计风险、销售与收款循环的审计、采购与付款循环的审计、生产与存货循环的审计、筹资与投资循环的审计、货币资金的审计、撰写审计报告。系统地展示了审计的基本理论、基本方法和基本操作要领。并在每个项目下设置工作任务。

3. 突出案例教学，实现教学模式创新

每个项目前以"案例引导"引入本环节学习内容，使学生了解本项目学习的主要内容及学习目的，从而全面培养学生发现问题、分析问题、解决问题的审计职业能力，体现以就业为导向的办学宗旨。

本书由福建农业职业技术学院陈小英、林晓娉、张仁杰、樊葵担任主编。陈小英负责总体框架的设计、提出编写大纲并负责全书的总纂与定稿，以及编写项目七、项目九；林晓娉编写项目五、项目六、项目八；张仁杰编写项目一、项目二；樊葵编写项目三、项目四、项目十。

本书在出版过程中得到了清华大学出版社的大力支持。另外，在编写过程中，我们还参阅了一些审计教材，吸收、借鉴、引用了近年来高等职业教育的最新教改成果及有关资料，在此一并表示诚挚的谢意！

由于编者水平有限，书中难免有不妥之处，敬请读者批评指正，以便在修订时改正。

编　者

目　　录

高职高专互联网＋新形态教材·财会系列

项目一
认知审计职业

【知识目标】

- 了解审计的产生与发展，掌握审计与经济的关系。
- 掌握审计的概念、特征和职能；了解审计的作用、对象和审计主体。
- 了解审计准则。
- 掌握审计职业道德和法律责任。

【技能目标】

- 能了解审计的发展历史及产生的原因。
- 能识别审计的概念、特征和职能。
- 能基本上了解审计的准则。
- 能熟悉审计职业道德，掌握审计的法律责任。

【案例引导】

2009 年 6～11 月，审计署和地方审计机关先后组成 1 289 个审计组，派出 4 549 人次，对规划总投资 2 607.72 亿元的 6 960 个汶川地震灾后恢复重建项目进行了跟踪审计和审计调查。其中，审计署直接对 72 个重点项目、753 所学校和 22 个县(含县级市和市辖区)城乡居民住房重建项目(规划总投资 768.50 亿元，已完成投资 372.88 亿元)进行了审计和审计调查。

摘自审计署《汶川地震灾后恢复重建跟踪审计结果(第 2 号)》(二〇一〇年一月二十七日公告)

问题：审计是什么？审计对国家、企业和个人会带来什么样的影响？

(资料来源：盛永志. 审计学[M]. 北京：北京交通大学出版社，2011.)

任务一　审计的产生与发展

一、审计产生与发展的基础

审计作为一种经济监督活动，自出现社会经济管理活动就产生了。在社会发展的各个时期，由于生产力发展水平不同，社会经济管理方式不同，审计的广度、深度和形式也自然各不相同。审计是因授权管理经济活动的需要而产生的，受托经济责任关系才是审计产生的真正基础。

生产力水平低下的原始社会不需要审计；在经济不发达的时期，对于小规模的经济，生产资料的占有者可以亲自管理，生产资料的所有者，即生产资料的经营者和监督者，无须第三者去审计。随着社会生产力水平的提高和经济的发展，社会财富日益增多，剩余的生产产品逐渐集中在少数人手中。当生产资料的所有者不能直接管理和经营其所拥有的财富时，就有必要授权或委托他人代为管理和经营，这就导致了生产资料所有权与经营管理权的分离，从而产生了委托和受托代理之间的经济责任关系，这就为以监督检查为职责的审计的诞生奠定了基础。因为财产物资的所有者为了保护其财产安全完整并有所增值，需要定期或不定期了解其授权或委托的代理人员是否忠于职守、尽职尽责地从事管理和经营工作，有无徇私舞弊及提供虚假财务报告等行为，这就有必要授权或委托熟悉会计业务的人员去审查代理人员所提供的会计资料及其他管理资料，以便于在辨明真伪、确认优劣的基础上明确奖罚，由此就产生了审计关系。所谓审计关系就是构成审计三要素之间的经济责任关系。作为审计主体的第一关系人在审计活动中起主导作用，其既要接受第三关系人的委托或授权，又要对第二关系人所履行的经济责任进行审查和评价，但是其独立于两者之间，与第二关系人及第三关系人不存在任何经济利益上的联系。作为审计授权或委托人的第三关系人，在审计活动中起决定作用。第三关系人如果不委托第二关系人对其财产进行管理或经营，那么就不存在第三关系人和第二关系人之间的经济责任关系，自然也就没必要委托或授权第一关系人去进行审查和评价。审计三方面的关系人形成的审计关系如图 1-1 所示。

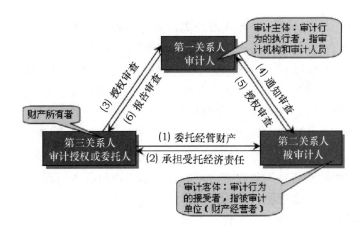

图 1-1 审计关系

当社会生产力发展到一定水平时，奴隶主疆土的扩大与财富的增多，导致了统治者分封王族、功臣和贵族到各地做诸侯，这些诸侯受命于统治者，管理土地，并向统治者交纳一定的贡赋。这种土地国有制与经营权的分离，即是国家授权管理的开始，它使统治者与各路诸侯之间不仅存在政治依附关系，也出现了经济责任关系，官厅审计工作正是基于这种经济关系而产生的。

社会审计最早产生于合伙人企业出现以后。企业合伙人授权或委托部分合资者经营管理企业，并需要监督检查经营管理者履行合伙契约的情况，同时，要得到参加经营管理的合伙人的认可。正因为企业的所有权与管理权有了一定程度上的分离，才需要委托第三方审查，社会审计就此诞生。当企业生产规模进一步扩大以后，股份有限公司的企业组织出现，生产资料的所有者和经营者得到了进一步分离，企业授权管理的范围扩大，股东与债权人为了维护自身的经济利益，公司经营者为了维护自己的信誉，均需要委托第三方对企业财务状况及有关经济活动进行审计，更促进了社会审计的飞速发展。

由于科学技术的进步，不仅使企业、事业单位及行政管理机关的规模扩大，而且业务范围更加广泛，促成了授权管理方法的普遍使用，使授权层次增加且授权范围扩大。这样，部门和单位的最高管理当局就有必要对其下属各层次管理者履行职责的情况进行监督检查，部门和单位的内部审计因此产生。

可见，审计是社会经济发展到一定阶段的产物，是在财产所有权与经营权相分离而形成的受托责任关系下，基于监督的客观需要而产生的。也就是说，受托经济责任关系是审计产生的基础。

二、审计的产生与发展

1. 我国审计的产生与发展

西周初期，我国的审计制度开始萌芽。据《周礼》记载，西周的官制中，国家财政机构分为两个系统，一是地官司徒系统，掌管财政收入；二是天官冢宰系统，掌管财政支出。另设独立于财政部门之外的"宰夫"一职，负责审查"财用之出入"，监督群吏执行朝法。"宰夫"标志着我国国家审计制度的产生。

高职高专互联网＋新形态教材·财会系列

秦汉时期是审计与会计由合一到逐渐分离，并走向独立的阶段，是我国审计制度的确立阶段。秦汉时期，审计的主要特点表现在三个方面：一是初步形成了全国审计机构与监察机构相结合，经济法制与审计监督制度相统一的审计模式。如秦朝，中央设"三公""九卿"辅佐政务，御史大夫为"三公"之一，掌管弹劾、纠察之权，专司监察全国的民政、财政和财务审计事项。二是"上计"制度日趋完善。"上计"就是皇帝亲自参加听取和审核各地方官吏的财政会计报告，以决定赏罚的制度。"上计"制度始于周朝，到秦汉时期得到完善。三是审计地位提高，职权扩大。御史大夫不仅行使政治、军事监察之权，还行使经济监督之权，控制和监督财政收支活动，钩稽总考财政收入情况。御史大夫自上而下进行的御史监察制度和由诸郡县自下而上进行的上计制度，形成了一个上下贯通的由中央控制全国的监督系统，使我国审计工作进入确立发展时期。但是，秦汉官制中尚未设置专职审计职责的官员和机构。

隋唐至宋时代是封建经济的鼎盛时期，我国审计制度也进入日臻完善的阶段。隋刑部下设比部，使审计成为国家司法监督部门的组成部分。唐除设比部外，还将稽查职能划归御史台，使比部和最高监察机关配合。宋设"审计司(院)"，成为我国"审计"一词最早的来源。这一时期，不仅有独立行使经济监察职权的专门审计机构，如比部、审计院等，同时也出现了较为完善的监察制度和专职经济监察人员。

元明清三代封建经济渐趋衰败，君主专制日益强化，与此相适应，国家审计也逐步衰退，专门的审计机构被撤销，户部自己行使"审计"权力，审计监督流于形式。这一时期审计发展停滞不前。

民国时期，封建帝制被推翻，审计进入了近代演进时期。1912年北洋政府在国务院设立审计处，1914年颁布了《审计法》，这是我国历史上第一部审计法典。1928年，国民政府成立审计院，后改为审计部，隶属监察院，并引进了西方的审计制度，形成了比较完整的国家审计体系。与此同时，我国民族资本主义工商业有所发展，民间审计(注册会计师审计)应运而生。1918年北洋政府颁布了我国第一部注册会计师法规——《会计师暂行章程》。著名会计学家谢霖先生成为我国第一位注册会计师，并创办了中国第一家会计师事务所——正则会计师事务所，从而揭开了我国注册会计师职业发展的序幕。到1947年，全国已拥有注册会计师2619人。但在中华人民共和国成立之前，由于经济落后，注册会计师审计并没有很好地发挥其作用。

中华人民共和国成立后，由于实行高度集中的计划经济体制，商品经济受到遏制，30多年没有设立独立的审计机构，而对企业财税监督和货币管理是通过不定期的会计检查实施的。

1980年，我国恢复了会计师事务所制度。1986年，国务院颁布了《中华人民共和国注册会计师条例》。1993年，我国颁布了《中华人民共和国注册会计师法》。我国社会审计的发展由此进入了一个新的阶段。

1982年修改的《宪法》规定国务院设立审计机关。1983年9月15日，国务院设立了审计署，随后，县以上各级人民政府也设置了各级地方审计机关。1985年，国务院颁布的《国务院关于审计工作的暂行规定》，1988年颁布的《中华人民共和国审计条例》，1994年颁布的《中华人民共和国审计法》，为审计机关依法履行审计监督职责提供了法律保障。

　　为了全面开展审计工作，完善审计监督体系，我国于 1984 年在各行政机关和企事业单位内部成立了审计机构，进行内部审计监督。1985 年，审计署发布了《关于内部审计工作的若干规定》，1995 年发布了《关于内部审计工作的规定》。在各级政府审计机关、各级主管部门的积极推动下，内部审计也蓬勃发展起来。

　　至此，我国形成了国家审计、注册会计师审计和内部审计三位一体的审计监督体系，三者各自独立、各司其职，在不同领域实施审计，审计工作进入振兴时期。审计监督体系的构建和完善对我国市场经济体制的有序运行乃至整个社会的良性发展都起到了积极的促进作用。

2. 西方国家审计的产生与发展

　　国外最早设立国家审计机关的是奴隶制度下的古罗马、古希腊和古埃及等国家。公元前 443 年，古罗马设立财务官和审计官，协助元老院处理日常财政事务。在西方国家，除了开展官厅审计之外，还大规模地进行私人财产审计，如寺院审计、庄园审计、行会审计和银行审计等，形成了早期的内部审计，使审计逐渐从官厅走向民间。

　　由职业会计师进行的社会审计，最早出现于 16 世纪末期。18 世纪 60 年代，随着工业革命的到来，资本主义工商业逐步兴起，西方出现了以发行股票筹集资金的股份制公司。由于股份制公司的所有权与经营权相分离，为了维护投资者的合法利益，因此对经营管理者进行监督是十分必要的。股份制公司的所有者聘请职业会计师来承担此项工作，现代社会审计制度应运而生。世界上第一位社会审计人员是 1720 年受英国议会委托，负责清查南海公司破产事件的查尔斯·斯内尔。1853 年，在苏格兰成立的爱丁堡会计师协会是世界上第一个社会审计执业团体。美国南北战争后，英国社会审计传入美国。1886 年，美国颁布了《公证会计师法》。1887 年，美国会计师公会成立，1916 年改组为美国会计师协会，后来发展成为美国注册公共会计师协会(AICPA)，成为世界上最大的社会审计专业团体。20世纪初，出于银行信贷业务发展的需要，美国突破了以查错纠弊为目的的详细审计，创立了以保护债权人为目的，对贷款企业的资产负债表进行分析性审查的资产负债表审计。1929年经济危机爆发后，美国开始重视对投资者利益的保护。1934 年，美国颁布了《证券交易法》，规定上市公司必须向交易所报送经注册会计师审查鉴证的会计报表，至此美国社会审计进入会计报表审计时代。第二次世界大战后，生产进一步社会化，企业的生产经营规模日益扩大，特别是各种形式垄断组织的出现和跨国公司的扩展，企业的管理层次和分支机构增加，从而使内部控制的范围也随之扩大。企业开始设置专门从事内部审计的机构和人员，对企业各部门、各层次以及各分支机构的工作效率、财务状况和经营成果乃至贯彻经营方针、实现经营目标的状况进行检查监督，实现了有效的间接控制。现代内部审计就是这样产生和发展起来的。

　　从审计的产生与发展历程我们可以看到，审计的产生与发展和经济环境密切相关，经济越发达，审计越重要。

高职高专互联网＋新形态教材·财会系列

任务二 审计的基本概念

一、审计的定义

我国"审计"一词最早见于宋代的《宋史》。从词义上解释，"审"为审查，"计"为会计账目，审计就是审查会计账目。"审计"一词的英文为"Audit"，释义为"查账"，兼有"旁听"的含义。由此可见，早期的审计就是审查会计账目，与会计账目密切相关。

审计发展至今，早已超越了查账的范畴，涉及对各项工作的经济性、效率性和效果性的查核。

"美国会计学会(AAA)审计基础概念委员会"对审计的定义如下："审计是客观地获取和评价有关经济活动和事件运行的证据，以确定有关经济活动和事件运行的情况与已建立的标准之间的一致性程度，并将此结果报告给有关利益人的一个系统过程。"

美国审计总局对审计的定义：审计包括审查会计记录、财务事项和财务报表，还包括如下内容，查核各项工作是否符合法律和规章；查核各项工作是否经济和有效；查核各项工作的结果，评价其是否已有效地获得了预期的结果。

日本著名审计学者三泽一教授在《审计基础理论》一书中定义的审计："审计是具有公正不伪立场的第三方就一定对象的必须查明的事项进行批评性的调查行为，还包含报告调查结果。"

我国审计理论和实务工作者普遍认为，"审计是由专职机构和人员，对被审计单位的财政、财务收支及其他经济活动的真实性、合法性和效益性进行审查和评价的独立性经济监督活动"。这个定义准确地说明了审计的本质，审计的主体、客体，审计的基本工作方式和主要目标。

对于审计的定义可从审计的特征、审计的职能、审计的作用、审计的对象、审计的主体等几个方面来理解。

二、审计的特征

与经济管理活动、非经济监督活动以及其他专业性经济监督活动相比较，审计主要具有以下三个基本特征。

1. 独立性特征

审计独立性是指审计机构和人员可以依法独立行使审计监督权，不受其他行政机关、社会团体和个人的干涉。审计独立性主要是由审计人在审计关系人中所处的超脱地位所决定的。独立性是审计的灵魂，是审计的本质特征，是保证审计工作顺利进行的必要条件。国内外审计实践经验表明，审计在组织上、人员上、工作上、经费上均应有独立性，否则就不能确保审计机构独立行使审计监督权。

2. 权威性特征

审计的独立性决定了它的权威性。审计的权威性与独立性密切相关，与审计组织的独立地位和审计人员的独立执业紧密相联。各国国家法律对实行审计制度、建立审计机关以及审计机构的地位和权力都有明确规定，从而使审计组织具备了法律的权威性。审计人员依法执行职务，受法律保护。任何组织和个人不得拒绝、阻碍审计人员依法执行职务，不得打击报复审计人员。

根据我国审计法规定，被审计单位必须坚决执行审计机关的决定，如将非法所得及罚款按期缴入审计机关指定的专门账户。对被审计单位和协助执行单位未按规定期限和要求执行审计决定的，应当采取措施责令其执行；对拒不执行审计决定的，可申请法院强制执行，并可依法追究其法律责任。由此可见，我国政府审计机关的审计决定具有法律效力，可以强制执行，这也充分显示了我国审计的权威性。

我国民间审计组织，也是经过有关部门批准、登记注册的法人组织，依照法律规定独立承办审计查账验证和咨询服务业务，其审计报告对外具有法律效力，这也充分体现了其具有同样的法定地位和权威性。

我国内部审计机构也是根据法律规定设置的，在单位内部具有较高的地位和相对的独立性，因此也具有一定的权威性。各国为了保障审计的权威性，分别通过《公司法》《证券交易法》《商法》《破产法》等，从法律层面赋予其监督、评价、鉴证职能。一些国际性的组织为了提高审计的权威性，还通过协调各国的审计制度、准则以及制定统一的标准，使审计活动成为一项世界性权威的专业服务。

3. 公正性特征

与权威性密切相关的是审计的公正性。从某种意义上来说，没有公正性，也就不存在权威性。审计的公正性反映了审计工作的基本要求。审计人员理应站在第三方的立场上，进行实事求是的检查，作出不带任何偏见的、符合客观实际的判断，并作出公正的评价和进行公正的处理，以正确地确定或解除被审计人的经济责任。审计人员只有同时保持独立性、公正性，才能取信于审计授权者或委托者以及社会公众，才能真正树立审计权威的形象。

三、审计的职能

审计职能是指审计能够完成任务、发挥作用的内在功能。审计职能是审计自身固有的，但并不是一成不变的，它随着社会经济的发展、经济关系的变化、审计对象的扩大、人类认识能力的提高而不断加深和扩展。

1. 经济监督职能

审计的经济监督职能，主要是指通过审计，监察和督促被审计单位的经济活动在规定的范围内、正常的轨道上进行；监察和督促有关经济责任者忠实地履行经济责任，并借以揭露违法违纪、稽查损失浪费，查明错误弊端，判断管理缺陷和追究经济责任等。审计工作的核心是通过审核检查，查明被审计事项的真相，然后对照一定的标准，作出被审计单位经济活动是否真实、合法、有效的结论。从依法检查到依法评价，直到依法作出处理决定以及督促决定的执行，无不体现了审计的监督职能。

2. 经济鉴证职能

审计的经济鉴证职能，是指审计机构和审计人员对被审计单位会计报表及其他经济资料进行检查和验证，确定其财务状况和经营成果是否真实、公允、合法、合规，并出具书面证明，以便为审计的授权人或委托人提供确切的信息，并取信于社会公众的一种职能。

审计的经济鉴证职能包括鉴定和证明两个方面。例如，会计师事务所接受某中外合资经营企业的委托，对其投入资本进行验资，对其年度财务报表进行审查，或对其合并、解散事项进行审核，然后出具验资报告、查账报告和清算报告等，这些行为均属于审计执行经济鉴证职能。再如，国家审计机关对厂长(经理)的离任审计，对承包、租赁经营者的经济责任审计，对国际组织的援助项目和世界银行贷款项目的审计等，也都属于经济鉴证的范围。

3. 经济评价职能

审计的经济评价职能，是指审计机构和审计人员对被审计单位的经济资料及经济活动进行审查，并依据一定的标准对所查明的事实进行分析和判断，肯定成绩，指出问题，总结经验，以寻求改善管理，提高效率、效益的途径。

审计的经济评价职能包括评定和建议两个方面。例如，审计人员通过审核检查，评定被审计单位的经营决策、计划、方案是否切实可行、是否科学先进、是否贯彻执行，评定被审计单位内部控制制度是否健全和有效，评定被审计单位各项会计资料及其他经济资料是否真实、可靠，评定被审计单位各项资源的使用是否合理和有效，等等。并根据评定的结果，提出改善经营管理的建议。经济效益审计是最能体现审计经济评价职能的一种审计活动。

四、审计的作用、对象和主体

1. 审计的作用

审计的作用是指在审计实践中履行审计职能所产生的客观影响。审计作用是由审计职能决定的。西方的审计学家认为，审计是建立一个廉洁政府的有力工具。由此可见，审计监督不仅有利于我国经济制度的建设，对于社会主义政治制度的建设也发挥着很大的作用。

(1) 防护性。防护性是指审计工作在执行批判性的活动中，通过监督、鉴证和评价以防控经济活动中的各种消极因素，有助于受托责任者正确履行受托责任和保证社会经济的健康发展。

(2) 建设性。建设性是指审计人员在执行指导性的活动中，通过监督、鉴证和评价，对被审计单位存在的问题提出改进的建议与意见，从而使其经营管理水平进一步得到改善与提高。

2. 审计的对象

审计的对象是指审计客体，即被审计单位的经济活动。具体来说，这一概念包含以下三层含义。

(1) 从审计对象的空间范围来看，国家审计的对象主要是各级政府机关、国有企业和事业组织；内部审计的对象为本组织；注册会计师审计的对象主要是委托人指定的单位。

(2) 从审计对象涉及的具体内容来看，审计对象主要是指被审计单位的财政收支、公共资金的收支、财务收支及其相关的经济活动。

(3) 从审计对象的载体来看，审计对象是指被审计单位的会计资料及其相关资料。

3. 审计的主体

审计的主体是指审计的执行者，包括审计组织和审计人员两个层次。

审计组织一般可分为三类，即国家审计机关、民间审计组织和内部审计机构。相应地，审计人员也可分为三类，即国家审计人员、民间审计人员和内部审计人员。

任务三　审　计　准　则

审计准则是注册会计师进行审计工作时必须遵循的行为规范，是审计人员执行审计业务、获取审计证据、形成审计结论、出具审计报告的专业标准。

审计准则是把审计实务中一般认为公正妥善的审计活动加以概括归纳而形成的原则。它虽不具备法定的强制力，但审计人员从事审计时必须遵循，因此它具有适应性、主体性、全面性和权威性等特征。

根据审计主体的不同及其作用范围的不同，审计准则可分为民间审计准则、政府审计准则和内部审计准则。

在审计发展史上，规范注册会计师执业的独立审计准则是最早出现的，后来在此基础上又出现了政府审计准则和内部审计准则。

随着注册会计师业务领域的多元化，"审计准则"的含义已不能覆盖其全部执业范围，而"注册会计师执业准则"的含义却更能体现其业务范围的这一变化。因此，本任务将主要介绍中国注册会计师执业准则。

2006年2月15日，财政部发布了由中国注册会计师协会拟定与修订的48项准则，并于2007年1月1日起在会计师事务所施行。2010年11月1日，中国注册会计师协会又修订了《中国注册会计师审计准则第1101号——注册会计师的总体目标和审计工作的基本要求》等38项准则，自2012年1月1日起施行。至此，我国已建立起一套适应本国国情、与国际审计准则趋同的中国注册会计师执业准则体系，以满足注册会计师业务多元化发展的需要。这套中国注册会计师执业准则体系包括注册会计师业务准则和会计师事务所质量控制准则。中国注册会计师执业准则体系如图1-2所示。

高职高专互联网+新形态教材·财会系列

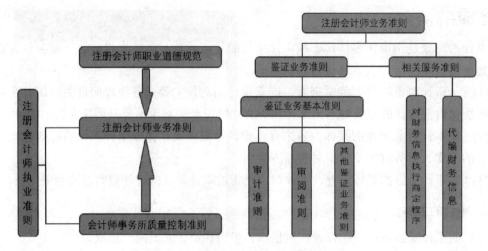

图 1-2　中国注册会计师执业准则体系

一、注册会计师业务准则

注册会计师业务准则是注册会计师执行各类业务所应遵循的行业标准。

1. 注册会计师鉴证业务准则

注册会计师鉴证业务准则是整个执业准则体系中最主要的部分,可分为如下两个层次。

第一层次是起统领作用的鉴证业务基本准则,是为了规范注册会计师执行鉴证业务,明确鉴证业务的目标和要素,确定审计准则、审阅准则和其他鉴证业务准则适用的鉴证业务类型的准则。

第二层次分为审计准则、审阅准则和其他鉴证业务准则。审计准则可用来规范注册会计师执行历史财务信息(主要是财务报表)审计业务,是整个业务准则体系的核心。

1)　审计准则

(1) 2006 年发布 48 项,仍有效(以 2019 年 7 月 1 日为时点,下同)的 13 项如下所述。

财会〔2006〕第 4 号中国注册会计师鉴证业务基本准则

中国注册会计师审计准则第 1602 号——验资

中国注册会计师审计准则第 1611 号——商业银行财务报表审计

中国注册会计师审计准则第 1612 号——银行间函证程序

中国注册会计师审计准则第 1613 号——与银行监管机构的关系

中国注册会计师审计准则第 1631 号——财务报表审计中对环境事项的考虑

中国注册会计师审计准则第 1632 号——衍生金融工具的审计

中国注册会计师审计准则第 1633 号——电子商务对财务报表审计的影响

中国注册会计师审阅准则第 2101 号——财务报表审阅

中国注册会计师其他鉴证业务准则第 3101 号——历史财务信息审计或审阅以外的鉴证业务

中国注册会计师其他鉴证业务准则第 3111 号——预测性财务信息的审核

中国注册会计师相关服务准则第 4101 号——对财务信息执行商定程序

中国注册会计师相关服务准则第 4111 号——代编财务信息

(2) 2010 年发布 38 项，仍有效的 13 项如下所述。

财会〔2010〕第 21 号中国注册会计师审计准则第 1152 号——向治理层和管理层通报内部控制缺陷

中国注册会计师审计准则第 1153 号——前任注册会计师和后任注册会计师的沟通

中国注册会计师审计准则第 1201 号——计划审计工作

中国注册会计师审计准则第 1241 号——对被审计单位使用服务机构的考虑

中国注册会计师审计准则第 1312 号——函证

中国注册会计师审计准则第 1313 号——分析程序

中国注册会计师审计准则第 1314 号——审计抽样

中国注册会计师审计准则第 1321 号——审计会计估计(包括公允价值会计估计)和相关披露

中国注册会计师审计准则第 1323 号——关联方

中国注册会计师审计准则第 1421 号——利用专家的工作

中国注册会计师审计准则第 1601 号——对按照特殊目的编制基础编制的财务报表审计的特殊考虑

中国注册会计师审计准则第 1603 号——对单一财务报表和财务报表特定要素审计的特殊考虑

中国注册会计师审计准则第 1604 号——对简要财务报表出具报告的业务

(3) 2016 年发布 12 项，仍有效的 7 项如下所述。

财会〔2016〕第 24 号中国注册会计师审计准则第 1111 号——就审计业务约定条款达成一致意见

中国注册会计师审计准则第 1131 号——审计工作底稿

中国注册会计师审计准则第 1301 号——审计证据

中国注册会计师审计准则第 1324 号——持续经营

中国注册会计师审计准则第 1332 号——期后事项

中国注册会计师审计准则第 1341 号——书面声明

中国注册会计师审计准则第 1504 号——在审计报告中沟通关键审计事项

中国注册会计师审计准则第 1521 号——注册会计师对其他信息的责任

(4) 2019 年新发布的 18 项如下所述。

财会〔2019〕第 5 号中国注册会计师审计准则第 1101 号——注册会计师的总体目标和审计工作的基本要求

中国注册会计师审计准则第 1121 号——对财务报表审计实施的质量控制

中国注册会计师审计准则第 1141 号——财务报表审计中与舞弊相关的责任

中国注册会计师审计准则第 1142 号——财务报表审计中对法律法规的考虑

中国注册会计师审计准则第 1151 号——与治理层的沟通

中国注册会计师审计准则第 1211 号——通过了解被审计单位及其环境识别和评估重大错报风险

中国注册会计师审计准则第 1221 号——计划和执行审计工作时的重要性

高职高专互联网＋新形态教材·财会系列

中国注册会计师审计准则第 1231 号——针对评估的重大错报风险采取的应对措施

中国注册会计师审计准则第 1251 号——评价审计过程中识别出的错报

中国注册会计师审计准则第 1311 号——对存货、诉讼和索赔、分部信息等特定项目获取审计证据的具体考虑

中国注册会计师审计准则第 1331 号——首次审计业务涉及的期初余额

中国注册会计师审计准则第 1401 号——对集团财务报表审计的特殊考虑

中国注册会计师审计准则第 1411 号——利用内部审计人员的工作

中国注册会计师审计准则第 1501 号——对财务报表形成审计意见和出具审计报告

中国注册会计师审计准则第 1502 号——在审计报告中发表非无保留意见

中国注册会计师审计准则第 1503 号——在审计报告中增加强调事项段和其他事项段

中国注册会计师审计准则第 1511 号——比较信息：对应数据和比较财务报表质量控制

中国注册会计师审计准则第 5101 号——会计师事务所对执行财务报表审计和审阅、其他鉴证和相关服务业务实施的质量控制

2) 审计准则应用指南

(1) 2007 年发布 48 项，仍有效的 13 项如下所述。

会协〔2007〕第 89 号中国注册会计师鉴证业务基本准则

中国注册会计师审计准则第 1602 号——验资

中国注册会计师审计准则第 1611 号——商业银行财务报表审计

中国注册会计师审计准则第 1612 号——银行间函证程序

中国注册会计师审计准则第 1613 号——与银行监管机构的关系

中国注册会计师审计准则第 1631 号——财务报表审计中对环境事项的考虑

中国注册会计师审计准则第 1632 号——衍生金融工具的审计

中国注册会计师审计准则第 1633 号——电子商务对财务报表审计的影响

中国注册会计师审阅准则第 2101 号——财务报表审阅

中国注册会计师其他鉴证业务准则第 3101 号——历史财务信息审计或审阅以外的鉴证业务

中国注册会计师其他鉴证业务准则第 3111 号——预测性财务信息的审核

中国注册会计师相关服务准则第 4101 号——对财务信息执行商定程序

中国注册会计师相关服务准则第 4111 号——代编财务信息

(2) 2010 年发布 38 项，仍有效的 9 项如下所述。

会协〔2010〕第 94 号中国注册会计师审计准则第 1152 号——向治理层和管理层通报内部控制缺陷

中国注册会计师审计准则第 1241 号——对被审计单位使用服务机构的考虑

中国注册会计师审计准则第 1312 号——函证

中国注册会计师审计准则第 1313 号——分析程序

中国注册会计师审计准则第 1314 号——审计抽样

中国注册会计师审计准则第 1421 号——利用专家的工作

中国注册会计师审计准则第 1601 号——对按照特殊目的编制基础编制的财务报表审计的特殊考虑

中国注册会计师审计准则第 1603 号——对单一财务报表和财务报表特定要素审计的特殊考虑

中国注册会计师审计准则第 1604 号——对简要财务报表出具报告的业务

(3) 2017 年发布 16 项，仍有效的 6 项如下所述。

会协〔2017〕第 11 号中国注册会计师审计准则第 1131 号——审计工作底稿

中国注册会计师审计准则第 1324 号——持续经营

中国注册会计师审计准则第 1331 号——首次审计业务涉及的期初余额

中国注册会计师审计准则第 1332 号——期后事项

中国注册会计师审计准则第 1511 号——比较信息：对应数据和比较财务报表

中国注册会计师审计准则第 1521 号——注册会计师对其他信息的责任

(4) 2019 年新发布的 24 项如下所述。

2019 年中国注册会计师审计准则第 1101 号——注册会计师的总体目标和审计工作的基本要求

中国注册会计师审计准则第 1111 号——就审计业务约定条款达成一致意见

中国注册会计师审计准则第 1121 号——对财务报表审计实施的质量控制

中国注册会计师审计准则第 1141 号——财务报表审计中与舞弊相关的责任

中国注册会计师审计准则第 1142 号——财务报表审计中对法律法规的考虑

中国注册会计师审计准则第 1151 号——与治理层的沟通

中国注册会计师审计准则第 1153 号——前任注册会计师和后任注册会计师的沟通

中国注册会计师审计准则第 1201 号——计划审计工作

中国注册会计师审计准则第 1211 号——通过了解被审计单位及其环境识别和评估重大错报风险

中国注册会计师审计准则第 1221 号——计划和执行审计工作时的重要性

中国注册会计师审计准则第 1231 号——针对评估的重大错报风险采取的应对措施

中国注册会计师审计准则第 1251 号——评价审计过程中识别出的错报

中国注册会计师审计准则第 1301 号——审计证据

中国注册会计师审计准则第 1311 号——对存货、诉讼和索赔、分部信息等特定项目获取审计证据的具体考虑

中国注册会计师审计准则第 1321 号——审计会计估计(包括公允价值会计估计)和相关披露

中国注册会计师审计准则第 1323 号——关联方

中国注册会计师审计准则第 1341 号——书面声明

中国注册会计师审计准则第 1401 号——对集团财务报表审计的特殊考虑

中国注册会计师审计准则第 1411 号——利用内部审计人员的工作

中国注册会计师审计准则第 1501 号——对财务报表形成审计意见和出具审计报告

中国注册会计师审计准则第 1502 号——在审计报告中发表非无保留意见

中国注册会计师审计准则第 1503 号——在审计报告中增加强调事项段和其他事项段

中国注册会计师审计准则第 1504 号——在审计报告中沟通关键审计事项

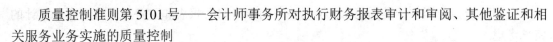

质量控制准则第 5101 号——会计师事务所对执行财务报表审计和审阅、其他鉴证和相关服务业务实施的质量控制

审阅准则可用来规范注册会计师执行历史财务信息(主要是财务报表)审阅业务。

目前，审阅准则只有一项：

中国注册会计师审阅准则第 2101 号——财务报表审阅

其他鉴证业务准则可用来规范注册会计师执行除历史财务信息审计和审阅以外的非历史财务信息鉴证业务。其他鉴证业务准则目前包括以下两项。

中国注册会计师其他鉴证业务准则第 3101 号——历史财务信息审计或审阅以外的鉴证业务

中国注册会计师其他鉴证业务准则第 3111 号——预测性财务信息的审核

2. 注册会计师相关服务准则

相关服务准则可用以规范注册会计师执行除鉴证业务以外的其他相关服务业务。相关服务准则目前包括以下两项。

中国注册会计师相关服务准则第 4101 号——对财务信息执行商定程序

中国注册会计师相关服务准则第 4111 号——代编财务信息

二、会计师事务所质量控制准则

会计师事务所质量控制准则是规范会计师事务所执行历史财务信息审计和审阅业务、其他鉴证业务及相关服务业务时应当遵守的质量控制标准和程序，是明确会计师事务所及其人员的质量控制责任的准则。会计师事务所根据质量控制准则来制定质量控制制度，以约束会计师事务所与注册会计师在执行时遵守法律法规、职业道德规范及相应的业务准则，合理保证业务质量。会计师事务所质量控制准则有会计师事务所质量控制准则第 5101 号——质量控制准则。

三、注册会计师执业准则指南

为了帮助注册会计师正确理解和遵循中国注册会计师执业准则，中国注册会计师协会针对每项准则都拟定发布了相应的实施指南，与中国注册会计师执业准则同步施行。指南以注册会计师执业准则为依据，二者共同构成了完整的注册会计师执业规范体系。

指南是对注册会计师执业准则的细化、深化和具体化，针对具有概念框架功能的准则，指南进一步系统地阐述了其理论基础、规范的理由和对执业的影响，指导注册会计师准确理解执业理念和方法论；针对具有实务操作功能的准则，指南重点阐述了其核心程序和具体方法，通过大量的解释、说明、举例和图示，指导注册会计师正确运用程序和具体方法，具有很强的可操作性与实用性。

任务四　审计职业道德和法律责任

一、审计职业道德

审计职业道德是为指导审计人员在从事审计工作中保持独立的地位、公正的态度和约束自己的行为而制定的一整套职业道德规范。按照审计主体的不同，分别形成了国家审计人员职业道德、内部审计人员职业道德和注册会计师职业道德。这里主要介绍注册会计师职业道德。

注册会计师职业道德是对注册会计师职业品德、专业胜任能力、职业责任及职业行为的总称。

(一)注册会计师职业道德规范与注册会计师执业准则的关系

注册会计师职业道德规范是指注册会计师在执业过程中应遵循的道德标准，它可从职业道德角度规范注册会计师的执业行为，而不是直接指导执业。注册会计师执行业务时，应当遵守注册会计师职业道德规范和注册会计师执业准则。注册会计师职业道德规范不属于执业准则，它是高于注册会计师执业准则的标准，是对注册会计师与会计师事务所执业时的最高要求。

(二)注册会计师职业道德基本原则

注册会计师在职业道德方面应当遵循的基本原则包括：独立、客观、公正；专业胜任能力和应有的关注；保密；职业行为；技术准则五个方面。

1. 独立、客观、公正

注册会计师在执行鉴证业务时，应当恪守独立、客观、公正的原则。独立、客观、公正是注册会计师职业道德中三个重要的概念，也是对注册会计师职业道德最基本的要求。

1) 独立

独立性原则是指注册会计师执行审计或其他鉴证业务，应当在形式和实质上独立于委托单位和其他组织。

(1) 实质上的独立性，是指注册会计师在发表意见时其专业判断不受影响；公正执业，保持客观和专业怀疑。

(2) 形式上的独立性，要求注册会计师避免出现重大的事实和情况，即使得一个理性且掌握充分信息的第三方在权衡这些事实和情况后，很可能推定会计师事务所或项目组成员的诚信、客观或职业怀疑态度已经受到损害。

2) 客观

客观性原则是指注册会计师对有关事项的调查、判断和意见表述，应当基于客观的立场，应当力求公平，以客观事实为依据，实事求是，不掺杂个人的主观愿望，也不为委托单位或第三方的意见所左右；不得因成见或偏见、利益冲突和他人影响而损害其客观性；在分析、处理问题时，不能以个人的好恶或成见、偏见行事；要求注册会计师在执业中必

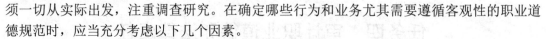

须一切从实际出发，注重调查研究。在确定哪些行为和业务尤其需要遵循客观性的职业道德规范时，应当充分考虑以下几个因素。

(1) 注册会计师可能被施加压力，这些压力可能损害其客观性。

(2) 列举和描述在制定准则以识别实质或形式上可能影响注册会计师客观性的关系时，应体现合理性。

(3) 应避免那些导致偏见或受到他人影响，从而损害客观性的关系。

(4) 注册会计师有义务确保参与专业服务的人员遵守客观性原则。

(5) 注册会计师既不得接受，也不得提供可被合理认为对其职业判断或对其业务交往对象产生重大不当影响的礼品或款待，避免使自己的专业声誉受损的情况发生。

3) 公正

公正性原则是注册会计师在提供服务时，应当将社会公众利益置于个人利益之上，正直、诚实，不偏不倚地对待有关利益各方，不以牺牲一方利益为条件而使另一方受益。无论提供何种服务、担任何种职务，注册会计师都应维护其专业服务的公正性，并保持其判断的客观、公正。

客观性原则和公正性原则实际上适用于注册会计师提供的各种专业服务，而不仅仅局限于鉴证业务。

2. 专业胜任能力和应有的关注

(1) 专业胜任能力，是指注册会计师能够在实务工作中按照设定的标准完成工作任务。这就要求注册会计师应当具备专业知识、技能与经验。①注册会计师应当持续了解和掌握相关的专业知识、技能和业务的发展，以保证专业胜任能力，提供合格的专业服务。②如果注册会计师缺乏专业胜任能力而提供专业服务，则构成欺诈。

(2) 应有的关注，是指注册会计师执业时应遵守职业准则和技术规范，对其所提供的服务承担勤勉尽责的义务。①勤勉尽责要求注册会计师按照有关工作要求，认真、全面、及时地完成工作任务。②注册会计师在执业过程中应保持职业怀疑态度。

所谓职业怀疑态度，是指注册会计师必须以质疑的思维方式评价所获取证据的有效性，并对相互矛盾的证据，以及对文件记录或被审计单位提供的信息的可靠性产生怀疑的证据保持警觉。

3. 保密

注册会计师应当对执业中获知的客户信息予以保密。

(1) 注册会计师不得向第三方披露涉密信息。

(2) 注册会计师不得利用这些信息为自己或第三方谋取利益。

(3) 注册会计师应当警惕无意泄密的可能性。

(4) 保密责任是终身的，不因业务约定的终止而终止。

(5) 注册会计师在以下情形可以披露客户的有关信息(保密例外情形)：①法律法规允许披露，并且取得客户的授权；②法律法规要求披露，包括为法律诉讼出示文件或提供证据，以及向有关监管机构报告发现的违法行为；③接受或答复注册会计师协会、监管机构的质量检查或询问、调查；④在法律诉讼程序中维护自身的职业利益。

4. 职业行为

注册会计师应当遵守相关法律法规，避免发生任何注册会计师已知悉或应当知悉的有损职业声誉的行为。例如，在推介自身或工作时，注册会计师不应损害职业形象，应当诚实、实事求是，不应对其能够提供的服务、拥有的资质以及积累的经验进行夸大宣传，也不应对其他注册会计师的工作进行贬低或比较。

5. 技术准则

注册会计师应当按照相关的技术准则提供专业服务。注册会计师有责任在执业时保持应有的关注和专业胜任能力，并在遵守公正性、客观性要求的限度内为客户提供优质服务；在执行审计、审阅和其他鉴证业务时，还应遵守独立性的原则。注册会计师应当遵守以下技术准则：①中国注册会计师执业准则；②企业会计准则；③与执业相关的其他法律、法规和规章。

二、审计法律责任

审计法律责任是指审计人员在履行审计职责的过程中因损害法律上的义务关系所应承担的法律后果。这里主要介绍注册会计师的法律责任。

注册会计师的法律责任是指注册会计师或会计师事务所在执业过程中因损害法律规定的义务关系所应承担的法律后果。

(一) 注册会计师法律责任的成因

在现代社会中，注册会计师被起诉控告的事件越来越多，其承担的法律责任也越来越大。其中原因可能是多方面的，有的是被审计单位方面的原因(如财务报表中存在错误或舞弊、经营失败等)，有的是注册会计师方面的原因，有的是双方的原因，还有的是审计报告使用者误解的原因(如审计报告使用者将被审计单位的经营失败指责为审计失败，即认为注册会计师没有尽责而发表不恰当的审计意见)。实际上由于审计固有的局限性，不能期望注册会计师发现所有的错误与舞弊行为。从理论层面上来讲，注册会计师是否承担法律责任最终取决于注册会计师自身是否有过错。如果注册会计师执业时完全遵循职业道德规范和执业准则，而没有发现被审计单位财务报表中的错报，注册会计师不应当承担责任。如果注册会计师执业时没有遵循注册会计师职业道德规范和执业准则，而存在下列行为时，可能要承担相应的法律责任。

1. 违约

违约是指注册会计师未能按照合同的要求履行义务。当违约给他人造成损失时，注册会计师应承担违约责任。比如，注册会计师未能在约定的时间内出具审计报告，或违反了为客户保密的规定。

2. 过失

过失是指在一定条件下注册会计师未能保持应有的职业谨慎。通常可将过失按其程度不同分为一般过失和重大过失。

(1) 一般过失又称普通过失，是指注册会计师没有完全遵循执业准则的要求执业。例如，未对特定审计项目取得充分、适当的审计证据。

(2) 重大过失是指注册会计师完全没有遵循执业准则的要求执业。如注册会计师完全不按照《中国注册会计师审计准则》的规定执行审计业务。

3. 欺诈

欺诈又称舞弊，是指为了达到欺骗或坑害他人的目的，注册会计师明知已审计的财务报表有重大错报，却加以虚假的陈述，发表不恰当的意见。

(二)注册会计师法律责任的类型

注册会计师法律责任可分为行政责任、民事责任和刑事责任三种。

1. 行政责任

对于注册会计师个人来说，追究行政责任包括警告、暂停执业、吊销注册会计师证书等；对于会计师事务所而言，追究行政责任包括警告、没收违法所得、罚款、暂停执业、吊销营业执照等。

2. 民事责任

民事责任是指依法承担赔偿经济损失的法律责任，主要包括赔偿经济损失、支付违约金等。

3. 刑事责任

注册会计师可能承担的刑事责任主要有拘役、有期徒刑、罚金、没收非法所得、没收财产等。

(三)注册会计师避免法律诉讼的对策

注册会计师的职业性质决定了注册会计师行业极易遭受法律诉讼。注册会计师若想避免法律诉讼，就必须在执业时尽可能减少过失，防止欺诈。为此，注册会计师应做到下述几点。

(1) 增强执业独立性。

(2) 严格遵循职业道德规范与执业准则的要求，执业时保持应有的关注。

(3) 强化执业质量控制，如强化执业监督。

(4) 建立健全会计师事务所质量控制制度。

(5) 谨慎接受委托。一旦发现客户缺乏正直的品格，就应尽量拒绝接受委托。对于陷入财务困境的客户要特别注意。

(6) 聘用和委派有胜任能力的注册会计师。

(7) 严格签订业务约定书，明确业务的性质、范围和双方的责任。

(8) 深入了解被审计单位的业务，熟悉被审计单位的经济业务和生产经营实务。

(9) 提取风险基金或购买职业保险。

(10) 聘请熟悉注册会计师法律责任的律师。

【案例解析】

1. 审计定义：审计是指由独立的专门机构和人员，授受委托或根据授权，依法对国家行政、事业单位和企业单位及其他组织的会计报表和其他资料及其所反映的财政、财务收支及有关经济活动的真实性、合法性、效益性进行审查并发表意见的过程。

2. 审计对国家的影响：对与各级政府收支有关的机关、事业单位的财政收支和会计资料进行审计监督，并检查其财政收支及公共资金的收支、运用情况是否真实、正确、公允、合法和合理。

3. 审计对企业的影响：依法独立对被审计单位的财务收支及其经济效益进行审计查证、经济案件鉴定、注册资金的验资及管理咨询服务等，并对被审计单位会计报表的合法性、公允性发表审计意见。

4. 审计对个人的影响：审计组织对被审计人员是否贯彻执行和严格遵守财经政策、法令、制度，是否有严重侵占国家资财，严重损害国家经济利益等违反财经法纪的行为进行专案审计。

项 目 小 结

审计活动是社会经济发展到一定阶段的产物，是在财产所有权与经营权相分离而形成的受托责任关系下，基于监督的客观需要而产生的。也就是说，受托经济责任关系是审计产生的基础。从审计的产生与发展历程我们可以看到，审计的产生、发展与经济环境密切相关，经济越发达，审计越重要。

审计活动是由专职机构和人员，对被审计单位的财政、财务收支及其他经济活动的真实性、合法性和效益性进行审查和评价的独立性经济监督活动。这体现了经济监督职能、经济鉴证职能和经济评价职能。审计的作用在于防护性和建设性。审计的对象是被审计单位经济活动。审计的主体可分为审计组织和审计人员两个层次。

审计准则是注册会计师进行审计工作时必须遵循的行为规范，是审计人员执行审计业务、获取审计证据、形成审计结论、出具审计报告的专业标准。

审计准则是把审计实务中一般认为公正妥善的审计活动加以概括归纳而形成的原则。它虽不具备法定的强制力，但审计人员从事审计时必须遵循。

根据审计主体的不同及其作用范围的不同，审计准则可分为民间审计准则、政府审计准则和内部审计准则。

审计职业道德是为指导审计人员在从事审计工作中保持独立的地位、公正的态度和约束自己的行为而制定的一整套职业道德规范。按照审计主体的不同，分别形成了国家审计人员职业道德、内部审计人员职业道德和注册会计师职业道德。

审计法律责任是指审计人员在履行审计职责的过程中因损害法律上的义务关系所应承担的法律后果。

高职高专互联网＋新形态教材·财会系列

项目强化训练

一、单项选择题

1. 审计产生的客观基础是(　　)。
    A. 受托经济责任关系　　　　　　　　B. 制约控制关系
    C. 委托监督检查关系　　　　　　　　D. 效益评价关系

2. (　　)最能体现审计的经济评价职能。
    A. 政府审计　　　　B. 内部审计　　　　C. 民间审计　　　　D. 经济效益审计

3. 审计司的建立是对我国审计机关的正式命名,从此,"审计"一词便成为(　　)的专用名词。
    A. 财会审核　　　　B. 经济司法　　　　C. 经济执法　　　　D. 财政监督

4. 审计的最基本职能是(　　)。
    A. 经济评价　　　　B. 经济监察　　　　C. 经济监督　　　　D. 经济司法

5. 审计的本质特征是(　　)。
    A. 公正性　　　　B. 独立性　　　　C. 权威性　　　　D. 真实性

6. 具有"经济裁判"职能的审计职能是(　　)。
    A. 经济监督　　　　B. 经济评价　　　　C. 经济鉴证　　　　D. 经济鉴定

7. 具有"经济卫士"职能的审计职能是(　　)。
    A. 经济监督　　　　B. 经济评价　　　　C. 经济鉴证　　　　D. 经济鉴定

8. 具有"经济医师"职能的审计职能是(　　)。
    A. 经济监督　　　　B. 经济评价　　　　C. 经济鉴证　　　　D. 经济鉴定

9. 审计准则起源于(　　)。
    A. 英国　　　　B. 美国　　　　C. 澳大利亚　　　　D. 加拿大

10. 用来规范注册会计师执行审计业务,获取审计证据,形成审计结论,出具审计报告的审计准则是(　　)。
    A. 政府审计准则　　　　　　　　B. 民间审计准则
    C. 内部审计准则　　　　　　　　D. 国际审计准则

11. 注册会计师执行业务时,应当实事求是,不为他人所左右,这是民间审计职业道德(　　)的要求。
    A. 客观性　　　　B. 独立性　　　　C. 公正性　　　　D. 原则性

12. 以下选项中,关于注册会计师过失的说法不正确的是(　　)。
    A. 过失是指在一定条件下,缺少应具有的合理谨慎
    B. 一般过失是指注册会计师没有完全遵循执业准则的要求执业
    C. 重大过失是指注册会计师没有按专业准则的基本要求执行审计
    D. 注册会计师一旦出现过失就要赔偿损失

13. (　　)是指注册会计师没有完全遵遁执业准则的要求执业。
    A. 一般过失　　　　B. 重大过失　　　　C. 欺诈　　　　D. 违约

14. 会计师事务所给他人造成经济损失时，应当予以赔偿，这表示会计师事务所要承担( )。

    A. 行政责任   B. 刑事责任   C. 民事责任   D. 道德责任

15. ( )是指为了达到欺骗或坑害他人的目的，注册会计师明知已审计的财务报表有重大错报，却加以虚假的陈述，发表不恰当的意见。

    A. 违约   B. 一般过失   C. 重大过失   D. 欺诈

二、多项选择题

1. 秦汉时期是我国审计制度的确立阶段，主要表现在( )。

    A. 初步形成了统一的审计模式   B. "上计"制度日趋完善

    C. 审计地位提高   D. 设置了独立的审计机构

2. 审计独立性的具体表现包括( )。

    A. 人员独立   B. 组织独立   C. 经济独立   D. 工作独立

3. 审计的职能包括( )。

    A. 经济监督   B. 经济建议   C. 经济评价   D. 经济鉴证

4. 按审计的主体不同分类，可分为( )。

    A. 政府审计   B. 民间审计   C. 内部审计   D. 财务审计

5. 目前，我国已形成了( )的审计监督体系。

    A. 就地审计   B. 民间审计   C. 内部审计   D. 政府审计

6. 审计准则的特征包括( )。

    A. 全面性   B. 适应性   C. 权威性   D. 主体性

7. 由于注册会计师自身的( )原因，可能导致其承担法律责任。

    A. 过失   B. 欺诈   C. 经营风险   D. 违约

8. 注册会计师承担的法律责任类型包括( )。

    A. 行政责任   B. 民事责任   C. 刑事责任   D. 违约责任

9. 注册会计师有可能承担的行政责任包括( )。

    A. 暂停执业   B. 没收违法所得并罚款

    C. 吊销注册会计师证书   D. 警告

10. 注册会计师有可能承担的刑事责任包括( )。

    A. 拘役   B. 罚款

    C. 有期徒刑   D. 没收非法所得和没收财产

三、判断题(正确的在括号内打"√"，错误打"×")

1. 所有者与经营者之间形成的受托经济责任关系，是审计存在的客观基础。   ( )

2. 独立性是审计的本质特征。   ( )

3. 财政、银行所从事的经济监督活动，同样可称为审计。   ( )

4. 在西方，民间审计的产生早于政府审计和内部审计。   ( )

5. 鉴证业务是指注册会计师对鉴证对象信息作出结论，以增强除责任方之外的预期使用者对鉴证对象信息信任程度的业务。   ( )

6. 注册会计师在未能达到合同条款的要求时，就要承担违约责任。   ( )

7. 判断注册会计师是否有过失的关键是，看注册会计师是否按照执业准则的要求执业。 （　　）

8. 注册会计师在向社会公众传递信息时，只要做到客观即可。 （　　）

9. 审计人员应当对执行业务过程中知悉的被审计单位的商业信息严加保密。 （　　）

10. 审计准则是审计依据的重要组成部分。 （　　）

四、简答题

1. 简述审计产生与发展的客观基础。

2. 什么是审计？应从哪些方面把握？

3. 审计有哪些职能？简述其内容。

4. 我国的审计监督体系由哪几部分组成？

5. 简述审计法律责任。

6. 注册会计师法律责任产生的原因有哪些？法律责任的形式又有哪些？

7. 中国注册会计师职业道德的基本原则包括哪些内容？

 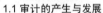 微课视频

扫一扫，获取本项目相关微课视频。

1.1 审计的产生与发展　　1.2 审计的基本概念　　1.3 审计准则　　1.4 审计职业道德和
法律责任

项目二
接受审计业务委托

【知识目标】

- 掌握签订审计业务约定书之前应做的工作。
- 掌握初步业务活动的目的和内容。
- 熟悉审计业务约定书的基本内容、重签与变更。

【技能目标】

- 能编制具体审计计划。
- 能认清注册会计师的责任和管理层的责任。
- 能掌握注册会计师变更审计业务约定条款时应注意的事项。

【案例引导】

2021 年 2 月 3 日，信勇会计师事务所的注册会计师章凡接到妻子的电话，说她弟弟李杰开办了专门收购和买卖古董字画的 ABC 文化贸易公司，2020 年度的会计报表拟委托会计师事务所审计，正在寻找合适的会计师事务所。李杰希望章凡能够承接对 ABC 文化贸易公司会计报表的审计业务。章凡认为，一方面是受妻弟所托，另一方面也是一个开拓新客户的机会，于是非常爽快地答应了，并于 2021 年 2 月 6 日亲自带领审计小组到 ABC 文化贸易公司实施审计。

ABC 文化贸易公司属于私营企业，创立 5 年来业务发展快速，但从没有接受过注册会计师审计。注册会计师章凡是信勇会计师事务所的出资人之一，业务专长是对工业企业，尤其是国有工业企业进行会计报表审计。他担任本次审计的项目负责人有没有不合适的地方？

(资料来源：王生根，黄莉娟. 审计实务[M]. 北京：高等教育出版社，2013：69-75.)

任务一　初步业务活动

一、初步业务活动概述

会计师事务所在签订审计业务约定书之前，应指派注册会计师对被审计单位的基本情况进行了解；注册会计师在计划审计工作之前，需要开展初步业务活动。因此，开展初步业务活动与了解被审计单位都至关重要。

(一)初步业务活动的目的

注册会计师在计划审计工作之前，需要开展初步业务活动，以实现以下三个主要目标：第一，具备执行业务所需的独立性和能力；第二，不存在因管理层诚信问题而可能影响注册会计师保持该项业务的意愿的事项；第三，与被审计单位之间不存在对业务约定条款的误解。

(二)初步业务活动的内容

注册会计师在本期审计业务开始时应当开展下列初步业务活动：一是针对保持客户关系和具体审计业务实施相应的质量控制程序；二是评价遵守相关职业道德要求的情况；三是就审计业务约定条款与被审计单位达成一致意见。

针对保持客户关系和具体审计业务实施质量控制程序，并且根据实施相应程序的结果作出适当的决策是注册会计师控制审计风险的重要环节。《中国注册会计师审计准则第 1121 号——对财务报表审计实施的质量控制》及《质量控制准则第 5101 号——会计师事务所对执行财务报表审计和审阅、其他鉴证和相关服务业务实施的质量控制》，包含有与客户关系和具体业务的接受与保持相关的要求，注册会计师应当按照其规定开展初步业务活动。

评价遵守相关职业道德要求的情况也是一项非常重要的初步业务活动。质量控制准则含有包括独立性在内的有关职业道德要求，注册会计师应该按照其规定执行。虽然保持客户关系及具体审计业务和评价职业道德的工作贯穿于审计业务的全过程，但是这两项活动需要安排在其他审计工作之前，以确保注册会计师已具备执行业务所需的独立性和专业胜任能力，且不存在因管理层诚信问题而影响注册会计师保持该项业务意愿等问题。在连续审计的业务中，这些初步业务活动通常是在上述审计工作结束后不久或将要结束时就已开始。

在作出接受或保持客户关系及具体审计业务的决策后，注册会计师应当按照《中国注册会计师审计准则第1111号——就审计业务约定条款达成一致意见》的规定，在审计业务开始前，与被审计单位就审计业务约定条款达成一致意见，签订或修改审计业务约定书，以避免双方对审计业务的理解产生分歧。

二、确定审计的前提条件是否存在

(一)确定管理层在编制财务报表时采用的财务报告编制基础是否可接受

承接鉴证业务的条件之一是《中国注册会计师鉴证业务基本准则》中提及的标准，且能够为预期使用者获取。标准是指用于评价或计量鉴证对象的基准，当涉及披露时，还包括披露与披露的基准。适当的标准可使注册会计师能够运用职业判断对鉴证对象作出合理、一致的评价或计量。就审计准则而言，适用的财务报告编制基础为注册会计师提供了用以审计财务报表的标准。如果不存在可接受的财务报告编制基础，管理层就不具有编制财务报表的恰当基础，注册会计师也就不具有对财务报表进行审计的适当标准。

1. 确定财务报告编制基础的可接受性

在确定编制财务报表所采用财务报告编制基础的可接受性时，注册会计师需要考虑下列相关因素：第一，被审计单位的性质(例如，被审计单位是商业企业、公共部门实体还是非营利组织)；第二，编制财务报表的目的(例如，编制财务报表是用于满足广大财务报表使用者共同的财务信息需求，还是用于满足财务报表特定使用者的财务信息需求)；第三，财务报表的性质(例如，财务报表是整套财务报表还是单一财务报表)；第四，法律法规是否规定了适用的财务报告编制基础。

许多财务报表使用者不能要求量身定做财务报表来满足其特定的财务信息需求。尽管不能满足财务报表特定使用者的所有信息需求，但众多财务报表的使用者仍存在共同的财务信息需求。按照某一财务报告编制基础编制的旨在满足广大财务报表使用者共同的财务信息需求的财务报表，被称为通用目的财务报表。按照特殊目的编制基础编制的财务报表，被称为特殊目的财务报表，旨在满足财务报表特定使用者的财务信息需求。对于特殊目的财务报表，预期财务报表使用者对财务信息的需求，决定适用的财务报告编制基础。《中国注册会计师审计准则第1601号——对按照特殊目的编制基础编制的财务报表审计的特殊考虑》规定并实施了如何确定旨在满足财务报表特定使用者财务信息需求的财务报告编制基础的可接受性。

2. 通用目的财务报表编制基础

如果财务报告准则由经授权或获得认可的准则制定机构制定和发布，供某类实体使用，那么只要这些机构遵循一套既定和透明的程序(包括认真研究和仔细考虑广大利益相关者的观点),则认为财务报告准则对于这类实体编制通用目的财务报表是可接受的。这些财务报告准则的例子有国际会计准则理事会发布的国际财务报告准则、国际公共部门会计准则理事会发布的国际公共部门会计准则和某一国家或地区经授权或获得认可的准则制定机构,在遵循一套既定和透明的程序基础上发布的会计准则。

在规范通用目的财务报表编制基础的法律法规中,这些财务报告准则通常被界定为适用的财务报告编制基础。

3. 法律法规规定的财务报告编制基础

法律法规可能为某类实体规定了在编制通用目的财务报表时采用的财务报告编制基础。通常情况下,注册会计师认为这种财务报告编制基础对这类实体编制通用目的的财务报表是可接受的,除非有迹象表明不可接受。

(二)与管理层就认可并理解其责任达成一致意见

按照审计准则的规定执行审计工作的前提是管理层已认可并理解其承担的责任。审计准则并不超越法律法规对这些责任的规定。然而,独立审计的理念要求注册会计师不对财务报表的编制或被审计单位的相关内部控制承担责任,并要求注册会计师合理预期能够获取审计所需的信息(在管理层能够提供或获取的信息范围内)。因此,管理层认可并理解其责任,这一前提对执行独立审计工作是至关重要的。

财务报告责任如何在管理层和治理层之间划分,因被审计单位的资源(如人员素质和数量)和组织结构、相关法律法规的规定,以及管理层和治理层在被审计单位各自角色的不同而不同。在大多数情况下,管理层负责执行,而治理层负责监督管理层。在某些情况下,治理层负有批准财务报表或监督与财务报表相关的内部控制的责任。在大型实体或公众利益实体中,治理层下设的组织,如审计委员会,可能负有某些监督责任。

按照《中国注册会计师审计准则第 1341 号——书面声明》的规定,注册会计师应当要求管理层就其已履行的某些责任提供书面声明。因此,注册会计师需要获取针对管理层责任的书面声明、其他审计准则要求的书面声明,以及在必要时需要获取用于支持其他审计证据(用以支持财务或者一项或多项具体认定)的书面声明。

如果管理层不认可其责任,或不同意提供书面声明,注册会计师将不能获取充分、适当的审计证据。在这种情况下,注册会计师承接此类审计业务是不恰当的,除非法律法规另有规定。如果法律法规要求承接此类审计业务,注册会计师可能就需要向管理层解释这种情况的重要性及其对审计报告的影响。

大多数财务报告编制基础包括与财务报表披露相关的要求,对于这些财务报告的编制基础,在提到“按照适用的财务报告编制基础编制财务报表”时,编制包括披露。实现公允披露的报告目标非常重要,因而在与管理层达成一致意见的执行审计工作的前提下需要特别提及公允披露,或需要特别提及管理层负有确保财务报表根据财务报告编制基础编制并使其实现公允反映的责任。

管理层必须设计、执行和维护必要的内部控制,以使编制的财务报表不存在由于舞弊或错误导致的重大错报。由于内部控制的固有限制,无论其如何有效,都只能合理保证被审计单位实现其财务报告目标。注册会计师按照审计准则的规定执行的独立审计工作，不能代替管理层维护编制财务报表所需要的内部控制。因此，注册会计师需要就管理层认可并理解其与内部控制有关的责任与管理层达成共识。

任务二　审计业务约定书

一、审计业务约定书概述

(一)审计业务约定书的概念

审计业务约定书是指会计师事务所与被审计单位签订的，用以记录和确认审计业务的委托与受托关系、审计目标和范围、双方的责任及报告的格式等事项的书面协议。会计师事务所承接任何审计业务，都应与被审计单位签订审计业务约定书。

审计业务约定书的含义可从以下三个方面加以理解。

(1) 签约主体通常是会计师事务所和被审计单位，但也存在委托人与被审计单位不是同一方的情形，在这种情形下，签约主体通常还包括委托人。

(2) 约定内容主要涉及审计业务的委托与受托关系、审计目标和范围、双方责任以及报告的格式。

(3) 文件性质属于书面协议，具有委托合同的性质，一经有关签约主体签字或盖章，在各签约主体之间即具有法律约束力。

(二)审计业务约定书的作用

审计业务约定书具有经济合同的性质，一经双方签字认可，即成为会计师事务所与委托人之间的契约，具有法律约束力。签署审计业务约定书是为了明确约定双方的责任与义务，促使双方共同遵守约定事项并加强合作，以保护会计师事务所与被审计单位的利益，减少因责任区分不明确而引起的纠纷或诉讼。审计业务约定书有以下几个方面的作用。

(1) 使被审计单位了解注册会计师的审计责任及需要提供的"相互合作"。

(2) 作为被审计单位鉴定审计业务完成情况及会计师事务所检查被审计单位约定义务履行情况的"相互督促"。

(3) 如果发生法律诉讼，审计业务约定书就是确定注册会计师和委托人双方应负责任的重要证据的"相互指责"。

需要注意的是，审计业务约定书的签约双方是被审计单位和会计师事务所，千万不能误认为是被审计单位与注册会计师。注册会计师应当在审计业务开始前，与被审计单位就审计业务约定条款达成一致意见，并签订审计业务约定书，以避免双方对审计业务的理解产生分歧。

如果被审计单位不是委托人，在签订审计业务约定书前，注册会计师应当与委托人、被审计单位就审计业务约定相关条款进行充分沟通，并达成一致意见。

会计师事务所承接和执行审计业务，应当具备专业胜任能力，恪守独立、客观、公正的原则，遵守审计准则和职业道德规范，不得通过降低执业质量来缓解价格竞争压力。

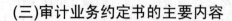

(三)审计业务约定书的主要内容

审计业务约定书的具体内容和格式可能因被审计单位的不同而存在一定差异，但应当包括以下主要方面。

(1) 财务报表审计的目标。

(2) 管理层对财务报表的责任。

(3) 管理层编制财务报表采用的会计准则和相关会计制度。

(4) 审计范围包括指明在执行财务报表审计业务时遵守的《中国注册会计师审计准则》。

(5) 执行审计工作的安排，包括出具审计报告的时间要求。

(6) 审计报告格式和对审计结果的其他沟通形式。

(7) 由于测试的性质和审计的其他固有限制，以及内部控制的固有局限性，不可避免地存在着某些重大错报可能仍然未被发现的风险。

(8) 管理层为注册会计师提供必要的工作条件和协助。

(9) 注册会计师不受限制地接触任何与审计有关的记录、文件和所需要的其他信息。

(10) 管理层对其发表的与审计有关的声明予以书面确认。

(11) 注册会计师对执业过程中获知的信息保密。

(12) 审计收费，包括收费的计算基础和收费标准。

(13) 违约责任。

(14) 解决争议的方法。

(15) 签约双方法定代表人或其授权代表签字盖章，以及签约双方加盖公章。

上述条款都是审计业务约定书的必备条款，在审计业务约定书中明确上述条款，有助于避免委托人对审计业务的目标和作用等产生误解。

(四)审计业务约定书的特殊考虑

如果业务需要，注册会计师还应当考虑在审计业务约定书中列明下列内容。

(1) 在某些方面对利用其他注册会计师和专家工作的安排。

(2) 与审计涉及的内部审计人员和被审计单位其他员工工作的协调。

(3) 预期向被审计单位提交的其他函件或报告。

(4) 与治理层整体直接沟通。

(5) 在首次接受审计委托时，对与前任注册会计师沟通的安排。

(6) 注册会计师与被审计单位之间需要达成进一步协议的事项。

如果负责集团财务报表审计的注册会计师同时负责组成部分财务报表的审计，注册会计师应当考虑下列因素，决定是否与各个组成部分单独签订审计业务约定书。

(1) 组成部分注册会计师的委托人。

(2) 是否对组成部分单独出具审计报告。

(3) 法律法规的规定。

(4) 母公司、总公司或总部拥有组成部分的所有权份额。

(5) 组成部分管理层的独立程度。

二、连续审计

对于连续审计，注册会计师应当考虑是否需要根据具体需要修改业务约定书的条款，以及是否需要提醒被审计单位注意现有的业务约定条款。

会计师事务所或被审计单位(或委托人)如需修改、补充审计业务的约定内容，应当以适当的方式获得对方的确认。

注册会计师可以与被审计单位签订长期审计业务约定书。但如果出现下列问题，应当考虑重新签订审计业务约定书。

(1) 有迹象表明被审计单位误解审计目标和范围。

(2) 需要修改约定条款或增加特别条款。在这种情况下，注册会计师也可以与被审计单位签订补充协议，原审计业务约定书继续有效。

(3) 高级管理人员、董事会或所有权结构近期发生变动。

(4) 被审计单位业务的性质或规模发生重大变化。

(5) 法律法规的规定。

(6) 管理层编制财务报表采用的会计准则和相关会计制度发生变化。

三、审计业务约定条款的变更

在缺乏合理理由的前提下，注册会计师不应同意变更审计业务约定条款。在完成审计业务前，如果被要求将审计业务变更为保证程度较低的业务，注册会计师应当确定是否存在合理理由予以变更。如果审计业务约定条款发生变更，注册会计师应当与管理层就新的业务约定条款达成一致意见，并记录于业务约定书或其他适当形式的书面协议中。

下列原因可能导致被审计单位要求变更业务。

(1) 环境变化对审计服务的需求产生影响。

(2) 对原来要求的审计业务的性质存在误解。

(3) 审计范围存在限制。例如，在审计实施过程中，注册会计师无法通过观察等程序对存货期末数额获取充分、适当的审计证据。为避免注册会计师出具保留意见或无法表示意见的审计报告，被审计单位可要求注册会计师将约定的审计业务变更为审阅业务。

如果没有合理的理由，注册会计师不应当同意变更业务。上述第(1)项和第(2)项通常被认为是变更业务的合理理由，但如果有迹象表明该变更要求与错误的、不完整的或者不能令人满意的信息有关，那么注册会计师不应认为该变更是合理的。在同意将审计业务变更为其他服务前，注册会计师还应当考虑变更业务对法律责任或业务约定条款的影响。如果变更业务引起业务约定条款的变更，注册会计师应当与被审计单位就新条款达成一致意见。如果认为变更业务具有合理的理由，并且按照审计准则的规定已实施的审计工作也适用于变更后的业务，注册会计师可以根据修改后的业务约定条款出具报告。

为避免引起报告使用者的误解，报告不应提及原审计业务和在原审计业务中已执行的程序。只有将审计业务变更为执行商定程序业务，注册会计师才可在报告中提及已执行的程序。

如果注册会计师不同意变更审计业务约定条款，而管理层又不允许继续执行原审计业务，那么注册会计师应当做到下述两点。

(1) 在适用的法律法规允许的情况下，解除审计业务约定。

(2) 确定是否有约定义务或其他义务向治理层、所有者或监管机构等报告该事项。

四、业务承接时的其他考虑

(1) 如果相关部门对涉及财务会计的事项作出补充规定，注册会计师在承接审计业务时就应当确定该补充规定是否与财务报告编制基础存在冲突。

对于相关部门对涉及财务会计的事项作出补充规定主要考虑以下两个方面。

第一，确定补充规定是否与企业会计准则存在冲突。

第二，如果存在冲突，应采取如下措施：①与管理层沟通补充规定的性质；②考虑在财务报表中作出额外披露能否满足补充规定的要求，或者对财务报表中关于适用的财务报告编制基础的描述是否可以作出相应修改。

如果无法采取任何措施，注册会计师就要考虑是否有必要发表非无保留意见。

(2) 相关部门要求采用的财务报告编制基础不适用于被审计单位的具体情况，必须同时满足两个条件，注册会计师才能承接审计业务。

第一，管理层同意在财务报表中额外披露，以避免财务报表产生误导。

第二，注册会计师要在审计报告中增加强调事项段提醒管理层的额外披露，并且在审计意见段中不能声称财务报表在所有重大方面按照这个适用的财务报告编制基础编制。

此外，必须注意的是，如果相关部门规定的审计报告的结构或措辞与审计准则要求的明显不一致，那么注册会计师应当考虑使用者是否可能误解从财务报表审计中获取的信息。

审计业务约定书参考格式(合同式)

甲方：ABC 股份有限公司

乙方：××会计师事务所

兹由甲方委托乙方对 20×1 年度财务报表进行审计，经双方协商，达成以下约定。

(一)审计的目标和范围

1. 乙方接受甲方委托，对甲方按照企业会计准则编制的 20×1 年 12 月 31 日的资产负债表，20×1 年度的利润表、所有者权益(或股东权益)变动表和现金流量表以及财务报表附注(以下统称财务报表)进行审计。

2. 乙方通过执行审计工作，对财务报表的下列方面发表审计意见：①财务报表是否在所有重大方面按照企业会计准则的规定编制；②财务报表是否在所有重大方面公允反映了甲方 20×1 年 12 月 31 日的财务状况以及 20×1 年度的经营成果和现金流量。

(二)甲方的责任

1. 根据《中华人民共和国会计法》及《企业财务会计报告条例》，甲方及甲方负责人有责任保证会计资料的真实性和完整性。因此，甲方管理层有责任妥善保存和提供会计记录(包括但不限于会计凭证、会计账簿及其他会计资料)，这些记录必须真实、完整地反映甲方的财务状况、经营成果和现金流量。

2. 按照企业会计准则的规定编制和公允列报财务报表是甲方管理层的责任。这种责任包括：①按照企业会计准则的规定编制财务报表，并使其实现公允反映；②设计、执行和维护必要的内部控制，以使财务报表不存在由于舞弊或错误导致的重大错报。

3. 及时为乙方的审计工作提供与审计有关的所有记录、文件和所需的其他信息(在20×2年×月×日之前提供审计所需的全部资料，如果在审计过程中需要补充资料，亦应及时提供)，并保证所提供资料的真实性和完整性。

4. 确保乙方不受限制地接触其认为必要的甲方内部人员和其他相关人员。

[下段适用于集团财务报表审计业务，使用时需根据客户约定项目的特定情况修改。如果加入此段，应相应修改本约定书第一项关于业务范围的表述，并调整下面其他条款的编号。]

5. 甲方管理层对其作出的与审计有关的声明予以书面确认。

6. 为乙方派出的有关工作人员提供必要的工作条件和协助，乙方将于外勤工作开始前提供主要事项清单。

7. 按照本约定书的约定及时足额支付审计费用以及乙方人员在审计期间的交通、食宿和其他相关费用。

8. 乙方的审计不能减轻甲方及甲方管理层的责任。

(三)乙方的责任

1. 乙方的责任是在执行审计工作的基础上对甲方财务报表发表审计意见。乙方根据《中国注册会计师审计准则》(以下简称审计准则)的规定执行审计工作。审计准则要求注册会计师遵守中国注册会计师职业道德守则，计划和执行审计工作以对财务报表是否不存在重大错报获取合理保证。

2. 审计工作涉及实施审计程序，以获取有关财务报表金额和披露的审计证据。选择的审计程序取决于乙方的判断，包括对由于舞弊或错误导致的财务报表重大错报风险的评估。在进行风险评估时，乙方应考虑与财务报表编制和公允列报相关的内部控制，以设计恰当的审计程序，但目的并非对内部控制的有效性发表意见。审计工作还包括评价管理层选用会计政策的恰当性和作出会计估计的合理性，以及评价财务报表的总体列报。

3. 由于审计和内部控制的固有限制，即使按照审计准则的规定适当地计划和执行审计工作，仍不可避免地存在财务报表的某些重大错报可能未被乙方发现的风险。

4. 在审计过程中，乙方若发现甲方存在乙方认为值得关注的内部控制缺陷，应以书面形式向甲方治理层或管理层通报。但乙方通报的各种事项，并不代表已全面说明所有可能存在的缺陷或已提出所有可行的改进建议。甲方在实施乙方提出的改进建议前应全面评估其影响。未经乙方书面许可，甲方不得向任何第三方提供乙方出具的沟通文件。

5. 按照约定时间完成审计工作，出具审计报告。乙方应于20×2年×月×日前出具审计报告。

6. 除下列情况外，乙方应当对执行业务过程中知悉的甲方信息予以保密：①法律法规允许披露，并取得甲方的授权；②根据法律法规的要求，为法律诉讼、仲裁准备文件或提供证据，以及向监管机构报告发现的违法行为；③在法律法规允许的前提下，在法律诉讼、仲裁中维护自己的合法权益；④接受注册会计师协会或监管机构的执业质量检查，答复其询问并配合其调查；⑤法律法规、执业准则和职业道德规范规定的其他情形。

(四)审计收费

1. 本次审计服务的收费是以乙方各级别工作人员在本次工作中所耗费时间为基础计算

的。乙方预计本次审计服务的费用总额为人民币××万元。

2. 甲方应于本约定书签署之日起××日内支付×%的审计费用,其余款项于审计报告草稿完成日结清。

3. 如果由于无法预见的原因,致使乙方从事本约定书涉及的审计服务实际时间较本约定书签订时预计的时间有明显增加或减少时,甲乙双方就应通过协商,相应调整本部分第1段所述审计费用。

4. 如果由于无法预见的原因,致使乙方人员抵达甲方的工作现场后,本约定书涉及的审计服务中止,甲方不得要求退还预付的审计费用;如果上述情况发生于乙方人员完成现场审计工作并离开甲方的工作现场之后,甲方应另行向乙方支付人民币×元的补偿费,该补偿费应于甲方收到乙方的收款通知之日起×日内支付。

5. 与本次审计有关的其他费用(包括交通费、食宿费等)由甲方承担。

(五)审计报告和审计报告的使用

1. 乙方按照《中国注册会计师审计准则》规定的格式和类型出具审计报告。

2. 乙方向甲方致送审计报告一式×份。

3. 甲方在提交或对外公布乙方出具的审计报告及其后附的已审计财务报表时,不得对其进行修改。当甲方认为有必要修改会计数据、报表附注和所作说明时,须通知乙方,乙方将考虑有关的修改对审计报告的影响,必要时将重新出具审计报告。

(六)本约定书的有效期间

本约定书自签署之日起生效,并在双方履行完毕本约定书约定的所有义务后终止。但其中第三项第6段及第四、五、七、八、九、十项并不因本约定书终止而失效。

(七)约定事项的变更

如果出现不可预见的情况,影响审计工作如期完成,或需要提前出具审计报告,则甲、乙双方均可要求变更约定事项,但应及时通知对方,并由双方协商解决。

(八)终止条款

1. 如果根据乙方的职业道德及其他有关专业职责、适用的法律法规或其他任何法定的要求,乙方认为已不适宜继续为甲方提供本约定书约定的审计服务,乙方就可以采取向甲方提出合理通知的方式终止履行本约定书。

2. 在本约定书终止的前提下,乙方有权就其于终止之日前对约定的审计服务项目所做工作收取合理的费用。

(九)违约责任

甲、乙双方按照《中华人民共和国合同法》的规定承担违约责任。

(十)适用法律和争议解决

本约定书的所有方面均应适用中华人民共和国法律进行解释并受其约束。本约定书履行地为乙方出具审计报告所在地。因本约定书引起的或与本约定书有关的任何纠纷或争议(包括关于本约定书条款的存在、效力或终止,或无效之后果),双方协商确定采取以下第___种方式予以解决:

(1) 向有管辖权的人民法院提起诉讼。

(2) 提交××仲裁委员会仲裁。

(十一)双方对其他有关事项的约定

本约定书一式两份，甲、乙双方各执一份，具有同等法律效力。

ABC 股份有限公司(盖章)　　　　　　　　　××会计师事务所(盖章)

授权代表: (签名并盖章)　　　　　　　　　授权代表: (签名并盖章)

二〇×一年×月×日　　　　　　　　　　　二〇×一年×月×日

审计业务约定书参考格式(信函式)

本模板为注册会计师对按照企业会计准则编制的通用目的财务报表进行审计提供的审计业务约定书的参考格式。本约定书不具有强制性，仅作为一种参考，注册会计师可结合本准则中概述的考虑事项使用。本约定书是针对单个报告期间的财务报表审计而起草的，可以根据具体要求和实际需要修改。如果拟用于连续审计，则需要予以修改。就拟议的审计业务约定书是否适用，注册会计师可寻求法律建议。

ABC 股份有限公司管理层或治理层的适当代表:

(一)审计的目标和范围

贵方要求我方审计 ABC 股份有限公司(以下简称 ABC 公司)按照企业会计准则编制的 20×1 年 12 月 31 日的资产负债表，20×1 年度的利润表、所有者权益(或股东权益)变动表和现金流量表以及财务报表附注(以下统称财务报表)。我方很高兴通过本业务约定书确认我方已承接和了解该项审计业务。

我方通过执行审计工作，对财务报表的下列方面发表审计意见: ①财务报表是否在所有重大方面按照企业会计准则的规定编制; ②财务报表是否在所有重大方面公允地反映了 ABC 公司 20×1 年 12 月 31 日的财务状况以及 20×1 年度的经营成果和现金流量。

(二)注册会计师的责任

我方的责任是在执行审计工作的基础上对贵方财务报表发表审计意见。我方根据《中国注册会计师审计准则》(以下简称审计准则)的规定执行审计工作。审计准则要求我方遵守中国注册会计师职业道德守则，计划和执行审计工作以对财务报表是否存在重大错报获取合理保证。

审计工作涉及实施审计程序，以获取有关财务报表金额和披露的审计证据。选择的审计程序取决于我方的判断，包括对由于舞弊或错误导致的财务报表重大错报风险的评估。审计工作还包括评价管理层选用会计政策的恰当性和作出会计估计的合理性，以及评价财务报表的总体列报。

由于审计和内部控制的固有限制，即使按照审计准则的规定适当地计划和执行审计工作，也存在财务报表的某些重大错报可能未被发现的风险。

在进行风险评估时，我方考虑与财务报表编制和公允列报相关的内部控制，以设计恰当的审计程序，但目的并非对内部控制的有效性发表意见。然而，我方仍将以书面形式向贵方通报审计过程中识别出的、与财务报表审计相关的、值得关注的内部控制缺陷。

除下列情况外，我方应当对执行业务过程中知悉的贵方信息予以保密: ①法律法规允许披露，并取得甲方的授权; ②根据法律法规的要求，为法律诉讼、仲裁准备文件或提供证据，以及向监管机构报告发现的违法行为; ③在法律法规允许的前提下，在法律诉讼、

高职高专互联网+新形态教材·财会系列

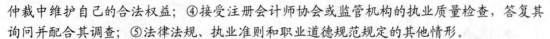

仲裁中维护自己的合法权益；④接受注册会计师协会或监管机构的执业质量检查，答复其询问并配合其调查；⑤法律法规、执业准则和职业道德规范规定的其他情形。

(三)管理层的责任

我方执行审计工作的前提是贵方已认可并理解应当承担下列责任。

(1) 按照企业会计准则的规定编制财务报表，并使其实现公允反映。

(2) 设计、执行和维护内部控制，以使财务报表不存在由于舞弊或错误导致的重大错报。

(3) 向我方提供下列必要的工作条件。

① 允许我方接触与编制财务报表相关的所有信息，如记录、文件和其他事项。

② 向我方提供审计所需的其他信息。

③ 允许我方在获取审计证据时不受限制地接触我方认为必要的ABC公司内部人员和其他相关人员。

作为审计流程的一部分，我方将要求贵方对作出的与审计有关的声明予以书面确认。

我方期待在审计过程中与贵方员工进行通力合作。

(四)其他相关信息

[插入其他信息，如收费安排、计费方法和其他特定条款(如适用)。]

(五)审计报告

我方将按照《中国注册会计师审计准则》规定的格式和类型出具审计报告。

本约定书一式两份，如果贵方完全接受本业务约定书的条款，谨请在本业务约定书上签名并盖章，并将其中一份经签名并盖章的约定书交回我方。如果贵方对本业务约定书的条款尚有疑问，或者希望对某些条款进行进一步的讨论，请随时与我方联系。

ABC股份有限公司(盖章)　　　　　　　　××会计师事务所(盖章)

授权代表: (签名并盖章)　　　　　　　　授权代表: (签名并盖章)

20×2年×月×日　　　　　　　　　　　　20×2二年×月×日

【案例解析】

信勇会计师事务所委派章凡作为ABC文化贸易公司的项目负责人不合适。其原因是信勇会计师事务所注册会计师章凡与ABC文化贸易公司管理层存在关联关系，且注册会计师章凡的业务专长是对工业企业的，尤其是国有工业企业进行财务报表审计，如果让章凡作为该审计业务的项目经理，其独立性和胜任能力均存在问题。

项 目 小 结

会计师事务所在签订审计业务约定书之前，应指派注册会计师对被审计单位的基本情况进行了解；注册会计师在计划审计工作之前，需要开展初步业务活动。因此，开展初步业务活动与了解被审计单位都至关重要，关系到所应承担的法律后果。

注册会计师在计划审计工作之前，需要开展初步业务活动，以实现以下三个主要目标。

(1) 具备执行业务所需的独立性和能力。

(2) 不存在因管理层诚信问题而可能影响注册会计师保持该项业务的意愿的事项。

(3) 与被审计单位之间不存在对业务约定条款的误解。

审计业务约定书是指会计师事务所与被审计单位签订的，用以记录和确认审计业务的委托与受托关系、审计目标和范围、双方的责任及报告的格式等事项的书面协议。会计师事务所承接任何审计业务，都应与被审计单位签订审计业务约定书。

审计业务约定书具有经济合同的性质，一经双方签字认可，即成为会计师事务所与委托人之间的契约，具有法律约束力。签署审计业务约定书是为了明确约定双方的责任与义务，促使双方共同遵守约定事项并加强合作，以保护会计师事务所与被审计单位的利益，减少因责任区分不明确而引起的纠纷或诉讼。

项目强化训练

一、单项选择题

1. 下列因素中，最可能导致注册会计师在上市审计业务中拒绝新的业务的是(　　)。

　　A. 未来客户已经完成了存货盘点

　　B. 注册会计师对未来客户的经营和行业情况缺乏了解

　　C. 注册会计师不能复核前任注册会计师的工作底稿

　　D. 未来客户不愿意将所有的财务记录提供给注册会计师

2. 以下关于审计业务约定书的表述中，不正确的是(　　)。

　　A. 审计业务约定书是指会计师事务所与委托人共同签署的，据以确认审计业务的委托与受托关系，明确委托目的、审计范围及双方责任与义务等事项的书面合同

　　B. 审计业务约定书是审计人员在承接业务时形成的审计工作底稿，不具有法定约束力

　　C. 签署审计业务约定书之前，审计人员不仅应当了解被审计单位主要管理人员的品性，也要对自身的胜任能力和独立性进行评价

　　D. 如果会计师事务所首次接受委托，审计业务约定书中就应当涉及期初余额的审计责任和如何与前任审计人员沟通等事项

3. 如果管理层或治理层在拟议的审计业务约定条款中对审计工作范围施加限制，并且这种限制将导致审计人员无法对财务报表发表审计意见，那么审计人员的正确做法应该是(　　)。

　　A. 在实施审计程序后，出具无法表示意见的审计报告

　　B. 在实施审计程序后，针对可审计部分出具审计报告

　　C. 告知管理层，不能将该项业务作为审计业务予以承接

　　D. 与管理层协商，将该项业务变更为简要财务报表审计业务

4. 以下关于评价利用专家工作的表述中，不正确的是(　　)。

　　A. 审计人员评价利用的专家是指在会计或审计以外的某一领域具有专长的个人或组织，并且其工作被审计人员利用，以协助审计人员获取充分、适当的审计证据，一般为会计师事务所外部专家

B. 评价专家的工作是否足以实现审计人员的目的，包括专家的工作结果或结论的相关性和合理性，以及与其他审计证据的一致性

C. 如果审计人员按照规定利用了专家的工作，并得出结论认为专家的工作足以实现审计人员的目的，审计人员可以接受专家在其专业领域的工作结果或结论，并作为适当的审计证据

D. 如果审计人员在审计报告中提及专家的工作，并且这种提及与理解审计报告中的非无保留意见相关，审计人员应当在审计报告中指明，这种提及并不减轻审计人员对审计意见承担的责任

5. 如果是连续审计业务，需要审计人员提醒公司管理层关注或修改现有业务的约定条款的情况是(   )。

    A. 审计人员对上期财务报表出具了非标准审计报告

    B. 审计人员更换两名审计助理人员

    C. 公司对上期财务报表作出重述

    D. 公司高级管理人员近期发生变动

6. 注册会计师在审查存货时，应当(   )。

    A. 亲自盘点存货

    B. 亲自指挥客户进行存货盘点

    C. 了解客户是否进行存货盘点，但不必参与盘点过程

    D. 观察客户的盘点过程，并对已盘点存货进行适当检查

7. (   )的责任是按照适用的会计准则和相关会计制度的规定编制财务报表。

    A. 管理层和治理层   B. 财会部门   C. 注册会计师   D. 内部审计部门

8. 注册会计师未能发现认定存在重大错报的可能性被称为(   )。

    A. 审计风险   B. 固有风险   C. 控制风险   D. 检查风险

9. 一般而言，当审计证据的相关性与可靠性较高时，所需审计证据的数量(   )。

    A. 较少   B. 不变   C. 较多   D. 视情况而定

10. (   )是审计人员在审计过程中用来判断是非、评价优劣的依据。

    A. 审计准则   B. 审计标准   C. 会计准则   D. 会计制度

二、多项选择题

1. 在签订审计业务约定书之前，应当对会计师事务所的胜任能力进行评价。这种评价的内容应当包括(   )。

    A. 执行审计的能力   B. 会计师事务所的独立性

    C. 保持应有谨慎的能力   D. 评价助理人员

2. 签署审计业务约定书之前，审计人员应就(   )等约定事项进行商议。

    A. 委托目的   B. 实现目标   C. 审计范围   D. 审计收费

3. 审计目标可分为(   )两个层次。

    A. 审计总目标   B. 报表层次审计目标

    C. 具体审计目标   D. 认定层次审计目标

4. 具体审计目标必须根据(   )来确定。

A. 审计总目标　　　　　　　　　　B. 被审计单位管理层认定

C. 审计准则　　　　　　　　　　　D. 审计范围

5. 审计证据的适当性是对审计证据质量的衡量，包括(　　)两层含义。

A. 客观性　　　　B. 相关性　　　　C. 充分性　　　　D. 可靠性

三、判断题(正确的在括号内打"√"，错误打"×")

1. 为了保证审计证据的充分性，审计人员应收集尽可能多的审计证据。　　(　　)

2. 重大错报风险越高，表明被审计单位存在重大错报的可能性越大。　　(　　)

3. 审计证据要满足充分性，因此审计证据的数量越多越好。　　(　　)

4. 理解和运用"重要性"需要站在被审计单位管理层的视角去判断。　　(　　)

5. 审计重要性水平在计划阶段初步确定后，就不应再变动，以保证审计工作的稳定。

(　　)

四、简答题

1. 简述初步业务活动的目的。

2. 初步业务活动的内容有哪些？

3. 如何确定审计的前提条件是否存在？

4. 什么是审计业务约定书？要从哪几个方面加以理解？

5. 审计业务约定书有什么作用？

6. 审计业务约定书的主要内容有哪些？

7. 可能导致被审计单位要求变更业务的原因有哪些？

 微课视频

扫一扫，获取本项目相关微课视频。

2.1 初步业务活动

2.2 审计业务约定书

高职高专互联网＋新形态教材·财会系列

项目三
编制审计计划

【知识目标】

- 了解总体审计策略和具体审计计划的基本内容和编制方法。
- 了解财务报表审计的总体目标和各项具体审计目标。
- 了解审计的方法和审计工作实施的程序。
- 了解审计重要性水平的基本内涵和确定方法。
- 了解审计风险的内涵和确定方法。
- 了解审计证据的含义、分类和特征。
- 了解审计工作底稿的含义、作用、分类和编制要求。

【技能目标】

- 能识别不同层次的审计计划并进行模仿编制。
- 能在审计过程中根据各项认定设定具体审计目标。
- 能进行审计重要性水平的评估。
- 能确定审计风险水平。
- 能判断审计证据的充分性和适当性。
- 能将收集的审计证据形成恰当的审计工作底稿。

【案例引导】

美国联区金融集团租赁公司审计案例

美国联区金融集团租赁公司的主业为金融服务，经过 7 年的打拼，美国联区金融集团在全国设有 10 个分支机构，雇员超过 4 万名。但公司财务状况欠佳，未收回的应收租赁款接近 4 亿美元，占合并总资产的 35%。1981 年年底，公司企业战略弊端开始显现，进而导致债务拖欠率快速上升，为掩饰其财务状况已经恶化的现状，公司采用了多种非法手段，包括少提坏账准备。为美国联区金融集团提供审计服务的塔奇·罗丝会计师事务所被美国证券交易委员会惩罚，承担为联区金融集团出具虚假会计报告所带来的损失。

美国证券交易委员会认为塔奇·罗丝会计师事务所在编制美国联区金融集团租赁公司 1981 年度的审计计划及设计审计程序时，没有充分考虑存在于该公司的大量审计风险因素，审计计划存在缺陷：①审计计划没有考虑测试美国联区金融集团的会计制度是否能准确地确定应收租赁款的超期时间；②审计计划只要求测试一小部分(8%)未收回的应收租赁款，集中在金额超过 5 万美元、拖欠期达 120 天的超期应收租赁款上；③审计计划没有考虑租赁行业审计的复杂性和高风险性，分派了一些对租赁行业缺乏经验甚至一无所知的审计人员来执行审计。

思考：审计计划在整个审计过程中发挥着怎样的重要作用？编制审计计划应综合考虑哪些因素？

(资料来源：薛有奎，张琴，徐丽. 审计基础[M]. 广州：华南理工大学出版社，2015.)

任务一　计划审计工作

为了保证审计目标的实现，注册会计师必须在具体执行审计工作前科学合理地计划审计工作，编制审计工作计划。审计计划是指注册会计师为了高效完成审计业务，实现预期审计目标而对审计工作作出的安排。

审计计划对于注册会计师顺利完成审计工作和控制审计风险具有非常重要的意义。审计计划可以帮助注册会计师关注重点审计领域，有的放矢地进行审查和取证，形成正确的审计结论，使审计成本保持在合理的水平上，还可以帮助注册会计师对项目组成员进行恰当分工和指导监督，提高审计工作的效率。

计划审计工作是一个持续的过程，审计计划的修订和完善贯穿于整个审计活动。审计计划可以分为总体审计策略和具体审计计划两个层次。

一、总体审计策略

总体审计策略是对审计预期范围和实施方式所做的规划，总体审计策略可用以确定审计范围、时间和方向，并指导具体审计计划的编制。制定总体审计策略，应当考虑以下主要事项。

(一)审计范围

在确定审计范围时，需要考虑下列具体事项。

(1) 编制财务报表适用的会计准则和相关会计制度。

(2) 特定行业的报告要求。如某些行业的监管部门要求提交的报告。

(3) 预期的审计工作涵盖范围，包括需审计的集团内部组成部分的数量及所在地点。

(4) 内部审计工作的可利用性及对内部审计工作的拟依赖程度。

(5) 预期利用以前审计工作中获取的审计证据的程度。如获取的与风险评估程序和控制测试相关的审计证据。

(6) 信息技术对审计程序的影响，包括数据的可获得性和预期使用计算机辅助审计技术的情况。

(7) 被审计单位的人员和相关数据的可利用性。

(二)审计业务时间安排

在确定审计时间安排时，需要考虑下列事项。

(1) 被审计单位提交财务报表的时间要求。

(2) 执行审计的时间安排，包括期中审计执行时间和期末审计执行时间。

(3) 沟通的时间安排。

首先是与管理层和治理层沟通的重要日期(主要就审计工作性质、范围和时间的会议组织工作，讨论预期签发报告和其他沟通文件的类型及提交时间，如审计报告、管理建议书和与治理层沟通函)；其次是项目组成员之间预期沟通的时间安排、复核工作的时间安排；最后是与前任注册会计师的沟通时间及是否需要与第三方沟通等。

(三)确定审计工作方向

在确定审计工作方向时，注册会计师需要考虑下列各点。

(1) 确定适当的重要性水平。

(2) 初步识别可能存在较高重大错报风险的领域。

(3) 识别重要的组成部分和账户，包括本身具有重要性的账户和评估出存在较高重大错报风险的账户。

(4) 项目时间预算，包括考虑为重大错报风险可能较高的审计领域分配适当的工作时间。

(5) 以往审计中对内部控制运行有效性评价的结果，以及管理层重视内部控制的相关证据。

(6) 业务交易量规模，以基于审计效率的考虑确定是否依赖内部控制。

(7) 项目组人员选择，包括向项目组成员强调在收集和评价审计证据过程中保持职业怀疑态度的方式。

(8) 影响被审计单位经营的重大变化，包括信息技术和业务流程的变化、关键管理人员变化以及收购、兼并和分立的变化。

(9) 重大的行业发展趋势，如行业法规变化。

(10) 会计准则和会计制度的变化。

(四)调配审计资源

在总体审计策略制定过程中,注册会计师应当清楚地说明审计资源的规划和调配。在调配审计资源时,需要考虑下列各点。

(1) 向具体审计领域调配的资源,包括向高风险领域分派有适当经验的项目组成员、就复杂的问题利用专家工作等。

(2) 向具体审计领域分配资源的数量,包括安排到重要存货存放地观察存货盘点的项目组成员的数量、对其他注册会计师工作的复核范围、对高风险领域安排的审计时间预算等。

(3) 何时调配这些资源,包括是在期中审计阶段还是在关键的截止日期调配资源等。

(4) 如何管理、指导、监督这些资源的利用,包括预期何时召开项目组预备会和总结会、预期项目负责人和经理如何进行复核、是否需要实施项目质量控制复核等。

总体审计策略的详略程度因被审计单位的规模及该项审计业务的复杂程度而异。例如,在小型企业的审计中,总体审计策略可以相对简单。注册会计师应当根据实施风险评估程序的结果对上述内容进行调整。总体审计策略范例如表 3-1 所示。

表 3-1　总体审计策略范例

客户名称:	财务报表期间:	工作底稿索引号:
编制人及复核人员签字:		
编制人:		日期:
复核人:		日期:
项目质量控制复核人: (如适用)		日期:
主要会计科目	拟利用的内部审计工作	工作底稿索引号:
......		

目录

　1.审计工作范围

　2.重要性

　3.报告目标、时间安排及所需沟通

　4.人员安排

　5.对专家或有关人士工作的利用(如适用)

1.审计工作范围	
(1)报告要求	
(2)适用的财务报告准则	
(3)适用的审计准则	
(4)与财务报告相关的行业特别规定	
(5)需审计的集团组成部分的数量及所在地点	
(6)需要阅读的含有已审计财务报表的文件中的其他信息	
(7)制定审计策略需考虑的其他事项	

2.重要性	确定方法
3.报告目标、时间安排及所需沟通 (1)对外报告 (2)执行审计时间安排 　　期中审计 　　期末审计 (3)所需沟通 　　与管理层及治理层的会议 　　项目组会议 　　与专家或有关人士的沟通 　　与其他审计人员的沟通 　　与前任会计师的沟通	时间
4.人员安排 (1)项目组主要成员的责任 (2)与项目质量控制复核人员的沟通(如适用) (3)项目质量控制复核人员复核的范围、沟通内容及时间	
5.对专家或有关人士工作的利用(如适用) (1)对内部审计工作的利用 (2)对其他审计人员工作的利用 (3)对专家工作的利用 (4)对被审计单位使用服务机构的考虑	

二、具体审计计划

注册会计师应当针对总体审计策略中所识别的不同事项，编制具体的审计计划，并考虑通过有效利用审计资源以实现审计目标。具体审计计划应当包括风险评估程序、计划实施的进一步审计程序和其他审计程序。

(一)风险评估程序

按照《注册会计师审计准则》的规定，具体审计计划应当包括为了足够识别和评估财务报表的重大错报风险，注册会计师计划实施的风险评估程序的性质、时间和范围。

(二)计划实施的进一步审计程序

按照《注册会计师审计准则》规定，具体审计计划应当包括针对评估的认定层次的重大错报风险，注册会计师计划实施的进一步审计程序的性质、时间和范围。

进一步审计程序可以分为进一步审计程序的总体方案和拟实施的具体审计程序两个层次。进一步审计程序的总体方案可以是实质性方案，也可以是综合性方案。拟实施的具体

高职高专互联网＋新形态教材·财会系列

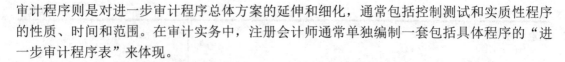

审计程序则是对进一步审计程序总体方案的延伸和细化，通常包括控制测试和实质性程序的性质、时间和范围。在审计实务中，注册会计师通常单独编制一套包括具体程序的"进一步审计程序表"来体现。

(三)计划实施的其他审计程序

计划实施的其他审计程序即注册会计师针对审计业务需要实施的其他审计程序，包括上述进一步审计程序的计划中没有涵盖的，根据其他审计准则的要求，注册会计师应当执行的既定程序。如寻求与被审计单位律师的直接沟通等。

三、总体审计策略与具体审计计划的关系

制定总体审计策略和编制具体审计计划的过程密切相关，并且两者的内容也紧密相联。总体审计策略是具体审计计划的指导，具体审计计划比总体审计策略更加详细。总体审计策略一经制定，注册会计师就应当针对总体审计策略中所识别的不同事项，制订具体审计计划，并考虑通过有效利用审计资源实现审计目标。随着审计计划活动的开展，由于未预期事项、条件的变化或在实施审计程序中获取的审计证据等原因，注册会计师应当对总体审计策略和具体审计计划进行必要的更新和修改。

任务二　审　计　目　标

审计目标是在一定审计环境下，人们希望通过审计实践活动获得的理想状态或最终成果，是人们对审计活动的主观要求。审计目标是审计行为的出发点，是整个审计工作的方向，一切审计工作都是围绕审计目标来进行的。审计目标包括总体审计目标和具体审计目标两个层次。

一、总体审计目标

根据我国独立审计准则，社会审计的总体目标是对被审计单位会计报表的合法性、公允性及会计处理方法的一贯性表示意见。

国家审计、内部审计和财务报表审计，三者的审计目标侧重点是不同的。根据《审计法》的规定，国家审计目标定位为真实性、合法性与效益性，侧重于维护国家财经秩序，促进廉政建设，改进政府管理。内部审计目标定位为真实性、合法性与效益性，侧重于促进加强内部管理，提高经济效益。财务报表审计目标定位为提高财务报表的可信赖程度，侧重于提高会计工作质量，服务于市场经济。

《注册会计师审计准则》规定，财务报表审计的目标是审计人员通过执行审计工作，对财务报表整体是否不存在由于舞弊或者错误导致的重大错报获取合理保证，以使审计人员能够对财务报表是否在所有重大方面按照适用的财务报告编制基础编制发表审计意见；按照审计准则的规定，根据审计结果对财务报表出具审计报告，并与管理层和治理层沟通。

二、具体审计目标

具体审计目标是总体审计目标的具体化，它应当根据总体审计目标和被审计单位管理层的认定加以确定。审计目标与管理层认定密切相关，注册会计师的基本职责就是确定被审计单位管理层对其财务报表的认定是否恰当。

(一)被审计单位管理层的认定

管理层的认定是指被审计单位管理层对财务报表组成要素的确认、计量、列报作出明确或隐含的表达。例如，管理层在资产负债表中记录存货为 500 万元。即表明管理层明确地认定：①记录的存货是存在的；②存货以恰当的金额包含在财务报表中。而且隐含地认定：①所有应当记录的存货均已记录；②记录的存货都是由被审计单位拥有的存货。

一般情况下，注册会计师所关注的管理层认定包括以下三大类别。

1. 与各类交易和事项相关的认定

注册会计师对所审计期间的各类交易和事项运用的认定通常分为下列几种类别。

(1) 发生。记录的交易或事项已发生，且与被审计单位有关。

(2) 完整性。所有应当记录的交易和事项均已记录。

(3) 准确性。与交易和事项有关的金额及其他数据已恰当记录。

(4) 截止。交易和事项已记录于正确的会计期间。

(5) 分类。交易和事项已记录于恰当的账户。

2. 与期末账户余额相关的认定

注册会计师对期末账户余额运用的认定通常可分为下列几种类别。

(1) 存在。记录的资产、负债和所有者权益是存在的。

(2) 权利和义务。记录的资产由被审计单位拥有或控制，记录的负债是被审计单位应当履行的偿还义务。

(3) 完整性。所有应当记录的资产、负债和所有者权益均已记录。

(4) 计价和分摊。资产、负债和所有者权益以恰当的金额包括在财务报表中，与之相关的计价或分摊调整已恰当记录。

3. 与财务报表列报和披露相关的认定

注册会计师对财务报表列报和披露运用的认定通常可分为下列几种类别。

(1) 发生以及权利和义务。披露的交易、事项和其他情况已发生，且与被审计单位有关。

(2) 完整性。所有应当包括在财务报表中的披露均已包括。

(3) 分类和可理解性。财务信息已被恰当地列报和描述，且披露内容表述清楚。

(4) 准确性和计价。财务信息和其他信息已公允披露，且金额恰当。

(二)具体审计目标的内容

注册会计师了解了管理层认定，就很容易确定每个项目的具体审计目标，并以此作为评估重大错报风险以及设计和实施进一步审计程序的基础。

高职高专互联网+新形态教材·财会系列

1. 与各类交易和事项相关的审计目标

(1) 由发生认定推导出的审计目标。确认已记录的交易是否真实。是否把那些不曾发生的项目列入财务报表。例如，没有发生销售交易，但在销售日记账中记录了一笔销售，则违反了该目标。发生认定的审计目标针对财务报表组成要素的高估。

(2) 由完整性认定推导出的审计目标。确认已发生的交易是否确实已经记录。例如，发生了销售交易，但没有在销售明细账和总账中记录，则违反了该目标。完整性认定的审计目标只针对漏记交易(低估)。

(3) 由准确性认定推导出的审计目标。确认已记录的交易是否按正确金额反映。例如，在销售交易中，发出商品的数量与账单上的数量不符，或是开账单时使用了错误的销售价格，或是账单中的乘积或加总有误，或是在销售明细账中记录了错误的金额，则违反了该目标。

(4) 由截止认定推导出的审计目标。确认接近于资产负债表日的交易是否记录于恰当的期间。例如，将本期交易推延到下期，或将下期交易提前到本期，均违反了截止目标。

(5) 由分类认定推导出的审计目标。确认被审计单位记录的交易是否经过适当分类。例如，将现销记录为赊销。将出售经营性固定资产所得的收入记录为营业收入，则导致交易分类的错误，违反了分类的目标。

2. 与期末账户余额相关的审计目标

(1) 由存在认定推导出的审计目标。确认已记录的金额是否确实存在。例如，不存在某顾客的应收账款，在应收账款明细表中却列入了对该顾客的应收账款，则违反了存在性目标。

(2) 由权利和义务认定推导出的审计目标。确认资产是否归属于被审计单位，负债是否属于被审计单位的义务。例如，将他人寄售商品列入被审计单位的存货中，则违反了权利目标；将不属于被审计单位的债务记入账内，则违反了义务目标。

(3) 由完整性认定推导出的审计目标。确认已存在的金额是否均已记录。例如，存在某顾客的应收账款，在应收账款明细表中却没有列入对该顾客的应收账款，则违反了完整性目标。

(4) 由计价和分摊认定推导出的审计目标。资产、负债和所有者权益是否以恰当的金额包括在财务报表中，与之相关的计价或分摊调整是否已恰当记录。

3. 与财务报表列报相关的审计目标

(1) 由发生及权利和义务认定推导出的审计目标。是否将没有发生的交易、事项或与被审计单位无关的交易和事项包括在财务报表中。例如，复核董事会会议记录中是否记载了固定资产抵押等事项，询问管理层固定资产是否被抵押，即是对列报的权利认定的运用，如果抵押了固定资产，则需要将其在财务报表中列报，并说明与之相关的权利受到限制。

(2) 由完整性认定推导出的审计目标。应当披露的事项是否包括在财务报表中。例如，检查关联方和关联交易，以验证其在财务报表中是否得到充分披露，即是对列报完整性认定的应用。

(3) 由分类和可理解性认定推导出的审计目标。财务信息是否已被恰当地列报和描述，披露内容是否表述清楚。检查存货的主要类别是否已披露，是否将一年内到期的长期负债列为流动负债，即是对列报的分类和可理解性认定的运用。

(4) 由准确性和计价认定推导出的审计目标。财务信息和其他信息是否已公允披露，披露的金额是否恰当。检查财务报表附注是否分别对原材料、在产品和产成品等存货成本核算方法作了恰当说明，即是对列报的准确性和计价认定的运用。

任务三　审计方法和审计程序

一、审计方法

(一)审计方法的演变

审计方法是指注册会计师为了完成审计任务、实现审计目标所采取的方式、手段和技术的总称。　在审计的发展过程中，审计方法实现了从详细检查到抽样检查、从单一技术到综合技术、从手工方式到计算机技术的变革。从审计的发展模式来看，审计方法经历了三个阶段。

1. 账项基础审计

在审计发展的早期，由于企业组织结构简单、业务性质单一，审计主要是为了满足财产所有者对会计核算进行独立监督的要求。这时的审计工作旨在发现错误和舞弊行为，审计工作的重心是围绕会计资料进行的，审计的方法是对会计资料进行详细检查，审计的起点是检查账证表。

2. 制度基础审计

随着审计的发展，审计的目的不再是简单的差错防弊，报表使用者的注意力转向了企业的经营管理。审计工作的目标是验证财务报表是否公允地反映了企业的财务状况和经营成果，这就要求注册会计师对企业的内部控制系统有比较全面的认识。为了提高审计效率，注册会计师采用了审计抽样技术，使审计资源集中在内部控制薄弱的环节，审计的起点是内部控制测试。这种以控制测试为基础的抽样审计就是制度基础审计模式。

3. 风险导向审计

20 世纪 80 年代以后，审计风险时刻摆在注册会计师面前，被审计单位的环境、性质、业绩等都可能形成审计的风险因素，降低审计风险已成为审计的头等大事。审计风险模型的出现，从理论上解决了制度基础审计在审计抽样上的随意性，也解决了审计资源不合理分配的问题，这种以审计风险模型为基础进行的审计被称为风险导向审计模式，审计的起点是风险评估，要求将审计资源分配到最容易导致财务报表出现重大错报的领域。

(二)审计方法的分类

1. 按照取证顺序划分

(1) 顺查法。顺查法是指按照会计核算的处理顺序，依次审查凭证、账簿和报表的一种审计方法。审查时首先审查原始凭证，其次审查各类账簿的记录，最后审查和分析财务

高职高专互联网+新形态教材·财会系列

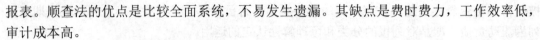

报表。顺查法的优点是比较全面系统,不易发生遗漏。其缺点是费时费力,工作效率低,审计成本高。

(2) 逆查法。逆查法是指按照与会计核算过程相反的顺序依次进行审计的方法。注册会计师首先审查和分析财务报表及其各个项目,从中找出变动异常的项目,发现存在的问题,然后有重点地核对有关账簿,进而审查记账凭证、原始凭证。逆查法的优点是节省人力和时间,工作效率高。其缺点是审计的内容不全面,很可能存在遗漏。

2. 按照审计取证范围划分

(1) 详查法。详查法是指对被审计事项的所有凭证、账簿、报表进行细密周详的审核检查。详查法的优点是详细精确,对会计工作中的错弊行为均能揭露无遗,不易疏漏,可保证审计质量。其缺点是费时费力,工作效率低,审计成本高。

(2) 抽查法。抽查法也称抽样审计法,是指从被审计事项的全部会计资料中选取部分资料进行审查,根据审查结果推断全部资料有无错弊。抽查法的优点是高效率、低费用,节约时间和人力。其缺点是如果样本抽查不当,不能代表总体特征,就可能作出错误结论。这种方法仅用于内部控制制度健全、会计基础较好的单位。

二、审计程序

审计程序是指审计工作从开始到结束的整个过程,可分为计划阶段、实施阶段和报告阶段,具体包括下列基本步骤和内容。

(一)接受业务委托

会计师事务所应当按照执业准则的规定,谨慎决策是否接受或保持某客户关系和具体审计业务。在接受委托前,注册会计师应当初步了解审计业务环境,包括业务约定事项、审计对象特征、使用的标准、预期使用者的需求、责任方及其环境的相关特征以及可能对审计业务产生重大影响的事项、交易、条件和惯例等其他事项。

接受业务委托阶段的主要工作包括了解和评价审计对象的可审性、决策是否考虑接受委托、商定约定条款、签订审计业务约定书等。

(二)计划审计工作

为了保证审计目标的实现,必须在具体执行审计程序之前编制审计计划,对审计工作进行科学、合理地计划与安排。计划不周会导致盲目实施审计程序,无法获取充分、适当的审计证据以将审计风险降至可接受的低水平,影响审计目标的实现,而且还会浪费有限的审计资源,增加不必要的审计成本,影响审计工作的效率。

一般来说,计划审计工作主要包括在本期审计业务开始时开展的初步业务活动;制定总体审计策略;制订具体审计计划等。计划审计工作不是审计业务的一个孤立阶段,而是一个持续的、不断修正的过程,贯穿于整个审计过程的始终。

(三)实施风险评估程序

风险评估程序是了解被审计单位及其环境,并识别和评估财务报表重大错报风险的程序。风险评估程序是必要程序，可以了解被审计单位及其环境，为注册会计师在许多关键环节作出职业判断提供重要依据。了解被审计单位及其环境是一个连续和动态的收集、更新与分析信息的过程，贯穿于整个审计过程的始终。

一般来说，实施风险评估程序的主要工作包括了解被审计单位及其环境，对内部控制设计合理性进行评价；识别和评估财务报表层次以及各类交易、账户余额、列报认定层次的重大错报风险，包括确定需要特别考虑的重大错报风险(即特别风险)，以及仅通过实施实质性程序无法应对的重大错报风险等。

(四)实施控制测试和实质性程序

实施风险评估程序本身并不足以为发表审计意见提供充分、适当的审计证据，注册会计师应当针对评估的财务报表层次重大错报风险确定总体应对措施，并针对评估的认定层次重大错报风险设计和实施进一步的审计程序，以将审计风险降至可接受的低水平。

进一步的审计程序包括控制测试和实质性程序。所谓控制测试指的是测试控制运行的有效性；实质性程序是指注册会计师针对评估的重大错报风险实施的直接用以发现认定层次重大错报的审计程序。实质性程序包括对各类交易、账户余额、列报的细节测试以及实质性分析程序。

(五)完成审计工作和编制审计报告

在收集到充分、适当的审计证据后，注册会计师就可以完成审计的有关工作，主要包括编制审计差异调整表和试算平衡表；复核审计工作底稿和财务报表；与管理层和治理层沟通；评价所有审计证据，形成审计意见；编制审计报告等。

任务四　审计的重要性与审计风险

一、重要性的含义

审计重要性是指在具体环境下，被审计单位财务报表错报的严重程度。如果一项错报单独或连同其他错报可能影响财务报表使用者依据财务报表作出的经济决策，则该项错报是重大的。这里的错报包括漏报，还包括财务报表内列示的错报和报表附注中披露的错报。

(一)对重要性的理解

为了更清楚地理解重要性的概念，需要注意以下几点。

1. 重要性的确定要站在财务报表使用者的角度

判断一项错报重要与否，应视其对财务报表使用者依据财务报表作出经济决策的影响程度而定。如果财务报表中的某项错报足以改变或影响财务报表使用者的相关决策，则该项错报就是重要的，反之则就不重要。

2. 重要性的确定离不开具体环境

由于不同的被审计单位面临不同的环境，不同的报表使用者具有不同的信息需求，因此注册会计师确定的重要性也不相同。某一金额的错报对某被审计单位的财务报表来说是重要的，而对另一个被审计单位的财务报表来说可能不重要。

3. 对重要性的评估需要运用职业判断

影响重要性的因素有很多，注册会计师应当根据被审计单位面临的环境，并综合考虑其他因素，运用职业判断来合理确定重要性水平。不同的注册会计师在确定同一个被审计单位的重要性水平时，得出的结果可能不同，因为对重要性影响因素的判断存在差异。

4. 重要性要考虑错报的数量和性质

如果仅从数量的角度考虑，重要性水平只是一个门槛或临界点。在该门槛或临界点之上的错报就是重要的，反之，则不重要。一般而言，金额大的错报比金额小的错报更重要。在有些情况下，某些金额的错报从数量上看并不重要，但从性质上考虑则可能是重要的。对于某些财务报表披露的错报，如果难以从数量上判断是否重要，则应从性质上考虑其是否重要。例如，错报对遵守法律法规要求的影响程度；错报对遵守监管要求的影响程度；错报对遵守债务契约或其他合同要求的影响程度；错报掩盖收益或其他趋势变化的程度；错报对于评价被审计单位财务状况、经营成果或现金流量的有关比率的影响程度；错报对增加管理层报酬的影响程度等。

(二)重要性的两个层次

1. 报表层次的重要性水平

报表层次的重要性水平是指总体重要性水平。由于财务报表审计的目标是注册会计师通过执行审计工作对财务报表发表审计意见，因此，注册会计师应当考虑财务报表层次的重要性。只有这样，才能得出财务报表是否公允反映的结论。

2. 认定层次重要性水平

认定层次的重要性水平也称可容忍错报，它是在不导致财务报表存在重大错报的前提下，注册会计师对各类交易、账户余额、列报确定的可容忍的最大错报。

由于财务报表提供的信息由各类交易、账户余额、列报认定层次的信息汇集加工而成，注册会计师只有通过对各类交易、账户余额、列报实施审计，才能得出财务报表是否公允反映的结论。因此，注册会计师还应当考虑各类交易、账户余额、列报认定层次的重要性。

二、重要性的确定

在审计计划阶段，注册会计师需要对重要性水平进行评估，从而决定风险评估程序的性质、时间和范围，识别和评估重大错报风险，并确定进一步审计程序的性质、时间和范围。

(一)报表层次的重要性水平的确定

确定多大错报会影响财务报表使用者所作的决策，是注册会计师运用职业判断的结果。在审计实务中，注册会计师通常应选择一个恰当的基准，再选择恰当的百分比，两者相乘，

得出财务报表层次的重要性水平。其公式为

报表层次重要性水平=恰当的基准×恰当的百分比

1. 基准的选择

在审计实务中，有许多汇总性财务数据可以用作确定财务报表层次重要性水平的基准，如总资产、净资产、销售收入、费用总额、毛利、净利润等。

注册会计师对这个基准的选择，有赖于被审计单位的性质和环境。例如，对以营利为目的且收益较稳定的企业而言，来自经常性业务的税前利润或税后净利润可能是一个适当的基准；对收益不稳定的企业或非营利组织来说，选择税前利润或税后净利润作为判断重要性水平的基准就不合适，而选择费用总额可能比较适合；对共同基金公司，选择净资产可能较为适合。

2. 百分比的选择

在确定恰当的基准后，注册会计师通常可运用职业判断合理选择百分比，百分比的参考值如下：①对以营利为目的的企业，为来自经常性业务的税前利润或税后净利润的5%或总收入的0.5%。②对非营利组织，为费用总额或总收入的0.5%。③对共同基金公司，可为净资产的0.5%。

由于营业收入和总资产相对稳定，可预测，且能够反映被审计单位的正常规模，注册会计师应经常将其作为确定重要性水平的基准。当同一时期各财务报表的重要性水平不同时，应选取最低的作为报表层次的重要性水平。

(二)认定层次的重要性水平的确定

1. 考虑因素

(1) 各类交易、账户余额、列报的重要性水平与财务报表层次重要性水平的关系(一般前者每项不应超过后者，前者总和不能超过后者的两倍)。

(2) 各类交易、账户余额、列报的性质及错报的可能性。对那些发生错报可能性较大的项目，确定高一些的可容忍错报标准，以降低审计成本。

(3) 各类交易、账户余额、列报受关注程度。对那些受关注程度高的项目，确定低一些的可容忍错报标准，以保证审计质量。

(4) 各类交易、账户余额、列报审计的难易程度。对那些审计难度大的项目，确定高一些的可容忍错报标准，以降低审计成本。

2. 评估的方法

(1) 单独评估法。结合上述考虑因素，可将认定层次的重要性水平确定为财务报表层次重要性水平的一定比例。例如，财务报表层次的重要性水平为10万元，确定应收账款的重要性水平为这一金额的1/5，即2万元，则应收账款中超过2万元的错报都是重要的。

(2) 分配法。将财务报表层次重要性水平分配到各类交易、账户余额与列报项目，一般以资产负债表为对象。

【案例分析】

榕辉会计师事务所接下了 ABC 股份有限公司的审计业务。ABC 股份有限公司提供的资产负债表(见表 3-2)等会计资料，同时，该公司 20×0 年度利润表显示，该年度的利润总额为 411 111 元。现需要确定 ABC 公司的重要性水平。

表 3-2　资产负债表

20×0 年 12 月 31 日

资　产	金　额	负　债	金　额
货币资金	41 000	应付账款	236 000
应收账款	948 000	应付票据	1 415 000
存货	1 493 000	应付职工薪酬	73 000
其他流动资产	68 000	应付股利	102 000
固定资产净值	517 000	其他负债	117 000
		股本	425 000
		盈余公积	699 000
合计	3 067 000	合计	3 067 000

第一步，确定财务报表层次重要性水平。

根据以上资料，注册会计师王玲认为公司的资产总额较小，准备以 1.8%的百分比确定重要性水平；利润总额也属于较低水平，准备以 9%的百分比确定重要性水平。

按照资产总额确定的重要性水平=3 067 000×1.8%=55 206 (元)

按照利润总额确定的重要性水平=411 111×9% ≈ 37 000 (元)

两者比较，可选择重要性水平较低的 37 000 元作为财务报表层次重要性水平。

第二步，确定账户层次重要性水平。

注册会计师王玲根据以往的审计经验，在分配时遵循了下述几项原则。

(1) 任何一个项目的可容忍误差不能超过财务报表层次重要性水平的 60%。

(2) 所有项目可容忍误差之和不能超过财务报表层次重要性水平的两倍。这是因为：①不可能所有被审项目的实际误差都同时达到所分配的可容忍误差标准；②有的项目高估，有的项目低估，可能相互抵消，从而使整个项目或会计报表的误差不是太大。

基于以上原则分配了各项目可容忍误差(见表 3-3)。

表 3-3　各项目可容忍误差

资　产	可容忍误差	负债及所有者权益	可容忍误差
货币资金	1 000	应付账款	9 000
应收账款	22 000	应付票据	0
存货	22 000	应付职工薪酬	5 000
其他流动资产	5 000	应付股利	0
固定资产净值	4 000	其他负债	6 000
		股本	0
		盈余公积	0

其中，货币资金、应付票据、应付股利及股本等项目能够进行详细的逐笔审计，或者审计产生误差的概率很小，因此不允许产生误差或仅分配以很小的可容忍误差。

应收账款、存货的审计需要较为复杂的审计程序，成本太大，因此分配最大的可容忍误差，即为财务报表层次重要性水平的60%。

其他流动资产、应付职工薪酬一般应用分析性复核程序即可检验其总体合理性，审计成本较低，但仅用分析性复核程序时应允许有较大的可容忍误差。

固定资产净值与上一年相比，一般情况下不会出现较大的变动，可能不需要对其实施审计程序，因而分配以较少的可容忍误差。

应付账款存在低估的可能性，预期存在的误差较大，应分配以较多的可容忍误差。

盈余公积的误差来自其他项目产生的误差。对其他项目误差的控制同时就是控制了该项目的误差，因此不需要对该项目进行专项审计，也就无须为它分配重要性水平。

三、审计风险

审计风险是指财务报表存在重大错报而注册会计师发表不恰当审计意见的可能性。财务报表中存在未被查出、导致审计意见错误的可能性既有客户方面的原因，也有注册会计师方面的原因。

审计业务是一种保证程度高的鉴证业务，可接受的审计风险应当足够低，以使注册会计师能够合理保证所审计财务报表不含有重大错报风险。审计风险取决于重大错报风险和检查风险，如图3-1所示。

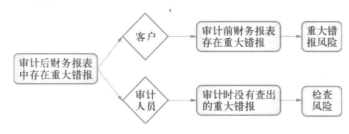

图3-1　审计风险

(一)重大错报风险

重大错报风险是指财务报表在审计前存在重大错报的可能性。在设计审计程序以确定财务报表整体是否存在重大错报风险时，注册会计师应当从财务报表层次和各类交易、账户余额、列报认定层次加以考虑。

1. 财务报表层次重大错报风险

财务报表层次重大错报风险与财务报表整体存在广泛联系，它可能影响多项认定。此类风险通常与控制环境有关。如管理层缺乏诚信、治理层形同虚设而不能对管理层进行有效监督等；但也可能与其他因素有关，如经济萧条、企业所处行业处于衰退期等。此类风险难以用某一具体认定界定，从而增大了一个或多个不同认定发生重大错报风险的可能性。此类风险对注册会计师考虑由舞弊引起的风险是特别相关的。

2. 认定层次的重大错报风险

认定层次的重大错报风险与特定的各类交易、账户余额、列报和披露相关。例如，主要客户因经营失败而陷入财务困境，则应收账款计价认定可能存在重大错报风险。认定层次的重大错报风险又可进一步细分为固有风险和控制风险。

(1) 固有风险。固有风险是指假设不存在相关的内部控制，某一认定发生重大错报风险的可能性，该错报单独考虑或连同其他错报构成重大错报风险。例如，会计人员在记录金额过程中多写或少写一个"0"。复杂的计算更容易出错，受重大计量不确定性影响的会计估计发生错报的可能性较大。

(2) 控制风险。控制风险是指某项认定发生了错报，该错报单独考虑或连同其他错报构成重大错报，而该错报没有被单位的内部控制及时防止、发现和纠正的可能性。例如，记录的金额多写或少写一个"0"而复核人员没有发现。控制风险取决于与财务报表编制有关的内部控制设计和运行的有效性。由于控制的固有局限性，某种程序的控制风险始终存在。

(二)检查风险

检查风险是指某一认定存在错报，该错报单独或连同其他错报是重大的，但注册会计师未能发现这种错报的可能性。检查风险取决于审计程序设计的合理性和执行的有效性。由于注册会计师通常并不对所有的交易、账户余额和列报进行检查，以及其他原因，检查风险不可能降低为零。其他原因包括注册会计师可能选择了不恰当的审计程序、审计过程执行不当，或者错误解读了审计结论。这些因素可以通过适当计划、在项目组成员之间进行恰当的职责分配、保持职业怀疑态度，以及监督、指导和复核助理人员所执行的审计工作得以解决。

(三)审计风险模型

在既定的审计风险水平下，可接受的检查风险水平与认定层次重大错报风险的评估结果呈反向关系。评估的重大错报风险越高，可接受的检查风险越低；评估的重大错报风险越低，可接受的检查风险越高。检查风险与重大错报风险的反向关系用数学模型可表示为

$$审计风险=重大错报风险×检查风险$$

【**知识拓展**】假设针对某一认定，注册会计师将可接受的审计风险水平设定为5%，实施风险评估程序后将重大错报风险评估为25%，则根据这一模型，可接受的检查风险为20%。当然，实务中，注册会计师不一定用绝对数量表示这些风险水平，而多选用"高""中""低"等文字描述。

四、重要性与审计风险和审计证据之间的关系

重要性与审计风险之间存在反向关系。重要性水平越高，审计风险越低；重要性水平越低，审计风险越高。这里所说的重要性水平高低指的是金额的大小。通常，4000元的重要性水平比2000元的重要性水平高。在理解两者之间的关系时，必须注意，重要性水平是注册会计师从财务报表使用者的角度进行判断的结果。如果重要性水平是4000元，则意味

着低于 4000 元的错报不会影响财务报表使用者的决策，此时注册会计师需要通过执行有关审计程序合理保证能发现高于 4000 元的错报。如果重要性水平是 2000 元，则金额在 2000 元以上的错报就会影响财务报表使用者的决策，此时注册会计师需要通过执行有关审计程序合理保证能发现金额在 2000 元以上的错报。显然，重要性水平为 2000 元时，审计不出这样的重大错报的可能性即认定为审计风险，要比重要性水平为 4000 元时的审计风险高。审计风险越高，越要求注册会计师收集更多、更有效的审计证据，以将审计风险降至可接受的低水平。因此，重要性和审计证据之间也是反向变动的关系。

值得注意的是，注册会计师不能通过不合理地人为调高重要性水平，降低审计风险。因为重要性是依据重要性概念中所述的判断标准确定的，而不是由主观期望的审计风险水平决定的。

由于重要性和审计风险存在上述反向关系，而且这种关系对注册会计师将要执行的审计程序的性质、时间和范围有直接的影响，因此，注册会计师应当综合考虑各种因素，合理确定重要性水平。

任务五　审计证据与审计工作底稿

要实现审计目标，必须收集、评价和综合审计证据，以保证注册会计师审计结论和意见的形成有合理的基础。审计的成功在于取证的成功，审计的质量取决于审计证据的质量。

一、审计证据

(一)审计证据的含义

审计证据是指注册会计师为了得出审计结论、形成审计意见而使用的所有信息，包括财务报表依据的会计记录中含有的信息和其他信息。审计证据对于整个审计工作具有十分重要的意义，审计证据收集得是否充分、审计证据是否可信，对审计工作质量具有决定性的作用。

审计证据的两个要点：一是在执行审计业务过程中获得的，非审计过程中所获取的信息虽然也可能成为某种证据，但不能成为审计证据；二是其目的是形成审计意见，只要与形成审计意见有关，虽不能构成其他类型的证据(如法律证据)，但同样可作为审计证据。

会计记录中含有的信息本身并不足以提供充分的审计证据作为对财务报表发表审计意见的基础，注册会计师还应当获取用作审计证据的其他信息。可用作审计证据的其他信息包括注册会计师从被审计单位内部或外部获取的会计记录以外的信息；通过询问、观察和检查等审计程序获取的信息；以及自身编制或获取的可以通过合理推断得出结论的信息。

(二)审计证据的类型

审计证据按其外形特征可分为实物证据、书面证据、口头证据和环境证据四大类。

1. 实物证据

实物证据是注册会计师通过实际观察或清查盘点所获取的,以确定某些实物资产是否确实存在的证据。最典型的实物证据是各类盘点表。实物证据通常只能证明资产是否存在,而并不能完全证明其所有权归属,也难以判断资产的质量和价值。

2. 书面证据

书面证据是注册会计师所获取的各种以书面文件为形式的一类证据。它包括与审计有关的原始凭证、会计记录、会议记录和文件、合同、通知书、报告书及函件等。书面证据按其来源可分为外部证据、内部证据和亲历证据。

(1) 外部证据。外部证据是由被审计单位以外的组织机构或人士编制的书面证据,一般具有较强的证明力。它包括被审计单位以外的组织机构或人士出具的,并直接交给注册会计师的外部证据(如应收账款函证的回函、证券分析师的报告);被审计单位以外的组织机构或人士出具的,但未被审计单位所持有并提交给注册会计师的外部证据(如银行对账单、购货发票)。

(2) 内部证据。内部证据是被审计单位内部机构或职员编制和提供的书面证据。包括原始凭证、记账凭证、账簿记录、试算表和汇总表、管理当局声明书、重要计划、合同等。内部证据有两种:一种是仅在被审计单位内部流转的证据(如出库单、入库单);另一种是由被审计单位制作,但获得外部确认或认可的证据(如销售发票、付款支票)。

(3) 亲历证据。亲历证据是指注册会计师通过观察或亲自在被审计单位进行某些审计活动所取得的证据(如编制的各种计算表、分析表等)。

3. 口头证据

口头证据是被审计单位有关人员对注册会计师的提问做口头答复所形成的证据。口头证据要及时记录,必要时还应获得被询问者的签名确认。口头证据证明力较弱,但可以提供重要线索。

4. 环境证据

环境证据是指对被审计单位产生影响的各种环境事实。它包括有关内部控制情况,被审计单位管理人员的素质,各种管理条件和管理水平。若被审计单位内部控制良好、管理人员素质较高、管理水平较高,所提供证据的可靠程度也较高,反之提供的证据就难以信赖。环境证据一般不属于基本证据,但它可帮助注册会计师了解被审计单位及其经济活动所处的环境。

(三)审计证据的特征

注册会计师应当保持职业怀疑态度,运用职业判断,评价审计证据的充分性和适当性。

1. 审计证据的充分性

审计证据的充分性是对审计证据数量的衡量,主要与注册会计师确定的样本量有关。它是对注册会计师为得出审计结论所需要的审计证据的最低数量要求。客观公正的审计意见必须建立在足够数量的审计证据基础之上。但这并不是说,审计证据的数量可以无限制地增多，还须考虑获取审计证据的成本与效益。

在判断审计证据是否充分、恰当时应考虑以下几个因素。

(1) 错报风险。一般而言，错报风险越大，需要的审计证据可能越多。

(2) 审计证据质量。审计证据质量越高，需要的审计证据可能越少。但是如果审计证据的质量存在缺陷，审计证据数量再多可能也无法弥补其质量上的缺陷。

(3) 具体审计项目的重要程度。对于重要的审计项目，注册会计师应获取足够的审计证据以支持其审计结论或审计意见。对于不太重要的审计项目，则可适当减少审计证据的数量。

(4) 审计经验。当注册会计师有丰富的审计经验时，可从较少的审计证据中判断出被审计单位是否存在错弊行为，减少对审计证据数量的依赖。相反，当注册会计师缺乏审计经验时，应增加审计证据的数量。

2. 审计证据的适当性

审计证据的适当性是对审计证据质量的衡量，即审计证据在支持审计结论方面具有多大的相关性和可靠性。只有相关且可靠的审计证据才是高质量的证据。

(1) 审计证据的相关性。审计证据的相关性是指审计证据与某项认定相关的程度。如果取得的证据与审计目标没有联系，即使其说服力很强，也不能用以证明或否定审计事项。例如，存货监盘结果只能证明存货是否存在、是否有毁损或短缺，而不能证明存货的计价和所有权的归属。

(2) 审计证据的可靠性。审计证据的可靠性是指审计证据的可信度。例如，注册会计师亲自检查存货所获得的证据，就比被审计单位管理层提供的存货数据更可靠。

审计证据的可靠性受其来源和性质的影响，并取决于获取审计证据的具体环境。通常可按照下列原则考虑审计证据的可靠性：①从外部独立来源获取的审计证据比从其他来源获取的审计证据更可靠；②内部控制有效时内部生成的审计证据比内部控制薄弱时内部生成的审计证据更可靠；③直接获取的审计证据比间接获取或推论得出的审计证据更可靠；④书面审计证据比口头审计证据更可靠；⑤从原件获取的审计证据比从传真或复印件获取的审计证据更可靠。

(四)获取审计证据的技术方法

1. 检查记录或文件

检查记录或文件是指注册会计师对被审计单位内部或外部生成的，以纸质、电子或其他介质形式生成的会计记录和其他书面文件进行审阅和复核。

(1) 审阅与复核的范围。包括原始凭证、记账凭证、会计账簿、会计报表，以及其他书面文件。

(2) 审阅与复核的重点。审阅的重点是保证各种会计记录和其他书面文件的真实性和合法性。例如，购货发票有无虚假和伪造现象，账簿的内容与原始凭证的内容是否一致，会计分录是否正确。复核的重点是保证各种会计记录和其他书面文件中各种数据的正确性和一致性。例如销货发票中的数量、单价和金额是否正确，总账余额与所属明细账余额合计数是否相同，总账余额与会计报表中相应项目余额是否相同等。

高职高专互联网＋新形态教材·财会系列

2. 检查有形资产

检查有形资产是指注册会计师对资产实物进行检查盘点，主要适用于存货、现金，也适用于有价证券、应收票据和固定资产。检查有形资产虽可为其存在性提供证据，但不能为权利和义务或计价认定提供可靠的证据。

3. 观察

观察是指注册会计师对被审计单位的经营场所、实物资产和有关业务活动及其内部控制的执行情况等进行实地察看。例如，注册会计师观察财务部门的工作，可以了解各项职责的执行情况。观察取得的审计证据不具有充分性，需要有其他证据佐证。

4. 询问

询问是注册会计师向有关人员进行的书面或口头询问以获取审计证据的方法。例如，向有关人员询问内部控制执行情况。询问取得的审计证据可靠性较差。

5. 函证

函证是注册会计师为印证被审计单位会计记录所载事项而向第三者发函询证的一种方法。函证包括两种方式：肯定式函证，是指无论函证的内容与被函证人的记录是否一致，都要予以回复的函证方式；否定式函证，是指只有在函证的内容与被函证人的记录不一致时，才予以回复的函证方式。函证适用于应收账款、银行存款、应收票据、应付账款等。函证证据的可靠性较强。

6. 重新计算

重新计算是指注册会计师以人工方式或计算机辅助审计技术，对记录或文件中的数据计算的准确性进行核对。通过对被审计单位凭证、账簿、报表中有关数字进行计算，以验证其是否正确。

7. 重新执行

重新执行是指注册会计师以人工方式或计算机辅助审计技术，重新独立执行作为被审计单位内部控制组成部分的程序或控制。例如，利用被审计单位的银行存款日记账与银行对账单，重新编制银行存款余额调节表，并与被审计单位编制的银行存款余额调节表进行比较。

8. 分析

分析是指注册会计师通过研究不同财务数据之间，以及财务数据与非财务数据之间的内在联系，对财务信息作出评价。通过分析和比较被审计单位的重要比率和金额，从而发现异常波动，为进一步审计提供线索并指明方向。

二、审计工作底稿

(一)审计工作底稿的概念和作用

审计工作底稿是审计证据的载体，是注册会计师在审计过程中形成的审计工作记录和获取的资料。

注册会计师在执行审计业务过程中，要遵守审计准则的规定，将获取的审计证据及审计工作过程中的记录等按照固定的格式和方法编制成工作记录，形成审计工作档案性的原始文件，以备查阅。审计工作底稿包括在审计准备阶段的审计计划、审计业务约定书；审计实施阶段的内部控制测试工作底稿、实质性程序工作底稿；审计终结阶段的审计差异汇总工作底稿、试算平衡表、审计报告等。

审计工作底稿形成于审计过程中，可以反映整个审计工作过程。审计工作底稿的作用体现在以下几个方面。

(1) 审计工作底稿是注册会计师形成审计结论、发表审计意见的直接依据。

(2) 审计工作底稿是界定注册会计师审计责任、考核注册会计师专业能力与工作业绩的重要依据。

(3) 审计工作底稿为审计工作质量控制与质量检查提供了可能。

(4) 审计工作底稿对未来的审计业务具有参考价值。

(二)审计工作底稿的分类

根据审计工作底稿的性质与作用，可将其分为综合类工作底稿、业务类工作底稿和备查类工作底稿。

1. 综合类工作底稿

综合类工作底稿指注册会计师为反映整个审计计划、整个审计过程和最终审计意见而编制的审计工作底稿，包括审计业务约定书、审计计划、审计调整分类汇总、试算平衡表、未定稿审计报告、管理建议书、被审计单位管理层声明书等。

2. 业务类工作底稿

业务类工作底稿指注册会计师在执行审计计划过程中所编制或取得的审计工作底稿，包括注册会计师在执行内部控制测试审计、实质性测试审计等审计程序所形成的审计工作底稿等。

3. 备查类工作底稿

备查类工作底稿是指注册会计师在审计过程中形成的、对本年和以后年度审计均具有证明效力的各种审计资料，包括被审计单位的批准设立文件、营业执照、公司章程、组织机构图、合同、协议等原始资料的副本或复印件。

(三)审计工作底稿的编制要求

1. 编制审计工作底稿的总体要求

审计工作底稿可以以纸质、电子或其他介质形式存在。编制审计工作底稿的目的在于审计工作底稿能提供充分、适当的记录，作为审计报告的基础，提供证据证明其按照审计准则的规定执行了审计工作。注册会计师编制的审计工作底稿，总体要求是应当使未曾接触该项审计工作的有经验的专业人士清楚地了解：①按照审计准则的规定实施的审计程序

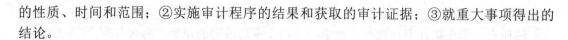

的性质、时间和范围;②实施审计程序的结果和获取的审计证据;③就重大事项得出的结论。

2. 审计工作底稿的要素

(1) 审计项目名称。审计项目名称指某一会计报表项目名称或某一审计程序及实施对象名称。

(2) 审计项目的时点或期间。注明审计内容的时点(指资产负债表项目)或者期间(指利润表项目)。

(3) 索引号或编号。索引号是审计整理利用审计工作底稿,将具有同一性质或反映同一具体审计事项的审计工作底稿分别归类,形成相互控制与关联的特定编号。以便于查找钩稽关系。例如,固定资产汇总表的编号是 C1,房屋建筑物的编号是 C1-1-1。

(4) 审计过程记录。在审计工作底稿中要求记录审计程序实施的全过程。审计记录包括两方面的内容:一是被审计单位的未审情况,包括被审计单位的内部控制情况、有关会计账项的未审发生额及期末余额;二是审计过程记录,包括注册会计师实施的审计测试性质、测试项目、抽取的样本及检查的重要凭证、审计调整及重分类事项等。

(5) 审计结论。注册会计师需要根据所实施的审计程序及获取的审计证据得出结论,并以此作为发表审计意见的基础。如"营业收入没有发现重大错报"。

(6) 审计标识及其说明。审计标识是注册会计师为便于表达审计含义而采用的符号。为了便于他人理解,应说明其含义,并保持前后一致。例如,∧(纵加核对)、〈(横加核对)、¢(已收回询证函)。

(7) 其他应说明的事项。

(四)审计工作底稿的复核

审计工作底稿复核是审计机构进行审计质量控制的一项重要程序。审计工作底稿复核可以减少或消除人为的审计误差,以降低审计风险,提高审计质量,发现和解决问题,保证审计工作顺利执行,提高审计效率。复核也便于审计组织对注册会计师进行审计工作质量的监控和工作评价。审计工作底稿复核包括以下两个方面。

1. 项目组内部复核

项目负责人应当在审计过程中的适当阶段及时实施复核,以使重大问题在出具审计报告前能够得到圆满解决。项目组内部复核可以由项目组内经验较多的人员复核,项目负责人对审计工作底稿负最终责任。审计工作底稿复核内容:①审计工作是否已按照法律法规、职业道德规范和审计准则的规定执行;②重大事项是否已提请进一步考虑;③相关事项是否已进行适当咨询,由此形成的结论是否得到记录和执行;④是否需要修改已执行审计工作的性质、时间和范围;⑤已执行的审计工作是否支持形成的结论,并已得到适当记录;⑥获取的审计证据是否充分、适当,足以支持审计报告;⑦审计程序的目标是否已经实现。

2. 项目质量控制复核

项目质量控制复核是指对上市公司财务报表审计等重大审计项目,会计师事务所挑选不参与该业务的人员,在出具审计报告前,对项目组作出的重大判断和形成的结论给予客观评价的过程。只有意见、分歧、问题得到解决，项目负责人才能出具审计报告。项目质量控制复核并不能减轻项目负责人的责任，更不能替代项目负责人的责任。

【案例解析】

审计计划是注册会计师为了高效办理审计业务，实现预期审计目标而对审计工作作出的安排。审计计划对于注册会计师顺利完成审计工作和控制审计风险具有非常重要的意义。可以帮助注册会计师关注重点审计领域，有的放矢地进行审查和取证，形成正确的审计结论，使审计成本保持在合理的水平上；还可以帮助注册会计师对项目组成员进行恰当分工和指导监督，提高审计工作的效率。美国联区金融集团租赁公司审计案的失败主要是因为审计计划的缺陷，以至于未能在审计过程中发现财务报表的重大错报，并形成正确审计结论。

审计计划可分为总体审计策略和具体审计计划两个层次。编制总体审计策略时，应当考虑审计范围、审计业务时间安排、确定审计工作方向、调配审计资源。具体审计计划应当包括风险评估程序、计划实施的进一步审计程序和其他审计程序。塔奇·罗丝会计师事务所在审计方向方面未能重视存在较高重大错报风险的领域。在审计工作范围方面未能确定合理的测试范围；在调配审计资源方面，未向高风险领域分派熟悉租赁行业的有经验的注册会计师。

项 目 小 结

注册会计师在具体执行审计工作前必须编制审计工作计划。审计计划可分为总体审计策略和具体审计计划两个层次，二者紧密相关。编制总体审计策略时，应当考虑审计范围、审计业务时间安排，确定审计工作方向，调配审计资源。具体审计计划应当包括风险评估程序、计划实施的进一步审计程序和其他审计程序。

审计目标包括总体审计目标和具体审计目标两个层次。财务报表审计的总体目标是对被审计单位会计报表的合法性、公允性发表意见。具体审计目标是总体审计目标的具体化，具体包括：①与各类交易和事项相关的审计目标；②与期末账户余额相关的审计目标；③与财务报表列报相关的审计目标。

审计方法的形成经历了账项基础审计、制度基础审计、风险导向审计三个阶段。审计方法按照取证顺序可划分为顺查法和逆查法；按照审计取证范围可分为详查法和抽查法。审计程序是指审计工作从开始到结束的整个过程，可分为计划阶段、实施阶段和报告阶段，具体包括接受业务委托、计划审计工作、实施风险评估程序、实施控制测试和实质性程序、完成审计工作和编制审计报告。

审计重要性是指在具体环境下，被审计单位财务报表错报的严重程度，可分为报表层次的重要性水平和认定层次重要性水平。注册会计师通常应选择一个恰当的基准，乘以适当的百分比，得出财务报表层次的重要性水平。认定层次的重要性水平的确定有单独评估法和分配法。审计风险是指财务报表存在重大错报而注册会计师发表不恰当审计意见的可能性。审计风险=重大错报风险×检查风险。重大错报风险可分为财务报表层次重大错报风

高职高专互联网＋新形态教材·财会系列

险和认定层次的重大错报风险。检查风险是指某一认定存在错报风险而未能发现的可能性。重要性与审计风险之间存在反向关系。

审计证据是指注册会计师为了得出审计结论、形成审计意见而使用的所有信息。审计证据按其外形特征可分为实物证据、书面证据、口头证据和环境证据四大类。审计证据有充分性、适当性两种特征。 审计工作底稿是审计证据的载体，是在审计过程中形成的审计工作记录和获取的资料。审计工作底稿可分为综合类工作底稿、业务类工作底稿和备查类工作底稿。审计工作底稿有其独特的要素，为减少或消除人为的审计误差，需要对审计工作底稿进行复核。

项目强化训练

一、单项选择题

1. ( )是注册会计师为了高效地处理某项审计业务、实现预期审计目标而对审计工作作出的安排。
    A. 审计计划   B. 审计业务约定书   C. 审计准则   D. 审计工作底稿

2. 编制合理的( )有助于注册会计师抓住审计重点，恰当地组织和管理审计工作以使审计工作更加有效和合理利用审计资源。
    A. 审计计划   B. 审计业务约定书   C. 审计准则   D. 审计程序

3. ( )的责任是按照适用的会计准则和相关会计制度的规定编制财务报表。
    A. 管理层   B. 治理层   C. 注册会计师   D. 内部审计部门

4. 所谓( )是指被审计单位管理层对财务报表各组成要素的确认、计量、列报作出的明确或隐含的表达。
    A. 认定   B. 管理层责任   C. 治理层责任   D. 审计目标

5. 如果本期交易推延到下期记录，或下期交易提前到本期记录，属于( )认定错报。
    A. 发生   B. 完整性   C. 截止   D. 计价或分摊

6. 由( )认定推导出的审计目标是确认已经记录的交易是否按正确金额反映。
    A. 发生   B. 分类   C. 完整性   D. 准确性

7. 如果不存在某顾客的应收账款，在应收账款明细表中却列入了对该顾客的应收账款，则属于( )认定错报。
    A. 存在   B. 完整性   C. 分类   D. 截止

8. 理解和运用"重要性"要站在( )的视角去判断。
    A. 被审计单位管理层   B. 财务报表使用者
    C. 注册会计师   D. 被审计单位全体员工

9. 在计划某项审计工作时，注册会计师应分别评价( )两个层次的重要性。
    A. 总账层次和明细账层次   B. 资产负债表层次和利润表层次
    C. 财务报表层次和认定层次   D. 记账凭证层次和原始凭证层次

10. ( )是指被审计单位的财务报表存在重大错报风险，而注册会计师审计后发表不恰当审计意见的可能性。
    A. 审计风险   B. 重大错报风险   C. 检查风险   D. 审计重要性

11. 在特定的审计风险水平下,检查风险与重大错报风险之间的关系是(　　)。
    A. 同向变动关系
    B. 反向变动关系
    C. 有时同向变动,有时反向变动
    D. 没有确切的规定

12. (　　)是指某一认定存在重大错报风险,但注册会计师没有发现这种错报的可能性。
    A. 审计风险
    B. 检查风险
    C. 重大错报风险
    D. 被审计单位经营风险

13. (　　)是指财务报表在审计前存在重大错报风险的可能性。
    A. 审计风险
    B. 检查风险
    C. 重大错报风险
    D. 被审计单位经营风险

14. 实物证据通常能证明实物资产的(　　)认定。
    A. 存在
    B. 权利和义务
    C. 完整性
    D. 计价和分摊

15. 注册会计师编制的应收账款函证汇总分析表按来源进行分类应该属于(　　)。
    A. 实物证据
    B. 口头证据
    C. 亲历证据
    D. 环境证据

二、多项选择题

1. 在制定总体审计策略时,注册会计师应考虑(　　)。
    A. 审计工作范围
    B. 审计业务时间安排
    C. 审计工作方向
    D. 风险评估程序

2. 具体审计计划的主要内容有(　　)。
    A. 项目组成员的分工
    B. 风险评估程序
    C. 计划实施的进一步审计程序
    D. 计划实施的其他审计程序

3. 审计目标可分为(　　)两个层次。
    A. 审计总目标
    B. 报表层次审计目标
    C. 具体审计目标
    D. 认定层次审计目标

4. 某公司20×0年12月31日资产负债表流动资产项下列示存货1000万元,则明确地认定包括(　　)。
    A. 记录的存货是存在的
    B. 记录的存货的正确余额是1000万元
    C. 所有应列报的存货都包括在财务报表中
    D. 记录的存货全部由本公司所拥有且使用不受任何限制

5. 一般说来,具体审计目标必须根据(　　)来确定。
    A. 审计总目标
    B. 被审计单位管理层认定
    C. 审计准则
    D. 审计范围

6. 与期末账户余额相关的认定类别有(　　)。
    A. 存在
    B. 权利和义务
    C. 完整性
    D. 计价与分摊

7. 与各类交易和事项相关的认定类别有(　　)。
    A. 发生
    B. 权利和义务
    C. 完整性
    D. 截止

8. 与列报相关的具体审计目标有(　　)。
    A. 分类与可理解性
    B. 完整性
    C. 截止
    D. 准确性和计价

9. (　　)是根据取证顺序与会计核算顺序的关系来区分的。

　　A. 顺查法　　　　　B. 抽查法　　　　　C. 详查法　　　　D. 逆查法

10. 注册会计师在运用重要性原则时，应从错报的(　　)两个方面加以考虑。

　　A. 行业状况　　　　B. 内部控制状况　　C. 数量　　　　　D. 性质

11. (　　)相对稳定、可预测，且能够反映被审计单位正常规模，注册会计师经常将其用作确定计划重要性水平的基准。

　　A. 营业收入　　　　B. 总资产　　　　　C. 营业外收入　　D. 存货

12. 注册会计师应当考虑两个层次的重大错报风险，即(　　)。

　　A. 财务报表层次　　　　　　　　　　　B. 认定层次

　　C. 账簿层次　　　　　　　　　　　　　D. 凭证层次

13. 审计风险的构成要素包括(　　)。

　　A. 重大错报风险　　　　　　　　　　　B. 检查风险

　　C. 审计重要性　　　　　　　　　　　　D. 合理保证

14. 对于特定的被审计单位而言，审计风险和审计证据的关系可表述为(　　)。

　　A. 要求的审计风险水平越低，所需的审计证据数量就越多

　　B. 要求的审计风险水平越高，所需的审计证据数量就越少

　　C. 评估的重大错报风险水平越低，所需的审计证据数量就越少

　　D. 评估的重大错报风险水平越高，所需的审计证据数量就越多

15. 审计证据的特征有(　　)。

　　A. 充分性　　　　　B. 风险性　　　　　C. 可靠性　　　　D. 相关性

16. 审计证据的适当性是对审计证据质量的衡量，包括(　　)两层含义。

　　A. 客观性　　　　　B. 相关性　　　　　C. 充分性　　　　D. 可靠性

17. 下列属于外部证据的是(　　)。

　　A. 注册会计师编制的固定资产折旧计算表　B. 应收账款函证回函

　　C. 银行对账单　　　　　　　　　　　　D. 购货发票

18. 注册会计师编制工作底稿的目的是(　　)。

　　A. 规范注册会计师审计工作

　　B. 提供充分、适当的记录，作为审计报告的基础

　　C. 为自己是否按照审计准则的规定执行了审计工作提供依据

　　D. 便于对审计工作进行复核，有助于审计工作质量的提高

19. 审计证据按其外形特征可分为(　　)。

　　A. 实物证据　　　　B. 书面证据　　　　C. 口头证据　　　D. 环境证据

20. 下列属于书面证据的是(　　)。

　　A. 原始凭证　　　　　　　　　　　　　B. 会计记录

　　C. 各种会议记录和文件　　　　　　　　D. 被审计单位管理人员的素质

三、判断题(正确的在括号内打"√"，错误打"×")

1. 审计计划一旦制订，在执行中不得做任何的修改。　　　　　　　　　　(　　)

2. 具体审计计划可用以确定审计范围、时间和方向，并指导制定总体审计策略。

(　　)

3. 管理层认定只是对财务报表各组成要素的确认、计量、列报作出的明确的表达。

                                   ( )

4. 发生认定可能存在的问题是漏记交易(低估)。   ( )

5. 完整性认定可能存在的问题是管理层把那些不曾发生的项目记入财务报表，它主要与财务报表组成要素的高估有关。   ( )

6. 若已入账的销售交易是对正确发出商品的记录，但金额计算错误，则属于准确性认定错报，而发生认定没有错报。   ( )

7. 由分类认定推导出的审计目标是确认接近于资产负债表日的交易是否记录于恰当的期间。   ( )

8. 由完整性认定推导出的审计目标是确认已记录的交易是否是真实发生的，有没有虚报。   ( )

9. 所谓审计重要性是指重要的账户余额。   ( )

10. 了解和运用"重要性"需要站在被审计单位管理层的视角去判断。 ( )

四、实务题

1. 注册会计师在对 ABC 公司年终决算报表中的存货项目进行审计时，发现以下几个问题。

(1) 年终实地存货盘点时将其他单位寄存代销的物品误记其中。

(2) 实际有 1 000 个单位存货，年终盘点时误记为 100 个单位存货。

(3) 某物品赊销时未做销售记录，因其实物尚存于仓库，已将其列入期末存货中。

(4) 某物品赊销时未做销售记录，也未包括在期末存货中。

请根据以上资料，逐一分析这些错误会影响哪些认定？

2. 注册会计师通常依据各类交易、账户余额和列报的相关认定确定审计目标，根据审计目标设计审计程序。20×1 年 9 月，注册会计师对 ABC 公司采购交易进行审计时，已经确定了与采购交易相关的管理层认定，并决定根据认定来确定存货项目的具体审计目标。

(1) 认定。

  A. 发生   B. 完整性   C. 准确性

  D. 截止   E. 分类

(2) 审计目标。

  A. 与采购交易有关的金额及其他数据已恰当记录

  B. 所有应当记录的采购交易均已记录

  C. 采购交易已记录于正确的会计期间

  D. 采购交易已记录于恰当的账户

  E. 所记录的采购交易已发生，且与被审计单位有关

要求：请代注册会计师针对上述与采购交易相关的认定，指出对应的审计目标。

3. 注册会计师对 ABC 公司 20×0 年财务报表进行审计，其未经审计的有关财务报表项目金额见表 3-4。

表 3-4　ABC 公司未经审计的有关财务报表项目金额

单位：元

资产总额	180 000
净资产	88 000
营业收入	240 000
净利润	24 120

该公司所处行业的市场波动较大，因此销售与盈利水平受到很大影响，但总资产比较稳定。

要求：

(1) 如以资产总额、净资产、营业收入和净利润作为基准，百分比分别为资产总额、净资产、营业收入和净利润的 0.5%、0.1%、0.5% 和 5%，请代注册会计师计算确定 ABC 公司 20×0 年度财务报表层次的重要性水平(请列示计算过程)，并简要说明理由。

(2) 简要说明重要性水平与审计风险之间的关系。

4. 假设某注册会计师对被审计单位 ABC 公司的主营业务收入进行审计时，面临的可接受的审计风险和主营业务收入发生认定重大错报风险水平，可能出现四种情况如表 3-5 所示。

表 3-5　ABC 公司重大错报风险水平的可能情况

单位：%

风险类别	情况一	情况二	情况三	情况四
可接受的审计风险	4	4	2	2
重大错报风险	40	100	40	100

要求：

(1) 计算上述四种情况下的可接受检查风险水平分别是多少？

(2) 哪种情况需要注册会计师获取最多的审计证据？为什么？

5. 注册会计师在对 ABC 公司 20×0 年度财务报表进行审计时，收集到以下六组审计证据。

(1) 收料单与购货发票。

(2) 销售发票副本与产品出库单。

(3) 领料单与材料成本计算表。

(4) 薪酬费用分配表与薪酬发放表。

(5) 存货盘点表与存货监盘记录。

(6) 银行询证函回函与银行对账单。

要求：请分别指出每组审计证据中哪项证据较为可靠，并简要说明理由。

五、简答题

1. 什么是审计计划？为什么要编制审计计划？
2. 总体审计策略包括哪些内容？
3. 审计的方法有哪些？审计的过程有哪些？
4. 如何理解审计证据的充分性和可靠性？
5. 什么是审计工作底稿？简述审计工作底稿的组成要素。
6. 什么是审计重要性？重要性有哪些层次？重要性如何确定？
7. 什么是审计风险？其构成要素有哪些？

 ## 微课视频

扫一扫，获取本项目相关微课视频。

3.1 计划审计工作　　　　3.2 审计目标　　　　3.3 审计方法和审计程序　　　　3.4.1 审计重要性与
　　　　　　　　　　　　　　　　　　　　　　　　　　　　　　　　　　　　　审计风险 1

3.4.2 审计重要性与　　　　3.5 审计证据与审计
　　审计风险　　　　　　　　工作底稿

项目四

评估与应对审计风险

【知识目标】

- 了解风险评估的含义和风险评估的主要程序。
- 了解被审计单位及其环境的具体内容和方法。
- 了解被审计单位内部控制的要素。
- 了解评估重大错报风险的基本方法及风险应对策略。
- 掌握控制测试和实质性审计程序的性质、时间安排和范围。
- 了解审计抽样的含义和种类，以及审计抽样的过程。

【技能目标】

- 能复述常用的风险评估程序。
- 能对被审计单位的内部控制进行了解和评价。
- 能通过实施风险评估程序识别、评估重大错报风险。
- 能针对评估的重大错报风险，确定总体应对措施、设计和实施进一步审计程序。
- 能区分控制测试和实质性测试程序，能进行简单的控制测试和实质性测试。
- 能进行审计抽样技术的简单运用。

【案例引导】

法国兴业银行内控失效导致的巨额诈骗案

法国第二大上市银行——法国兴业银行 2008 年 1 月 24 日宣布，该行发现其内部的一名交易员有诈骗行为，给银行造成 49 亿欧元 (约合 71.6 亿美元)的损失。该行还宣布因全球信贷危机而减记 20.5 亿欧元，并表示将增资 55 亿欧元，以维持收支平衡。

法国兴业银行公司投资银行部门首席执行官 Jean-Pierre Mustier 表示，如果公司的证券系统更好，那么 49 亿欧元的欺诈交易本可以避免。他还表示，涉嫌欺诈的交易员是兴业银行负责操作欧洲股指期货的交易员，在 2007—2008 年，该交易员根据所掌握的集团证券系统状况，伪造了大量的交易头寸。

全球的银行都受美国次级债务危机的影响，在信贷市场蒙受了重大损失。华尔街及伦敦的银行业巨擘们尚未从数十亿美元的资产减记中缓过气来，法国兴业银行诈骗案的曝光更令投资人对银行业的信心遭到重创。同时，银行业的风险管理流程及监控内部交易的能力遭到外界的严重质疑。国际金融研究公司的高级分析师 Axel Pierron 认为：“尽管采取了复杂的风险管理措施，银行业仍然面临着这样的风险：熟知公司内部风险控制流程的员工可以规避这些流程，以掩盖投资损失。”

请思考：审计风险评估应综合考虑哪些因素？应如何根据风险评估的结果，制定相应的风险应对策略？

(资料来源：李华. 审计实务[M]. 北京：中国人民大学出版社，2014.)

任务一　识别和评估风险

风险评估是指注册会计师为了降低审计风险、提高审计质量和效率、得出公允的审计结论，在审计实施阶段通过了解被审计单位及其环境、评价内部控制状况等内容，从而准确地评估审计工作所面临风险的水平或程度，以便于采取针对性的风险应对措施所设计的一系列必经程序和活动，是现代风险导向审计不可或缺的组成部分。

一、风险评估程序

注册会计师主要采用询问被审计单位管理层和内部其他相关人员、执行分析程序、实施观察和检查程序了解被审计单位及其环境。目的是识别和评估财务报表重大错报风险。

(一)询问被审计单位管理层和内部其他相关人员

询问被审计单位管理层和内部其他相关人员是注册会计师了解被审计单位及其环境的一个重要信息来源。

尽管注册会计师通过询问管理层和财务负责人可获取大量信息，但是询问被审计单位内部的其他人士可能为注册会计师提供不同的信息，有助于识别重大错报风险。因此，注册会计师除了询问管理层和对财务报告负有责任的人员外，还应当考虑询问内部审计人员、采购人员、生产人员、销售人员等其他人员，并考虑询问不同级别的员工，以获取对识别重大错报风险有用的信息。

(二)执行分析程序

分析程序是指注册会计师通过研究不同财务数据之间以及财务数据与非财务数据之间的内在关系，对财务信息作出评价。分析程序还包括调查识别出的、与其他相关信息不一致或与预期数据严重偏离的波动和关系。

注册会计师实施分析程序有助于识别异常的交易或事项，以及对财务报表和审计产生影响的金额、比率和趋势。在实施分析程序时，注册会计师应当预期可能存在的合理关系，并与被审计单位记录的金额、依据记录金额计算的比率或趋势相比较，如果发现异常或未预期到的关系，注册会计师应当在识别重大错报风险时考虑这些比较结果。

(三)观察和检查程序

观察和检查程序可以印证对管理层和其他相关人员的询问结果，并可提供有关被审计单位及其环境的信息，注册会计师应当实施下列观察和检查程序：①观察被审计单位的生产经营活动。②检查文件、记录和内部控制手册。③阅读由管理层和治理层编制的报告。④实地察看被审计单位的生产经营场所和设备。⑤追踪交易在财务报告信息系统中的处理过程(穿行测试)。

二、被审计单位及其环境

了解被审计单位及其环境，目的是为了识别和评估财务报表重大错报风险。识别被审计单位及其环境在各个方面与以前相比发生的重大变化尤为重要。

注册会计师应从以下方面了解被审计单位及其环境。

(一)行业状况、法律环境与监管环境以及其他外部因素

1. 被审计单位的行业状况

了解行业状况有助于注册会计师识别与被审计单位所处行业有关的重大错报风险。主要包括所在行业的市场供求与竞争；生产经营的季节性和周期性；产品生产技术的变化；能源供应与成本；行业的关键指标和统计数据等。

2. 被审计单位所处的法律环境及监管环境

相关法律、法规或监管要求可能对被审计单位经营活动产生重大影响，如不遵守可能导致停业等严重后果。注册会计师应当了解被审计单位所处的法律环境及监管环境。主要包括适用的会计准则、会计制度和行业特定惯例；对经营活动产生重大影响的法律法规及监管活动；对开展业务产生重大影响的政府政策，包括货币、财政、税收和贸易等政策；与被审计单位所处行业和所从事经营活动相关的环保要求等。

3. 其他外部因素

除了行业状况、法律环境与监管环境外，其他外部因素也可能对被审计单位的财务报告产生影响，因此注册会计师应当了解影响被审计单位经营的其他外部因素。主要包括宏

观经济的景气度；利率和资金供求状况；通货膨胀水平及币值变动；国际经济环境和汇率变动。

(二)被审计单位的性质

1. 所有权结构

注册会计师应当了解被审计单位所有权结构以及所有者与其他人员或单位之间的关系，考虑关联方关系是否已经得到识别，关联方交易是否已经得到恰当核算。

2. 治理结构

注册会计师应当了解被审计单位的治理结构。例如，董事会的构成，其内部是否有独立董事；治理结构中是否设有审计委员会或监事会及其运作情况。注册会计师应当考虑治理层是否能够在独立于管理层的前提下对被审计单位的事务作出客观判断。

3. 组织结构

注册会计师应当了解被审计单位的组织结构，考虑复杂的组织结构可能导致的重大错报风险。例如，对于在多个地区拥有子公司、合营企业、联营企业或其他成员机构，或者存在多个业务分部和地区分部的被审计单位，不仅编制合并财务报表的难度增加，还存在其他可能导致重大错报风险的复杂事项。

4. 经营活动

了解被审计单位的经营活动有助于注册会计师识别预期在财务报表中反映的主要交易和事项。主要包括主营业务的性质；产品或劳务的相关的市场信息；业务的开展情况；联盟、合营与外包情况；地区与行业分布；生产设施、仓库的地理位置及办公地点；关键客户；重要供应商；研究与开发活动及其支出等。

5. 投资活动

了解被审计单位的投资活动有助于注册会计师关注被审计单位在经营策略和方向上的重大变化。主要包括近期的并购活动与资产处置情况，证券投资、委托贷款的发生与处置，资本性投资活动，不纳入合并范围的投资。

6. 筹资活动

注册会计师应当了解被审计单位在融资方面的压力，并进一步考虑被审计单位在可预见未来的持续经营能力。主要包括债务结构和相关条款、固定资产租赁、关联方融资、实际受益股东、衍生金融工具的运用。

(三)被审计单位对会计政策的选择和运用

注册会计师应当了解被审计单位对会计政策的选择和运用，是否符合适用的会计准则和相关会计制度，是否符合被审计单位的具体情况。被审计单位是否按照适用的会计准则和相关会计制度的规定恰当地进行了列报，并披露了重要事项。如果被审计单位变更了重要的会计政策，注册会计师应当考虑变更的原因及其适当性，并考虑是否符合适用的会计准则和相关会计制度的规定。

(四)被审计单位的目标、战略以及相关经营风险

注册会计师应当了解被审计单位的目标和战略，以及可能导致财务报表重大错报的相关经营风险。经营风险源于对被审计单位实现目标和战略产生不利影响的重大问题、事项、环境和行动，或源于不恰当的目标和战略。多数经营风险最终都会产生消极的财务后果，从而影响财务报表。注册会计师应当根据被审计单位的具体情况考虑经营风险是否可能导致财务报表发生重大错报。

注册会计师应当了解被审计单位是否存在与下列方面有关的目标和战略，并考虑相应的经营风险：①行业发展，及其可能导致的被审计单位不具备足以应对行业变化的人力资源和业务专长等风险；②开发新产品或提供新服务，及其可能导致的被审计单位产品责任增加等风险；③业务扩张，及其可能导致的被审计单位对市场需求的估计不准确等风险；④新颁布的会计法规，及其可能导致的被审计单位执行法规不当或不完整，或会计处理成本增加等风险；⑤监管要求，及其可能导致的被审计单位法律责任增加等风险；⑥本期及未来的融资条件，及其可能导致的被审计单位由于无法满足融资条件而失去融资机会等风险；⑦信息技术的运用，及其可能导致的被审计单位信息系统与业务流程难以融合等风险。

(五)被审计单位财务业绩的衡量和评价

内部财务业绩衡量可能显示未预计到的结果或趋势，与内部财务业绩衡量相关的信息可能显示财务报表存在错报风险。外部机构的衡量和评价可能对管理层造成压力，促使其采取行动以改善财务业绩或歪曲财务报表。注册会计师应当了解被审计单位财务业绩的衡量与评价，以识别财务报表是否可能存在重大错报风险。

在了解被审计单位财务业绩衡量和评价情况时，注册会计师应当关注下列信息：①关键业绩指标；②业绩趋势；③预测、预算和差异分析；④管理层和员工业绩考核与激励性报酬政策；⑤分部信息与不同层次部门的业绩报告；⑥与竞争对手的业绩比较；⑦外部机构提出的报告。

(六)被审计单位的内部控制

注册会计师应当了解和评价被审计单位内部控制，内部控制是指为确保实现企业目标而实施的程序和政策。具体内容在任务二进行介绍。

任务二 内 部 控 制

一、内部控制的意义和局限性

内部控制是被审计单位为了合理保证经营管理合法合规、资产安全、财务报告及相关信息真实完整，从而提高经营效益和效果，促进企业实现发展战略，由企业董事会、监事会、经理层和全体员工实施的政策和程序。

注册会计师在财务报表审计中应当考虑与财务报表编制相关的内部控制，但注册会计

高职高专互联网+新形态教材·财会系列

师审计的目标是对财务报表是否不存在重大错报发表审计意见，并非对被审计单位内部控制的有效性发表意见。注册会计师需要了解和评价的内部控制只是与财务报表审计相关的内部控制，并非被审计单位所有的内部控制。

内部控制存在固有局限性，无论如何设计和执行，只能对财务报告的可靠性提供合理的保证，而不能提供绝对保证。内部控制存在的固有局限性包括下述各点。

(1) 人为错误。在决策时人为判断可能出现错误，由于人为失误而导致内部控制失效。

(2) 串通舞弊和管理层凌驾。可能由于两个或更多的人员进行串通或管理层凌驾于内部控制之上，使内部控制失效。例如，管理层可能与客户签订背后协议，对标准的销售合同进行变动，从而导致收入确认发生错误。

(3) 不胜任工作。如果被审计单位内部行使控制职能的人员素质不适应岗位要求，也会影响内部控制功能的正常发挥。

(4) 成本效益。实施内部控制的成本效益问题也会影响其效能。当实施某项控制的成本大于控制效果而发生损失时，就没有必要设置控制环节或制定控制措施。

(5) 例外事项。内部控制一般都是针对经常而重复发生的业务而设置的，如果出现不经常发生或未预计到的业务，原有控制就可能不适用。

二、内部控制的要素

内部控制的要素包括控制环境、风险评估过程、与财务报告相关的信息系统和沟通、控制活动和对控制的监督。

(一)控制环境

控制环境包括治理职能和管理职能，以及治理层和管理层对内部控制的态度、认识和措施。控制环境设定了被审计单位的内部控制基调，可以影响员工对内部控制的认识和态度。良好的控制环境是有效实施内部控制的基础。

(1) 诚信和道德价值观念。诚信和道德价值观念是控制环境的重要组成部分，可以影响重要业务流程的设计和运行。内部控制的有效性直接依赖于创建、管理和监控内部控制人员的诚信和道德价值观念。

(2) 对胜任能力的重视。胜任能力是指具备完成某一职位的工作所应有的知识和能力。管理层对胜任能力的重视包括对于特定工作所需的胜任能力水平的设定，以及达到该水平所必需的知识和能力的要求。

(3) 治理层的参与程度。被审计单位的控制环境在很大程度上受治理层的影响。治理层的职责应在被审计单位的章程和政策中予以规定，治理层(董事会)通常可通过其自身的活动，并在审计委员会或类似机构的支持下，监督被审计单位的财务报告政策和程序。

(4) 管理层的理念和经营风格。管理层负责企业的运作以及经营策略和程序的制定、执行和监督。在有效的控制环境中，管理层的理念和经营风格可以营造一种积极的氛围，促进业务流程和内部控制的有效运行，同时创造一个减少错报发生可能性的环境。

(5) 组织结构及权责分配。组织结构可为计划、运作、控制及监督经营活动提供一个整体框架。良好的组织结构在不同部门间进行适当的职责划分并建立适当层次的报告体系，有助于形成良好的控制环境。被审计单位的组织结构在一定程度上取决于被审计单位的规模和经营活动的性质。

(6) 人力资源政策与实务。政策与程序(包括内部控制)的有效性，通常取决于政策与程序的执行者。因此，被审计单位员工的能力与诚信是控制环境中不可缺少的因素。人力资源政策与实务涉及招聘、培训、考核、晋升和薪酬等方面。

综上所述，注册会计师应当对控制环境的构成要素进行足够的了解，并考虑内部控制的实质及其综合效果，以了解管理层和治理层对内部控制及其重要性的态度、认识以及所采取的措施。

(二)风险评估过程

风险评估过程包括识别与财务报告相关的经营风险，以及针对这些风险所采取的措施。任何经济组织在经营活动中都会面临各种各样的风险，风险会对其生存和竞争能力产生一定的影响。很多风险并不为经济组织所控制，但管理层应当确定可以承受的风险水平，识别这些风险并采取一定的应对措施。

可能产生风险的事项和情形包括监管及经营环境的变化、新员工加入、新信息系统的使用或对原系统进行升级、业务快速发展、新技术、新产品型号、生产和业务活动、企业重组、发展海外经营、新的会计准则等。

(三)与财务报告相关的信息系统和沟通

信息系统与沟通是收集与交换被审计单位执行、管理和控制业务活动所需信息的过程，包括收集和提供信息(特别是履行内部控制岗位职责所需的信息)给适当的人员，使之能够履行职责。信息系统与沟通的质量直接影响着管理层对经营活动作出正确决策和编制可靠的财务报告的能力。

(四)控制活动

控制活动是指确保管理层的指令得以执行的政策和程序，包括与授权、业绩评价、信息处理、实物控制和职责分离等相关的活动。

(1) 授权。授权包括一般授权和特别授权。授权的目的在于保证交易或活动在管理层授权范围内进行。一般授权是指管理层制定的要求组织内部遵守的，普遍适用于某类交易或活动的政策。特别授权是指管理层针对特定类别的交易或活动逐一设置的授权，如重大资本支出和股票发行等，特别授权也可能用于超过一般授权的常规交易，如出于某些特别原因，同意某个不符合信用条件的客户赊购商品。

(2) 业绩评价。业绩评价主要包括被审计单位分析评价实际业绩与预算(或预测、前期业绩)的差异，综合分析财务数据与经营数据的内在关系，将内部数据与外部信息来源相比较。评价职能部门、分支机构或项目活动的业绩，以及对发现的异常差异或关系采取必要的调查与纠正措施。

(3) 信息处理。信息处理包括信息技术的一般控制和应用控制。信息技术的一般控制是与多个应用系统有关的政策和程序，有助于保证信息系统持续且恰当地运行，支持应用控制作用的有效发挥。信息技术的应用控制是指主要在业务流程层面运行的人工或自动化程序，与生成、记录、处理、报告交易或其他财务数据的程序相关。

(4) 实物控制。实物控制主要包括对资产和记录采取适当的安全保护措施，对访问计算机程序和数据文件设置授权，以及定期盘点并将盘点记录与会计记录相核对。

(5) 职责分离。职责分离主要指被审计单位如何将交易授权、交易记录以及资产保管等职责分配给不同员工，以防范同一员工在履行多项职责时可能发生的舞弊和错误行为。

(五)对控制的监督

对控制的监督是指被审计单位评价内部控制在一段时间内运行有效性的过程，对控制的监督涉及及时评估控制的有效性，并对运行中存在的问题采取必要的补救措施。对控制的监督是内部控制体系不可或缺的一部分，是内部控制得到有效实施的保证。

三、了解内部控制

(一)从整体层面了解内部控制

在整体层面对被审计单位内部控制的了解和评估，通常由项目组中对被审计单位情形比较了解且较有经验的成员负责，同时需要项目组其他成员的参与和配合。在了解内部控制的各要素时，注册会计师应当对被审计单位整体层面的内部控制的设计进行评价，并确定其是否得到执行。这一评价过程需要大量的职业判断，注册会计师应当考虑管理层本身的理念和态度，实际设计和执行的控制，以及对经营活动的密切参与是否能够实现控制的目标。财务报表层次的重大错报风险很可能源于薄弱的控制环境，因此，注册会计师在评估财务报表层次的重大错报风险时，应当将被审计单位整体层面的内部控制状况和了解到的被审计单位及其环境等各方面的因素结合起来综合考虑。

被审计单位整体层面的内部控制是否有效将直接影响重要业务流程层面控制的有效性，进而影响注册会计师拟实施的进一步审计程序的性质、时间和范围。

(二)从业务流程层面了解内部控制

为了从业务流程层面了解被审计单位的内部控制，注册会计师首先必须确定重要业务流程和重要交易类别。其次要了解重要交易流程并进行记录。

1. 确定重要业务流程和重要交易类别

在审计实务中，将被审计单位的整个经营活动划分为几个重要的业务循环，有助于注册会计师更有效地了解和评估重要业务流程及相关控制。通常制造业企业的内部控制可以划分为下列四个循环，即销售与收款循环、采购与付款循环、存货与生产循环、筹资与投资循环等，而银行有发放贷款循环、吸收存款循环。

重要交易类别是指可能对被审计单位财务报表产生重大影响的各类交易。重要交易应与重大账户及其认定相联系。例如，对于一般制造业企业的销售与收款循环，销售收入和应收账款通常是重大账户，销售和收款都是重要交易类别。

2. 了解重要交易流程并记录

在确定重要的业务流程和交易类别后，注册会计师便可着手了解每一类重要交易在信息技术或人工系统中生成、记录、处理及在财务报表中报告的程序。例如，在销售循环中，这些活动包括输入销售订单、编制货运单据和发票、更新应收账款信息记录等。

注册会计师对重要交易流程的了解方法有询问被审计单位的适当人员，观察所运用的处理方法和程序，检查被审计单位的手册和其他书面资料，追踪交易在财务报告信息系统中的处理过程(穿行测试)，等等。

(三)记录内部控制的方式

内部控制的调查描述方法通常有三种，即文字表述法、调查表法、流程图法。

1. 文字表述法

文字表述法是用文字叙述的方式描述被审计单位内部控制的方法。文字表述法的优点是形式灵活，可以根据实际情况选择内容，能充分表达内部控制的一切特殊情况。但这种方法也有局限性，表现在调查和叙述内部控制的情况比较耗费时间，对业务环节多的企业，用文字说明难免冗长，容易产生误解，记录时也容易发生遗漏，且不能快速地确定内部控制的薄弱点。因此，文字说明法只适用于业务简单的中小型企业。

2. 调查表法

调查表法是指通过事先设计好的有关内部控制的问题式调查表，了解被审计单位内部控制的方法。

调查表法的优点：一是调查范围明确，省时省力，可提高工作效率；二是如果调查表设计得当，审计人员很容易抓住企业内部控制的强点和弱点；三是方法简便易行，非审计人员也可使用。当然，调查表法也有局限性，这种方法缺乏灵活性，所询问和回答的问题只限于表内所提出的问题，如果调查的问题设置不当，就不能全面而准确地反映内部控制的情况。对于不同行业的企业或小规模企业，标准问题的调查表常常显得不太适用。实际运用中如将调查表和文字表述结合，可以发挥更好的作用。

3. 流程图法

流程图法是指利用图形和符号形式来描述被审计单位内部控制的方法。流程图一般可按主要经营环节绘制，如果将各主要经营环节的流程图合并起来，就能构成比较完整的内部控制流程图。

流程图法的优点是形象直观，能够清晰地表示各项经济业务的处理程序和内部控制情况，并展示各步骤之间的关系，便于进行评价。流程图法的缺点在于绘制流程图需要掌握一定的技术，如果绘图技术不过关，绘出的流程图不能清楚而准确地反映被审计单位的内部控制，就会影响审计工作的质量。此外，流程图法也不如调查表法那样容易确定内部控制的薄弱环节。

四、对内部控制设计合理性的评价

注册会计师在完成了对被审计单位内部控制的调查了解之后，要对内部控制作出初步评价，以便评估出控制风险水平，并对是否依赖被审计单位的内部控制及依赖程度作出决策。初步评价的内容包括健全性和合理性两个方面。健全性的评价主要是评价应有的控制环节是否设置齐全。在内部控制中的关键点上是否都设立了强有力的内部控制机制，在内部控制中是否存在薄弱环节。对内部控制合理性的评价主要包括分析内部控制的布局是否合理，有无多余的和不必要的控制；有无把一般控制点误作为关键控制部位；控制职能是否划分清楚；人员间的分工和牵制是否恰当。

通过对内部控制的了解，注册会计师一般可以得出如下三种结论。

(1) 被审计单位内部控制设计合理，并得到执行。

(2) 被审计单位的内部控制设计合理，但并没有得到执行。

(3) 被审计单位的某些内部控制缺乏或者设计无效。

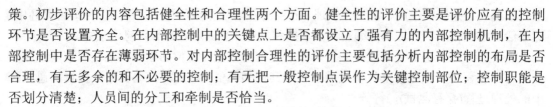

任务三　应对审计风险

一、识别与评估重大错报风险

评估重大错报风险是风险评估阶段的最后一个步骤，评估将作为确定进一步审计程序的性质、时间和范围的基础，以应对识别的风险。

(一)识别和评估重大错报风险的方法

(1) 在了解被审计单位及其环境的整个过程中识别风险，并考虑各类交易、账户余额、列报。例如，宏观经济的低迷可能预示着应收账款的回收存在问题；竞争者开发的新产品上市将使产品价格下降，可能导致存货减值风险发生。

(2) 将识别的风险与认定层次可能发生错报的领域相联系。例如，销售困难使产品的市场价格下降，可能导致存货减值而需要计提存货跌价准备，这显示存货的计价认定可能发生错报。

(3) 考虑识别的风险是否重大。例如，当产品销售困难时，注册会计师除应考虑市场价格下降外，还应当考虑产品市场价格下降的幅度、该产品在被审计单位产品中的比重等，以确定识别的风险对财务报表的影响是否重大。假如产品市场价格大幅下跌，导致产品销售收入不能补偿成本，那么年末存货跌价问题严重，存货计价认定发生错报的风险重大；反之则错报风险小。

(4) 考虑识别的风险导致财务报表发生重大错报的可能性。在某些情况下，尽管识别的风险重大，但仍不至于导致财务报表发生重大错报。例如，期末财务报表中存货的余额较低，尽管识别的风险重大，但不至于导致存货的计价认定发生重大错报风险。注册会计师应当利用实施风险评估程序获取的信息，作为支持风险评估结果的审计证据，并确定实施进一步审计程序的性质、时间和范围。

(二)识别两个层次的重大错报风险

在对重大错报风险进行识别和评估后，注册会计师应当确定，识别的重大错报风险是与特定的某类交易、账户余额、列报的认定相关，还是与财务报表整体广泛相关，进而影响多项认定。

某些重大错报风险可能与特定的某类交易、账户余额、列报的认定相关。例如，被审计单位存在重大的关联方交易，该事项表明关联方及关联方交易的披露认定可能存在错报风险。

某些重大错报风险可能与财务报表整体广泛相关，进而影响多项认定。例如，在经济不稳定的国家和地区开展业务、重要客户流失等，可能导致注册会计师对被审计单位的持续经营能力产生重大怀疑。通常薄弱的控制环境带来的风险可能对财务报表产生广泛影响，难以限于某类交易、账户余额、列报，注册会计师应当采取总体应对措施。

二、需要特别考虑的重大错报风险

作为风险评估的一部分，注册会计师应当运用职业判断，确定识别的风险哪些是需要特别考虑的重大错报风险(以下简称特别风险)。

1. 确定特别风险时应考虑的事项

在确定风险的性质时，注册会计师应当考虑下列事项：①风险是否属于舞弊风险。②风险是否与近期经济环境、会计处理方法和其他方面的重大变化有关。③交易的复杂程度。④风险是否涉及重大的关联方交易。⑤财务信息计量的主观程度，特别是对不确定事项的计量存在较大区间。⑥风险是否涉及异常或超出正常经营过程的重大交易。

2. 非常规交易和判断事项导致的特别风险

日常的、不复杂的、经正规处理的交易不太可能产生特别风险。特别风险通常与重大的非常规交易和判断事项有关。

非常规交易是指由于金额或性质异常而不经常发生的交易。例如，企业并购、债务重组、重大或有事项等。非常规交易具有下列特征：①管理层更多地介入会计处理。②数据收集和处理涉及更多的人工成分。③复杂的计算或会计处理方法。④被审计单位难以对由此产生的特别风险实施有效控制。因此，与重大非常规交易相关的特别风险可能导致更高的重大错报风险。

判断事项通常包括作出的会计估计。如资产减值准备金额的估计、需要运用复杂估值技术确定的公允价值计量等。由于判断事项对涉及会计估计、收入确认等方面的会计原则存在不同的理解，或所要求的判断可能是主观的复杂的，或需要对未来事项进行假设。因此，与重大判断事项相关的特别风险可能导致更高的重大错报风险。

3. 考虑与特别风险相关的控制

了解与特别风险相关的控制，有助于注册会计师制定有效的审计方案予以应对。对特别风险，注册会计师应当评价相关控制的设计情况，并确定其是否已经得到执行。由于与重大非常规交易或判断事项相关的风险很少受到日常控制的约束，注册会计师应当了解被审计单位是否针对该特别风险设计和实施了特别的控制。

三、针对财务报表层次重大错报风险的总体应对措施

注册会计师应当针对评估的财务报表层次重大错报风险确定下列总体应对措施。

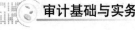

(1) 向项目组强调在收集和评价审计证据过程中保持职业怀疑态度的必要性。

(2) 分派更有经验或具有特殊技能的审计人员，或利用专家进行审计。例如，审计银行等金融行业，应该派遣熟悉金融业的注册会计师。

(3) 提供更多的督导。项目负责人、项目经理等经验较丰富的人员，要对其他成员提供更详细、更经常、更及时的指导和监督并加强项目质量复核。

(4) 提高审计程序的不可预见性。在选择进一步审计程序时，应当注意使某些程序不被管理层预见或事先了解。被审计单位人员，尤其是管理层，如果熟悉注册会计师的审计程序，就有可能采取种种规避手段，掩盖财务报告中的舞弊行为。因此，在设计拟实施审计程序的性质、时间和范围时，要增加审计程序，提高审计程序的不可预见性。通常做法如下：①对某些以前未测试的、低于设定的重要性水平或风险较小的账户余额和认定实施实质性程序。比如以前只对价值高的大型设备进行实地检查，现在可考虑实地检查价值低的生产设备。②调整实施审计程序的时间，使其超出被审计单位的预期。例如，从习惯上测试 12 月的项目调整到测试 9 月、10 月或 11 月的项目。③采取不同的审计抽样方法，使当年抽取的测试样本与以前有所不同。④选取不同的地点实施审计程序，或预先不告知被审计单位所选定的测试地点。例如，在存货监盘程序中，到未事先通知被审计单位的盘点现场进行监盘。

(5) 对拟实施审计程序的性质、时间和范围进行总体修改。财务报表层次的重大错报风险很可能源于薄弱的控制环境。如果控制环境存在缺陷，财务报表层次的重大错报风险可能很高。

对拟实施审计程序的性质、时间和范围进行总体修改的做法：①在期末而非期中实施更多的审计程序。②主要依赖实质性程序获取审计证据。③修改审计程序的性质，获取更具说服力的审计证据。比如原先主要限于检查某项资产的账面记录或相关文件，而现在调整为实地检查该项资产。④扩大审计程序的范围。例如，扩大样本规模，或采用更详细的数据实施分析程序。

四、针对认定层次重大错报风险的进一步审计程序

进一步审计程序相对风险评估程序而言，是指注册会计师针对评估的各类交易、账户余额、列报认定层次重大错报风险实施的审计程序，包括控制测试和实质性程序。

(一)进一步审计程序的总体方案

注册会计师应当针对所评估的认定层次重大错报风险设计和实施进一步审计程序的性质、时间和范围，并且应当与评估的认定层次重大错报风险具备明确的对应关系。进一步审计程序的性质、时间和范围都应当确保其具有针对性，但其中进一步审计程序的性质是最重要的。

在设计进一步审计程序时，考虑的因素如下所述。

(1) 风险的重要性。

(2) 重大错报风险发生的可能性。

(3) 所涉及的各类交易、账户余额和列报的特征。

(4) 被审计单位采用的特定控制的性质。例如，人工控制还是自动化控制。

(5) 注册会计师是否拟获取审计证据来确定内部控制的有效性。

进一步审计程序的总体方案包括实质性程序方案和综合性方案。其中，实质性程序方案是指注册会计师实施的进一步审计程序以实质性程序为主；综合性方案是指注册会计师在实施进一步审计程序时，将控制测试与实质性程序结合使用。通常情况下注册会计师出于成本效益的考虑可以采用综合方案。当评估的财务报表层次重大错报风险属于高风险水平时，拟实施进一步审计程序的总体方案往往更倾向于实质性方案。当仅通过实质性程序无法应对的重大错报风险时，注册会计师必须实施控制测试，采用综合方案。

(二)进一步审计程序的性质

进一步审计程序的性质是指进一步审计程序的目的和类型。进一步审计程序的目的包括通过实施控制测试以确定内部控制运行的有效性，通过实施实质性程序以发现认定层次的重大错报；进一步审计程序的类型包括检查、观察、询问、函证、重新计算、重新执行和分析程序。

在确定进一步审计程序的性质时，注册会计师首先需要考虑的是认定层次重大错报风险的评估结果。评估的认定层次重大错报风险越高，对通过实质性程序获取的审计证据的相关性和可靠性的要求越高，从而可能影响进一步审计程序的类型及其综合运用。

(三)进一步审计程序的时间

进一步审计程序的时间是指注册会计师何时实施进一步审计程序，或审计证据适用的期间或时点。何时实施审计程序需要注册会计师根据具体情况，运用职业判断来确定。比如，当重大错报风险较高时，注册会计师应当考虑在期末或接近期末实施实质性程序，或在管理层不能预见的时间实施审计程序。某些控制活动可能仅在期中(或期中以前)发生，之后可能难以再被观察到，在这种条件下，注册会计师需要考虑在期中实施审计程序。某些审计程序只能在期末或期末以后实施，如被审计单位在期末或接近期末发生了重大交易，或重大交易在期末尚未完成。当然，如果在期中实施了进一步审计程序，注册会计师还应当针对剩余期间获取审计证据。

(四)进一步审计程序的范围

进一步审计程序的范围是指实施进一步审计程序的数量，包括抽取的样本量以及对某项控制活动的观察次数等。

在确定审计程序的范围时，注册会计师应当考虑事项的重要性水平、评估的重大错报风险和计划取得的保证程度等。随着重大错报风险的增加，注册会计师应当考虑扩大审计程序的范围。但是，只有审计程序本身与特定风险相关时，扩大审计程序的范围才是有效的。

【案例分析】

希望股份有限公司是生产和销售电子产品芯片的高科技民营企业，其产品主要销售至国内市场与亚洲市场。2021年，希望股份有限公司委托恒申会计师事务所承接公司2020年年度财务报表年报审计项目,并签订审计业务约定书。希望股份有限公司根据审计计划安排,向恒申会计师事务所提供了相关会计资料,其中2020年度财务报表显示:2020年11月和12月主营业务收入占全年收入的30%;2019年度财务报表显示:2019年11月和12月主营业务收入仅占全年收入的18%。两者比较,2020年较2019年增长了12%。

要求恒申会计师事务所对希望股份有限公司的重大错报风险进行评估,并具以提出财务报表层次的风险应对策略。

[分析提示]

第一步,询问被审计单位管理层和内部相关人员。

注册会计师除了询问被审计单位管理层和对财务报告负有责任的人员外,还询问了内部审计人员、采购人员、生产人员、销售人员等其他相关人员,以获取对识别重大错报风险有用的信息。

第二步,实施分析程序。

注册会计师重点关注关键的账户余额、趋势和财务比率关系等方面,发现希望股份有限公司2020年11月和12月主营业务收入占全年收入的30%,而2019年11月和12月主营业务收入仅占全年收入的18%。管理层存在为了完成全年销售任务而在年底虚增收入的可能性。

第三步,检查和观察。

注册会计师观察被审计单位的生产经营活动,检查文件、记录和内部控制手册,阅读由管理层和治理层编制的报告,实地察看了希望股份有限公司的生产经营场所和设备,追踪交易在财务报告信息系统中的处理过程(即穿行测试)。

注册会计师对希望股份有限公司重大错报风险进行了识别和评估,将希望股份有限公司的重大错报风险评估为中等水平(见表4-1)。

表4-1 识别的重大错报风险汇总表

识别的重大错报风险	属于财务报表层次还是认定层次	是否属于仅通过实质性程序无法应对的重大错报风险	受影响的交易、账户余额、列报认定
管理层存在为了完成全年销售任务而在年底虚增收入的可能性	财务报表层次	是	营业收入存在与发生、营业收入截止性
关联销售公允性	认定层次	否	营业收入计价与准确性

第四步,制定财务报表层次风险应对策略(见表4-2)。

表4-2 财务报表层次风险应对策略

财务报表层次重大错报风险	总体应对策略
管理层因全年销售任务未完成,可能存在销售收入舞弊	向项目组强调在收集和评价审计证据过程中保持职业怀疑态度的必要性
	向销售收入现场分派更有经验的、技术水平较高的审计人员实施审计测试
	在销售收入审计时,项目经理提供更多的监督,加强审计质量控制

续表

财务报表层次重大错报风险	总体应对策略
管理层因全年销售任务未完成，可能存在销售收入舞弊	对营业收入采取综合审计方案，实施控制测试
	向公司财务人员以外的其他人员询问所审计期间(尤其是临近期末)的销售和发货情况

任务四　控 制 测 试

一、控制测试的含义及要求

(一)控制测试的含义

控制测试是为了获取内部控制有效性而实施的审计程序。它是在调查了解内部控制设置状况的基础上，对其运行的有效性所进行的测试，因此也常常被称为遵循性审计。这一概念需要与"了解和评价内部控制"进行区分。"了解和评价内部控制"包含两层含义：一是评价内部控制的设计；二是确定控制是否得到执行。控制测试所要解决的问题则是被审计单位的控制政策和程序是否实际发挥作用。被审计单位的某项控制设计得再好，如不实际发挥作用，也不能减少错弊发生的风险。

在实施风险评估程序以获取控制是否得到执行的审计证据时，注册会计师应当确定某项控制是否存在，被审计单位是否正在使用。在测试控制运行的有效性时，审计人员应当从下列方面获取关于控制是否有效运行的审计证据：①控制在所审计期间的不同时点是如何运行的；②控制是否得到一贯执行；③控制由谁执行；④控制以何种方式运行(如人工控制或自动化控制)。

(二)控制测试的要求

作为进一步审计程序的类型之一，控制测试并非在任何情况下都需要实施。当存在下列情形之一时，注册会计师应当实施控制测试。

1. 在评估认定层次重大错报风险时，预期控制的运行是有效的

如果通过实施风险评估程序发现某项控制的设计合理并得到了执行。注册会计师预期与该项控制有关的认定发生重大错报的可能性不会很大，也就不需要实施很多的实质性程序。应当实施控制测试，就控制在相关期间或时点的运行有效性获取充分、适当的审计证据。这种测试主要是出于成本效益的考虑，其前提是某项控制设计合理并得到了执行。

2. 仅实施实质性程序不足以提供认定层次充分、适当的审计证据

如果认为仅实施实质性程序获取的审计证据无法将认定层次重大错报风险降至可接受的低水平，注册会计师应当实施控制测试，以获取控制运行有效性的审计证据。例如，在被审计单位对日常交易或与财务数据采用高度自动化处理的前提下，审计证据可能仅以电子形式存在，此时审计证据是否充分和适当通常取决于自动化信息系统相关控制的有效性。

高职高专互联网+新形态教材·财会系列

在认为仅通过实施实质性程序不能获取充分、适当的审计证据的前提下，注册会计师必须实施控制测试，这种测试已经不再是单纯出于成本效益的考虑，而是必须获取的一类审计证据。

二、控制测试的性质

控制测试的性质是指控制测试所使用的审计程序的类型及其组合。虽然控制测试与了解内部控制的目的不同，但两者采用审计程序的类型通常相同，包括询问、观察、检查和重新执行。

1. 询问

注册会计师可以向被审计单位适当人员询问，以获取与内部控制运行情况有关的信息。例如，询问信息系统管理人员有无未经授权接触计算机硬件和软件；向负责复核银行存款余额调节表的人员询问如何进行复核，包括复核的要点是什么，发现不符事项如何处理等。然而，仅仅通过询问不能为控制运行的有效性提供充分的证据，注册会计师通常还需要印证被询问者的答复，如向其他人员询问和检查执行控制时所使用的报告、手册或其他文件等。因此，虽然询问是一种有用的手段，但它必须和其他测试手段结合使用才能发挥作用。在询问过程中，注册会计师应当保持职业怀疑态度。

2. 观察

观察是测试不留下书面记录的控制(如职责分离)的运行情况的有效方法。例如，观察存货盘点控制的执行情况。观察也可运用于实物控制，如查看仓库门是否锁好，或空白支票是否妥善保管。通常情况下，注册会计师通过观察直接获取的证据比间接获取证据更可靠。但是，注册会计师还要考虑其所观察到的控制在注册会计师不在场时可能未被执行的情况。

3. 检查

对运行情况留有书面证据的控制，检查程序非常适用。书面说明、复核时留下的记号，或其他记录在偏差报告中的标志，都可以被当作控制运行情况的证据。例如，检查销售发票是否有复核人员签字，检查销售发票是否附有订购单和出库单等。

4. 重新执行

通常只有当询问、观察和检查程序结合在一起仍无法获得充分的证据时，注册会计师才应考虑通过重新执行来证实控制是否有效运行。例如，为了合理保证计价认定的准确性，被审计单位的一项控制是由复核人员核对销售发票上的价格与统一价格单上的价格是否一致。但是，要检查复核人员有没有认真执行核对，仅仅检查复核人员是否在相关文件上签字是不够的，注册会计师还需要自己选取一部分销售发票进行核对，这就是重新执行程序。

注册会计师应当根据特定控制的性质选择实施审计程序的类型，以获取有关控制运行有效性的保证。例如，对于控制存在文件记录的，可以检查这些文件记录以获取审计证据；当不存在文件记录时，应当实施检查以外的其他审计程序，以获取控制运行有效性的审计证据。

三、内部控制测试的时间

内部控制测试的时间包含两层含义：一是何时实施控制测试；二是测试所针对的控制适用的时点或期间。

(一)控制测试时点和期间的考虑

如果仅需要测试控制在特定时点的运行有效性(如对被审计单位期末存货盘点进行控制测试)，注册会计师只需要获取该时点的审计证据。如果需要获取控制在某一期间有效运行的审计证据，仅获取与时点相关的审计证据是不充分的，多个不同时点运行有效的审计证据的简单累加，并不能构成控制在某期间运行有效的充分、适当的审计证据，注册会计师应当辅以其他控制测试，包括测试被审计单位对控制的监督。因此，注册会计师应当根据控制测试的目的确定控制测试的时间，并确定拟信赖的相关控制的时点或期间。

(二)在期中实施控制测试的考虑

对于控制测试，注册会计师在期中实施此类程序具有更积极的作用。但即使已获取有关控制在期中运行有效性的审计证据，仍然需要考虑如何能够将控制在期中运行有效性的审计证据合理延伸至期末。

如果已获取有关控制在期中运行有效性的审计证据，并拟利用该证据，注册会计师应当实施下列审计程序。

1. 获取这些控制在剩余期间发生变化的审计证据

若在剩余期间没有变化，可以决定信赖期中审计证据，若在剩余期间发生变化，则需要重新进行控制测试。

2. 确定针对剩余期间还需获取的补充审计证据

对于获取多少补充审计证据，注册会计师应当考虑下列因素：①评估的重大错报风险对财务报表的影响；②在期中测试的特定控制；③在期中获取控制运行有效性审计证据的程度；④剩余期间的长度；⑤在信赖控制的基础上拟减少进一步实质性程序的范围；⑥控制环境。通过测试剩余期间控制的运行有效性或测试被审计单位对控制的监督，注册会计师可以获取补充审计证据。

(三)利用以前审计获取的审计证据的考虑

如果拟信赖以前审计获取的有关控制运行有效性的审计证据，注册会计师应当通过实施询问并结合观察或检查程序，获取这些控制是否已经发生变化的审计证据。对于旨在减轻特别风险的控制，无论本期是否发生变化，都不应依赖以前审计获取的证据，而应在本期审计中测试这些控制的运行有效性。对于非特别风险的控制，应当考虑：①如果控制自上次测试后未发生实质性变化，注册会计师应当运用职业判断确定是否在本期审计中进行测试，并考虑本次测试与上次测试的间隔期间，要求每三年至少对控制测试一次。②如果控制自上次测试后已发生实质性变化，注册会计师应当在本期审计中测试这些控制的运行有效性。③应在每次审计时选取足够数量的控制进行测试，不应将所有控制的测试集中于某一次审计，而在之后的审计中不进行任何测试。

四、控制测试的范围

控制测试的范围主要是指某项控制活动的测试次数。注册会计师无论采用哪种方式的内部控制测试，在实施测试前，均需要恰当确定内部控制测试的范围，以获取控制在整个拟信赖期间有效运行的充分、适当的审计证据。就理论上而言，内部控制测试的范围越大，所能提供的内部控制运行有效性的证据就越充分。但在审计实务中，内部控制测试的范围并不是越大越好，它要受到审计效率和审计成本的制约。审计人员在风险评估时，对控制运行有效性拟信赖程度越高，实施控制测试的范围就越大。

在确定某项控制的测试范围时通常应考虑以下各种因素。

(1) 被审计单位执行控制的频率。控制执行的频率越高，控制测试的范围越大。

(2) 注册会计师拟信赖控制运行有效性的时间长度。拟信赖期间越长，控制测试的范围越大。

(3) 控制的预期偏差。控制的预期偏差率越高，需要实施控制测试的范围越大。

(4) 与认定相关的其他控制获取的审计证据的范围。针对同一认定，可能存在不同的控制。当针对其他控制获取的审计证据其充分性和适当性较高时，该控制的测试范围可适当缩小。

(5) 拟获取审计证据的相关性和可靠性。

五、对内部控制进行再评价

对内部控制的再评价，是指在初步评价的基础上，根据内部控制测试的结果对控制风险水平作出进一步评价。由于内部控制评价只能查证内部控制的功能和可靠性，却不能直接查证由某项内部控制程序所产生的数据的真实性和正确性，因此，审计人员还需要根据内部控制测试的证据，对控制风险水平作出进一步评价，以确定完成审计工作所需执行的实质性程序的范围和重点。控制风险的水平，可以用高、中、低的概念来表示，也可以将控制风险量化为百分比来表示。

1. 低控制风险

低控制风险是指被审计单位内部控制健全、合理，执行情况良好。在测试检查有关经济业务和会计资料时，未发现任何差错或仅发现极少差错，审计人员应评价其为低控制风险。对于这类被审计单位，审计人员可以较多地依赖、利用内部控制，执行有限的实质性程序，减少实质性程序的数量和范围。

2. 中控制风险

中控制风险是指被审计单位内部控制虽比较健全，但尚存在一定的薄弱环节或缺陷，它们在某种程度上会影响经济业务和会计资料的真实性和正确性。在测试检查有关的业务活动时，发现有一定程度的差错，审计人员应评价其为中控制风险。对于这类被审计单位，审计人员应有保留地信赖内部控制，为减少审计风险，应扩大实质性程序的深度和广度，适当增加审计检查的数量并拓展其范围。

3. 高控制风险

高控制风险是指被审计单位内部控制设置极不健全，或虽设计了良好的内部控制，但却未有效执行，从而导致经济业务和会计资料大部分失控。在测试检查有关的业务活动时，差错的发生非常频繁，差错发生率很高，审计人员应评价其为高控制风险。对于这类被审计单位，审计人员无法信赖内部控制。此时，审计人员通常应对经济业务和财务数据实施较为详细的实质性测试，以获得支持审计结论的足够证据。

小规模企业的内部控制通常都较为薄弱，审计人员通常应将其控制风险设定为高控制风险，主要或全部依赖实质性测试程序来获取审计证据，以保证审计的质量。若审计人员认为内部控制完全不能预防或发现错误，就应将控制风险定为100%。内部控制越有效，控制风险就越低。

任务五　实质性程序

一、实质性程序的含义

实质性程序是指注册会计师针对评估的重大错报风险实施的直接用于发现认定层次重大错报的审计程序。实质性程序包括对各类交易、账户余额、列报的细节测试以及实质性分析程序。

由于注册会计师对重大错报风险的评估是一种判断，可能无法充分识别所有的重大错报风险，并且由于内部控制存在固有局限性，因此，无论评估的重大错报风险结果如何，注册会计师都应当针对所有重大的各类交易、账户余额、列报实施实质性程序。

如果认为评估的认定层次重大错报风险是特别风险，注册会计师应当专门针对该风险实施实质性程序。使用细节测试或将细节测试和实质性分析程序结合使用，以获取充分、适当的审计证据。

二、实质性程序的性质

实质性程序的性质，是指实质性程序的类型及其组合。实质性程序包括细节测试和实质性分析程序两种类型。

1. 细节测试

细节测试是对各类交易、账户余额和披露的具体细节进行测试，目的在于直接识别财务报表认定是否存在错报风险。细节测试适用于获取与存在、准确性、计价等认定相关的审计证据。

2. 实质性分析程序

实质性分析程序是指在实质性程序中通过研究数据之间的关系评价信息，以识别各类交易、账户余额和披露及相关认定是否存在错报风险。实质性分析程序通常更适用于在一

高职高专互联网＋新形态教材·财会系列

段时期内存在可预期关系的大量交易。

三、实质性程序的时间

实质性程序的时间是指在什么时间实施实质性程序。或者说,注册会计师在准备实施实质性程序时,需要考虑是在期中实施、期末实施,还是两者同时兼顾。

通常情况下,注册会计师应当在期末或接近期末实施实质性程序,尤其在评估的重大错报风险较高时。而在期中实施实质性程序时更需要考虑其成本效益。因为在期中实施实质性程序,一方面消耗了审计资源,另一方面期中实施实质性程序获取的审计证据又不能直接作为期末财务报表认定的审计证据,注册会计师仍然需要进一步消耗审计资源使期中审计证据能够合理延伸至期末。

(一)期中实施实质性程序应考虑的因素

注册会计师在考虑是否在期中实施实质性程序时应当考虑以下各种因素。

(1) 控制环境和其他相关的控制越薄弱,注册会计师越不宜在期中实施实质性程序。

(2) 如果实施实质性程序所需信息在期中之后可能难以获取,注册会计师应考虑在期中实施实质性程序。

(3) 如果针对某项认定实施实质性程序的目标就包括获取该认定的期中审计证据,注册会计师应在期中实施实质性程序(从而与期末比较)。

(4) 评估的某项认定的重大错报风险越高,针对该认定所需获取的审计证据的相关性和可靠性要求也就越高,注册会计师越应当考虑将实质性程序集中于期末(或接近期末)实施。

(5) 某些交易或账户余额以及相关认定的特殊性质(如收入截止认定、未决诉讼)决定了注册会计师必须在期末(或接近期末)实施实质性程序。

如果已在期中实施了实质性程序,并拟信赖期中测试得出的结论,注册会计师应当针对剩余期间实施实质性程序,以将期中测试得出的结论合理延伸至期末。重点关注并调查重大的异常交易、账户余额的重大或异常变动。如果针对剩余期间实施实质性程序还需要消耗大量审计资源,则不宜在期中实施实质性程序。如果已识别出由于舞弊导致的重大错报风险,注册会计师应当考虑在期末或者接近期末实施实质性程序。

(二)考虑以前审计获取的审计证据

在以前审计中实施实质性程序获取的审计证据,通常对本期只有很弱的证据效力或没有证据效力,不足以应对本期的重大错报风险,对此应采取慎重的态度和严格的限制。只有当以前获取的审计证据及其相关事项未发生重大变动时,以前获取的审计证据才可以用作本期的有效审计证据。但即便如此,如果拟利用以前审计中实施实质性程序获取的审计证据,注册会计师也应当在本期实施审计程序,以确定这些审计证据是否具有持续相关性。

四、实质性程序的范围

在确定实质性程序的范围时,注册会计师应当考虑评估的认定层次重大错报风险和实施控制测试的结果。注册会计师评估的认定层次的重大错报风险越高，需要实施实质性程序的范围越广。如果对控制测试结果不满意，注册会计师应当考虑扩大实质性程序的范围。

在设计细节测试时，注册会计师除了应从样本量的角度考虑测试范围外，还要考虑选样方法的有效性等因素。例如，从总体中选取大额或异常项目，而不是进行代表性抽样或分层抽样。

实质性分析程序的范围有两层含义。第一层含义是对什么层次上的数据进行分析，注册会计师可以选择对高度汇总的财务数据进行分析，也可以根据重大错报风险的性质和水平调整分析层次。例如，按照不同产品线、不同季节或月份、不同经营地点或存货存放地点等实施实质性分析程序。第二层含义是需要对什么幅度或性质的偏差展开进一步调查。实施分析程序可能发现偏差，但并非所有的偏差都值得展开进一步调查。可容忍或可接受的预期偏差越大，进一步调查的范围就越小。因此，在设计实质性分析程序时，注册会计师应当确定已记录金额与预期值之间可接受的差异额。确定该差异额时应当重点考虑各类交易、账户余额、列报及相关认定的重要性和计划的保证水平。

任务六　审　计　抽　样

一、审计抽样的概念和种类

(一)审计抽样的概念

审计抽样是指注册会计师在实施审计程序时，从审计对象总体中选取一定数量的样本进行测试，并根据测试结果推断总体特征的一种方法。审计抽样在有限的审计资源条件下，可以收集适当的审计证据，形成和支持审计结论，大大提高审计工作效率。

审计抽样应当具备以下两种基本特征。

(1) 对某类交易或账户余额中低于100%的项目实施审计程序。

(2) 所有抽样单元都有被选取的机会。

审计抽样并非在所有审计程序中都可使用。风险评估程序通常不涉及使用审计抽样。在实施控制测试中，当控制的运行留下轨迹时，注册会计师可以考虑使用审计抽样方法。对于未留下运行轨迹的控制，通常可实施询问、观察等审计程序，以获取审计证据，而不宜使用审计抽样。在实施细节测试时，可以使用审计抽样获取审计证据，以验证有关财务报表金额的认定，或对某些金额作出独立估计。在实施实质性分析程序时，不宜使用审计抽样。

(二)按照抽样决策依据分类

1. 统计抽样

统计抽样是运用概率统计理论确定样本及样本量，进而随机选取样本，通过样本的测试结果来推算评估被审计单位总体情况的一种审计抽样方法。统计抽样必须同时具备下列特征。

(1) 随机选取样本。样本和样本量的确定以及运用统计抽样结果推断总体情况都是根据概率统计原理计算和推算的。

(2) 运用概率论评价样本结果,包括计量抽样风险。

统计抽样强调运用概率统计的原理和方法,可以科学确定抽样规模,客观地计量抽样风险,并通过调整样本规模精确控制风险,这样所得出的审计结论更为科学。

2. 非统计抽样

非统计抽样也称判断抽样,它是根据注册会计师的工作经验和主观判断来确定需要抽取的样本和样本量,并以样本的审查结果推断总体的一种审计抽样方法。显然,注册会计师的经验和专业判断能力的强弱决定了通过抽样结果推断总体的准确率的高低。

(三)按照目的不同划分

1. 属性抽样

属性抽样是一种用来对总体中某一事件发生率得出结论的统计抽样方法。要评价的审计对象总体特征表现为一种属性,既审计总体的质量特征。样本测试结果是"是"或"否",总体评价结果为偏差率。属性抽样在审计中最常见的用途,是在进行控制测试时测试某设定控制的偏差率,以支持注册会计师所评估控制的有效性。

2. 变量抽样

变量抽样是一种用来对总体金额进行估计的统计抽样方法。变量抽样通常可回答下列问题:金额是多少?账户是否存在错报?变量抽样在审计中的主要用途是在实质性程序中进行细节测试,以确定记录金额是否合理。

二、抽样风险与非抽样风险

在使用审计抽样时,审计风险既可能受到抽样风险的影响,又可能受到非抽样风险的影响。

(一)抽样风险

抽样风险是指注册会计师根据样本得出的结论,可能不同于对整个总体实施审计程序得出的结论的风险,即样本不能代表总体的风险。抽样风险与样本量呈反比,样本量越大,抽样风险越低。

注册会计师在进行控制测试时,应关注以下各种抽样风险。

(1) 信赖不足风险,是指抽样结果使注册会计师推断的控制有效性低于其实际有效性的可能性。

(2) 信赖过度风险,是指抽样结果使注册会计师推断的控制有效性高于其实际有效性的可能性。

注册会计师在进行细节测试时,应关注以下各种抽样风险。

(1) 误拒风险,是指抽样结果表明账户余额存在重大错报,而实际上不存在重大错的可能性。

(2) 误受风险,是指抽样结果表明账户余额不存在重大错报,而实际上存在重大错报的可能性。

信赖不足风险与误拒风险有可能导致注册会计师必须执行额外的审计测试，从而降低审计效率；信赖过度风险与误受风险很可能导致注册会计师得出不正确的审计结论。

(二)非抽样风险

非抽样风险是指注册会计师由于任何与抽样风险无关的原因而得出错误结论的风险。非抽样风险是由人为错误造成的，通过采取适当的措施对审计质量进行控制，可以降低、消除或防范。在审计过程中，可能导致非抽样风险的原因主要有以下几点。

(1) 注册会计师选择的总体不适合于测试目标。

(2) 注册会计师未能适当地定义误差(包括控制偏差或错报)，导致其未能发现样本中存在的偏差或错报。

(3) 注册会计师选择了不适于实现特定目标的审计程序。

(4) 注册会计师未能适当地评价审计发现的问题。

(5) 其他原因。

三、审计抽样实施过程

审计抽样的一般过程可分为样本设计、选取样本和抽样结果评价三个阶段。

(一)样本设计

样本设计是审计抽样的计划工作，在设计审计样本时，注册会计师应当考虑审计程序的目的和抽样总体的属性。在样本设计过程中主要有以下几项工作。

1. 确定测试目标

审计抽样必须围绕审计测试的目标展开，确定测试目标是样本设计阶段的第一项工作。一般而言，控制测试是为了获取关于某项控制运行是否有效的证据，而细节测试的目的是确定某类交易或账户余额的金额是否正确，以获取与存在的错报有关的证据。

2. 定义总体和抽样单元

在实施抽样之前，注册会计师必须仔细定义总体，确定抽样总体的范围。注册会计师应当确保总体的适当性和完整性。在定义抽样单元时，注册会计师应使其与审计目标保持一致。在控制测试中，抽样单元通常是能够提供控制运行证据的文件资料；在细节测试中，抽样单元可能是一个账户余额、一笔交易或交易中的一项记录，甚至为每个货币单位。

3. 分层

分层是指将一个总体划分为多个子总体的过程，每个子总体由一组具有相同特征(通常为货币金额)的抽样单元组成。分层可以降低每一层中项目的变异性，从而在抽样风险没有成比例增加的前提下减小样本规模。

4. 定义误差构成条件

注册会计师必须事先准确定义构成误差的条件，否则就没有识别误差的标准。在控制

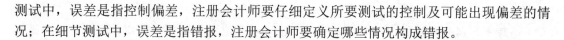

测试中，误差是指控制偏差，注册会计师要仔细定义所要测试的控制及可能出现偏差的情况；在细节测试中，误差是指错报，注册会计师要确定哪些情况构成错报。

(二)选取样本

1. 确定样本规模

样本规模是指从总体中选取样本项目的数量。在确定样本规模时，注册会计师应当考虑能否将抽样风险降至可接受的水平。影响样本规模的因素主要包括以下几点。

(1) 可接受的抽样风险。注册会计师愿意接受的抽样风险越低，样本规模通常越大。反之，注册会计师愿意接受的抽样风险越高，样本规模越小。

(2) 可容忍误差。这种误差是指注册会计师可以接受的最大总体误差。在其他因素既定的条件下，可容忍误差越大，所需的样本规模越小。

(3) 预计总体误差。预计总体误差是注册会计师估计总体中可能存在的误差。在既定的可容忍误差下，当预计总体误差增加时，所需的样本规模越大。

(4) 总体变异性。总体变异性是指总体的某一特征(如金额)在各项目之间的差异程度。在细节测试中，总体项目的变异性越低，通常样本规模越小。

(5) 总体规模。除非总体非常小，一般而言，总体规模对样本规模的影响几乎为零。

2. 选取样本

在选取样本项目时，注册会计师应当使总体中的所有抽样单元均有被选取的机会。另外，还要求选取的样本对总体具有代表性，否则就无法根据样本结果推断总体。选取样本可采用下述三种方式。

(1) 随机选样。随机选样是指按照随机规则从审计对象总体中选取样本。例如，利用随机数表选取样本。随机数表的例子如表4-3所示，表中反映的是一家公司20×1年的销售发票编号，如果注册会计师准备选取50张发票进行测试，则可以从该表中选择一个随机起点，确定一个选号路线，按照一定的规则，依次选取50个编号，再找到对应的发票进行测试。

表 4-3　随机数表

列号\行号	(1)	(2)	(3)	……	(300)
1	89752	12567	32156	……	23158
2	78612	36578	62139	……	57651
3	25816	57682	95236	……	85672
4	68923	87261	51632	……	96321
5	52631	76328	63258	……	86532
6	76532	23651	52697	……	86535
7	76537	23652	52698	……	96325
8	87263	12569	95239	……	78617
9	32159	95367	57689		23657

续表

列号 行号	(1)	(2)	(3)	……	(300)
……	……	……	……	……	25325
……	……	……	……	……	35675
298	32697	60329	30269	……	90638
299	20965	91367	86321	……	87617
300	56312	82617	61392	……	75651

(2) 系统选样。系统选样，也称为等距选样，是指首先计算选样间隔，确定选样起点，然后再按照间隔顺序选取样本的一种选样方法。抽样间隔是根据总体项目数量除以准备选取的样本项目数量得出的。例如，如果销售发票的总体编号从 201 到 7200，准备选取的样本数量为 125，间隔为 56 [(7200-200)/125]。审计人员现在需要从 1～56 中选择一个随机的数据作为抽样的起点。如果随机选择的数据是 30，样本中的第一个项目是编号为 231 的销售发票(201+30)，剩余的 124 个项目分别为 287(231+56)、343(287+56)……依此类推，直至 7200。

(3) 随意选样。随意选样是指不考虑金额大小、资料取得的难易程度及个人偏好，以随意的方式选取样本的一种方法。随意选样的缺陷在于审计人员在选取样本时会受到一些主观因素的影响，不能客观地根据审计业务的实际需要选择样本。

(三)抽样结果评价

1. 分析样本误差

注册会计师应当调查识别出的所有偏差或错报的性质和原因，并评价其可能产生的影响。

无论是统计抽样还是非统计抽样，对样本结果的定性评估和定量评估同样重要。即使样本的统计评价结果在可以接受的范围内，注册会计师也应对样本中的所有误差(包括控制测试中的控制偏差和细节测试中的金额错报)进行定性分析。

2. 推断总体误差

当实施控制测试时，注册会计师应当根据样本中发现的偏差率推断总体偏差率，并考虑这一结果对特定审计目标及审计的其他方面可能产生的影响。

当实施细节测试时，注册会计师应当根据样本中发现的错报金额推断总体错报金额，并考虑这一结果对特定审计目标及审计的其他方面可能产生的影响。

3. 形成审计结论

注册会计师应当评价样本结果，以确定对总体相关特征的评估是否得到证实或需要修正。

在控制测试中，审计人员应当将总体偏差率与可容忍偏差率比较，但必须考虑抽样风险。如果估计的总体偏差率上限低于可容忍偏差率，则总体可以接受；反之偏差率上限大

高职高专互联网+新形态教材·财会系列

于或等于可容忍偏差率,则总体不能接受;如果估计的总体偏差率上限低于但接近可容忍偏差率,审计人员应当结合其他审计程序的结果,考虑是否接受总体,并考虑是否需要扩大测试范围以证实初步评估结果。

在细节测试中,审计人员首先必须根据样本中发现的实际错报要求被审计单位调整账面记录金额。如果计算的总体错报上限低于可容忍错报,则总体可以接受。这时审计人员可以对总体作出结论,所测试的交易或账户余额不存在重大错报。如果计算的总体错报上限大于或等于可容忍错报,则总体不能接受。

四、控制测试中的审计抽样

控制测试中的审计抽样,通常被称作属性抽样,用于检查内部控制制度的落实,它是根据样本检查的结果,推断总体中某些特征或属性发生的频率或次数。借此评价被审计单位的内部控制是否值得信赖,并为实质性程序提供依据。

在控制测试中,注册会计师应关心错误出现的次数或频率,而不是错误程度的大小,所以在属性抽样中,对样本项目检查或评估是以正确(合规)和不正确(差错)来衡量的。属性抽样的目的在于对样本进行合规性(即遵循性)检查,以获取总体可靠性的合理水平。属性抽样的最终任务是要在一定的可靠程序下,测定和估计总体差错率不超过某个水平。

属性抽样主要有固定样本量抽样、停—走抽样、发现抽样三种方法。

1. 固定样本量抽样

固定样本量抽样是一种最为广泛使用的属性抽样方法,常用于估计审计对象总体中某种差错发生的频率。相对于停—走抽样、发现抽样两种形式而言,审计人员所考察的样本数量是固定的。其思路是对所确定的样本量全部抽出进行审查,获得样本差错率,再通过对样本差错率的分析和评价,确定可否接受。如可以接受则据之推断出总体差错率,作出控制测试结论。这种方法一般的结论形式为:在一定可靠程度下,总体误差率不超过多少。

(1) 确定样本规模。使用统计公式计算样本规模,在基于泊松分布的统计模型中,样本量的计算公式为

$$样本量(n)=可接受的信赖过度风险系数(R)÷可容忍偏差率(TR)$$

(2) 推断总体误差。①计算总体偏差率。将样本中发现的偏差数量除以样本数量,就可以计算出偏差率。②考虑抽样风险。在实务中,注册会计师使用统计抽样方法时通常使用公式、表格直接计算在确定的信赖过度风险水平下可能发生的偏差率上限,即估计的总体偏差率与抽样风险允许限度之和。③分析偏差的性质和原因。除了评价偏差发生的频率之外,审计人员还要对偏差进行定性分析,即分析偏差的性质和原因。

2. 停—走抽样

停—走抽样是固定样本量抽样的一种特殊形式。采用固定样本量抽样方法时,如果预计总体偏差率大大高于实际偏差率,其结果将是选取了过多的样本,降低了审计工作效率。停—走抽样从预计总体偏差率为零开始,通过边抽样边评估来完成审计工作。注册会计师先抽取一定量的样本进行审查,如果结果可以接受,就停止抽样,得出结论,如果结果不能接受,就必须扩大样本量,继续审查直至得出结论。停—走抽样一般适用于审计人员估

计差错率为零或非常低的审计总体。

3. 发现抽样

发现抽样是固定样本量抽样的另一种特殊形式，与固定样本量抽样的不同之处在于发现抽样将预计总体偏差率直接定为0，并根据可接受信赖程度风险和可容忍偏差率确定样本量。在对选出的样本进行审查时，一旦发现一个偏差就应立即停止抽样，而对总体进行全面彻底检查。如果在样本中没有发现偏差，则应该得出总体可以接受的结论。发现抽样法适合于查找重大舞弊或非法行为。

五、细节测试中的审计抽样

在细节测试中的审计抽样，通常被称作变量抽样，它是根据样本检查的结果推断总体货币金额的统计抽样方法。在进行实质性程序中的细节测试时，通常可采用均值估计抽样、差额估计抽样、比率估计抽样三种方法。

1. 均值估计抽样

均值估计抽样是通过检查确定样本的平均值，再根据样本平均值推断总体平均值的一种方法。这种方法适用范围十分广泛，无论被审计单位提供的数据是否完整可靠均可使用此法。

使用这种方法时，注册会计师应先计算样本中所有项目审定金额的平均值，然后用这个样本平均值乘以总体规模，得出总体金额的估计值。总体估计金额和总体账面金额之间的差额就是推断的总体错报。例如，注册会计师从 F 公司 20×1 年总体规模为 1 000 个、账面金额为 100 000 元的存货项目中选择了 200 个项目作为样本。在确定了正确的采购价格并重新计算了价格与数量的乘积之后，注册会计师应将 200 个样本项目的审定金额加总后除以 200，确定样本项目的平均审定金额为 980 元。然后计算估计的存货余额为 980 000 元(即 980×1 000)推断的总体错报就是 20 000 元(即 1 000 000−980 000)。

2. 差额估计抽样法

差额估计抽样法指以样本实际金额与账面金额的平均差额来估计总体实际金额与账面金额的平均差额，然后再以这个平均差额乘以总体规模，从而求出总体的实际金额与账面金额的差额(即总体错报)的一种抽样方法。计算公式如下。

$$平均错报=样本实际金额与账面金额的差额÷样本规模$$
$$推断的总体错报=平均错报×总体规模$$

使用这种方法时，注册会计师应先计算样本项目的平均错报，然后根据这个样本平均错报推断总体。例如，注册会计师从 XM 公司 20×1 年总体规模为 1 000 个、账面金额总额为 1 040 000 元的存货项目中,选择了 200 个项目作为样本检查。注册会计师应逐一比较 200 个样本项目的审定金额和账面金额，并将账面金额和审定金额之间的差额加总，得到样本的差额总和为 12 000 元。12 000 元的差额除以样本项目个数 200，得到样本平均错报 60 元。然后审计人员用这个平均错报乘以总体规模，计算出总体错报为 60 000 元(即 60×1 000)。

差额估计抽样法主要用于对审查项目正确值与账面值随项目变化但不成比例变化的总

体审查。

3. 比率估计抽样法

比率估计抽样法是指以样本的实际金额与账面金额之间的比率关系来估计总体实际金额与账面金额之间的比率关系，然后再以此比率乘以总体的账面金额，从而求出估计的总体实际金额的一种抽样方法。比率估计抽样法进行抽样结果评价的计算公式为

比率＝样本审定金额÷样本账面金额×100%

估计的总体实际金额＝总体账面金额×比率

如果上例中注册会计师使用比率估计抽样法，200个样本的账面金额为208 000元，审定金额为196 000元，样本审定金额合计与样本账面金额的比例为94%(即196 000÷208 000)。审计人员用总体账面金额乘以该比例94%，得到估计的存货余额为977 600元(即1 040 000×94%)。推断的总体错报则为62 400元(即1 040 000-977 600)。

比率估计抽样法主要用于对审查项目正确值与账面值随项目变化并大致成比例变化的总体审查。

【案例解析】

对被审计单位的风险评估应该充分了解被审计单位及其环境。包括行业状况、法律环境与监管环境以及其他外部因素；被审计单位的性质；被审计单位对会计政策的选择和运用；被审计单位的目标、战略以及相关经营风险；被审计单位财务业绩的衡量和评价被审计单位的内部控制。内部控制的要素包括控制环境、风险评估过程、与财务报告相关的信息系统和沟通、控制活动和对控制的监督。

本例中法国兴业银行交易员根据所掌握的集团证券系统状况，伪造了大量的交易头寸，可见其内部控制是失败的，控制活动没有发挥应有的效力，给企业带来重大风险。

注册会计师应当在了解被审计单位及其环境(包括内部控制)的基础上，充分识别和评估财务报表的重大错报风险，设计和实施进一步审计程序。进一步审计程序的总体方案包括实质性程序方案和综合性方案。通常情况下可以采用综合方案，将控制测试与实质性程序结合使用。当评估的财务报表层次重大错报风险属于高风险水平时，应实施实质性方案，进一步审计程序以实质性程序为主。包括对各类交易、账户余额、列报的细节测试以及实质性分析程序。

项 目 小 结

本项目主要阐述了评估与应对审计风险的方法。注册会计师应当了解被审计单位及其环境，包括内部控制，以充分识别和评估财务报表重大错报风险，设计和实施进一步审计程序。

注册会计师应当实施下列风险评估程序，以了解被审计单位及其环境：询问被审计单位管理层和内部其他相关人员，实施分析程序，观察和检查程序。

注册会计师应当从下列方面了解被审计单位及其环境：行业状况、法律环境与监管环

境以及其他外部因素；被审计单位的性质；被审计单位对会计政策的选择和运用；被审计单位的目标、战略以及相关经营风险；被审计单位财务业绩的衡量和评价标准；被审计单位的内部控制。

内部控制是被审计单位为了合理保证财务报告的可靠性、经营的效率和效果以及对法律法规的遵守，由治理层、管理层和其他人员共同设计与执行的政策及程序。内部控制的要素包括控制环境、风险评估过程、信息系统与沟通、控制活动、对控制的监督。

在了解内部控制的各构成要素时，注册会计师应当了解被审计单位整体层面的内部控制状况，还应在业务流程层面了解内部控制状况。确定重要的业务流程和重要交易类别，了解重要交易流程并进行记录。记录方法有文字表述法、调查表法、流程图法。注册会计师在了解内部控制的基础上，应对内部控制设计的合理性进行评价，以确定其是否得到执行。

注册会计师应当针对评估的财务报表层次重大错报风险确定总体应对措施，并针对评估的认定层次重大错报风险设计和实施进一步审计程序，以将审计风险降至可接受的低水平。

针对财务报表层次重大错报风险的总体应对措施，包括在审计过程中保持较高的职业怀疑态度、分派更有经验的审计人员、提供更多的督导、提高审计程序不可预见性以及对拟实施的审计程序进行总体修改。

进一步审计程序相对于风险评估程序而言，是针对评估的认定层次重大错报风险实施的审计程序，包括控制测试和实质性程序。控制测试是指测试控制运行的有效性。实质性程序是指注册会计师针对评估的重大错报风险，实施的直接用以发现认定层次重大错报的审计程序。实质性程序包括对各类交易、账户余额、列报的细节测试以及实质性分析程序。在设计进一步审计程序时应合理安排审计程序的性质、时间和范围。

审计抽样是指在实施审计程序时，从审计对象总体中选取一定数量的样本进行测试，并根据测试结果推断总体特征的一种方法。有统计抽样和非统计抽样。控制测试中的审计抽样，通常被称作属性抽样，细节测试中的审计抽样，通常被称作变量抽样。在使用审计抽样时要注意识别抽样风险与非抽样风险。审计抽样一般过程可分为样本设计、样本选取和抽样结果评价三个阶段。

项目强化训练

一、单项选择题

1. 为了了解被审计单位及其环境，注册会计师应实施风险评估程序。下列不属于风险评估程序的是(　　)。

    A. 监盘存货   B. 询问管理层   C. 观察控制活动   D. 检查销售活动

2. 下列不属于控制活动的是(　　)。

    A. 授权控制   B. 财产保护控制   C. 对预算的监督   D. 职责分离

3. (　　)属于不相容职务。

    A. 总经理与营销经理   B. 出纳员与记录银行存款日记账

    C. 记录日记账和记录总账   D. 采购员与采购经理

4. (　　)是为了确定控制存在且正在使用。

  A. 了解内部控制   B. 控制测试

  C. 实质性程序   D. 双重目的测试

5. 控制测试是为了确定(　　)而实施的审计测试。

  A. 财务报表认定是否确定   B. 控制运行有效性

  C. 控制是否得到执行   D. 控制设计的合理性

6. 控制测试的对象是被审计单位(　　)。

  A. 内部控制   B. 财务报表   C. 账簿与凭证   D. 交易与事项

7. 注册会计师针对评估的重大错报风险实施的、直接用以发现认定层次的重大错报的审计程序是(　　)。

  A. 重新执行   B. 了解内部控制   C. 控制测试   D. 实质性程序

8. 作为风险评估的一部分，注册会计师应当运用职业判断，确定识别的风险哪些是需要特别考虑的重大错报风险，简称(　　)。

  A. 报表层次重大错报风险   B. 特别风险

  C. 认定层次重大错报风险   D. 检查风险

9. 在实施风险评估程序以确定某项控制是否被执行时，注册会计师重点应当获取(　　)方面的证据。

  A. 控制在不同时点如何运行   B. 控制以何种方式运行

  C. 控制是否存在，是否正在使用   D. 控制是否得到一贯执行以及由谁执行

10. 针对财务报表层次的重大错报风险，注册会计师可以通过提高审计程序不可预见性予以应对。下列各项程序中，不能够提高审计程序不可预见性的是(　　)。

  A. 采取不同的审计抽样方法，使当期抽取的测试样本与以前有所不同

  B. 对应收账款进行函证时，将其函证账户的截止日期推迟

  C. 对以前由于低于设定的重要性水平而未曾测试过的固定资产进行测试

  D. 进行存货监盘时，应事先通知被审计单位盘点的地点，以便其做好准备

11. 在风险的评估过程中，注册会计师识别的重大错报风险与财务报表整体层次广泛相关，进而影响多项认定，则属于(　　)的重大错报风险。

  A. 某类交易、账户余额的认定层次   B. 财务报表层次

  C. 认定层次   D. 列报层次

12. 当评估的财务报表层次重大错报风险属于高风险水平时，注册会计师通常拟实施进一步审计程序的总体方案更倾向于(　　)。

  A. 综合性方案   B. 实质性方案   C. 风险评估程序   D. 控制测试方案

13. 诚信和道德价值观念是(　　)的重要组成部分。

  A. 控制环境   B. 控制活动   C. 信息系统与沟通   D. 对控制的监督

14. 保管某项财产物资的职务和该项财产物资的记录职务应予分离属于(　　)。

  A. 财产管理控制   B. 授权批准制度   C. 职务分离制度   D. 内部审计控制

15. 用来估计总体中的错误金额的抽样方法称为(　　)。

  A. 属性抽样   B. 变量抽样   C. 统计抽样   D. 非统计抽样

16. 在控制测试中通常采用的审计抽样方法是(　　)。

A. 属性抽样　　　　B. 变量抽样　　　　C. 差额估计抽样　　　　D. 比率估计抽样

17. 变量抽样一般应用于(　　)。

A. 实质性程序　　　B. 控制测试　　　C. 审计计划阶段　　　D. 审计报告阶段

18. 若注册会计师采用系统抽样方法，从 3000 张编号为 0001 至 3000 的销售发票中抽取 150 张进行审计，随机确定的抽样起点为 0014，则抽取的第 4 个样本编号为(　　)。

A. 0424　　　　B. 0114　　　　C. 0094　　　　D. 0074

19. (　　)是指审计人员采用边抽样、边审查、边判断的方法，一旦能得出审计结论即可中止抽样的抽样方法。

A. 固定样本量抽样　　　　　　　　B. 停—走抽样
C. 发现抽样　　　　　　　　　　　D. 变量抽样

二、多项选择题

1. 财产保护控制包括(　　)。
A. 实物保管措施　　　　　　　　　B. 限制未经授权的人员接触和处置财产
C. 定期盘点存货　　　　　　　　　D. 账实定期核对

2. 下面观点中正确的有(　　)。
A. 设计并执行内部控制是被审计单位管理层的责任
B. 建立内部控制目的在于消除一切错弊的发生
C. 内部控制存在固有的局限性
D. 给被审计单位设计并执行内部控制是注册会计师的责任

3. 在测试控制运行的有效性时，注册会计师应当从(　　)方面获取相关的审计证据。
A. 控制在审计期间的不同时点是如何运行的　B. 控制是否得到一贯执行
C. 控制是由谁执行　　　　　　　　D. 控制以何种方式执行

4. 注册会计师对控制的初步评价结论可能是(　　)。
A. 控制设计合理，并得到执行　　　B. 控制设计合理，但没有得到执行
C. 控制设计无效或缺乏必要的控制　D. 控制由谁执行

5. 控制测试并非在任何条件下都需要实施。实施测试的情形有(　　)。
A. 在了解内部控制后，预期控制的运行是有效的
B. 仅实施实质性程序不足以提供认定层次的充分、适当的审计证据
C. 控制本身的设计是合理的，但没有得到执行
D. 控制本身的设计就是无效的

6. 下列属于内部控制要素的有(　　)。
A. 内部环境　　　B. 风险管理　　　C. 控制活动　　　D. 信息与沟通

7. 控制活动包括(　　)。
A. 风险管理　　　B. 授权控制　　　C 独立检查　　　D. 财产保护控制

8. 可用作控制测试的程序类型包括(　　)。
A. 检查文件记录　B. 重新执行　　　C. 询问与观察　　D. 分析程序

9. 实质性程序的两种基本类型包括(　　)。
A. 风险评估程序　B. 控制测试　　　C. 细节测试　　　D. 实质性分析程序

10. 注册会计师要考虑使某些审计程序不被管理层预见或事先了解，可以采用如下哪些做法(   )。

    A. 采用不同的选取测试项目的方法，使当期选取的测试项目与以前有所不同

    B. 对某些未测试过的低于设定的重要性水平的账户余额和认定实施实质性程序

    C. 调整实施审计程序的时间

    D. 选取不同的地点实施审计程序，或预先不可告知被审计单位所选定的测试地点

11. 为了解被审计单位及其环境，评估重大错报风险而实施的风险评估程序通常有(   )。

    A. 观察   B. 分析程序   C. 检查   D. 询问

12. 进一步审计程序的目的包括(   )。

    A. 通过实施控制测试，确定控制运行的有效性

    B. 通过实施实质性程序，发现各类交易、账户余额、列报认定层次的重大错报

    C. 通过实施风险评估程序，识别和评估重大错报风险

    D. 初步了解被审计单位及其环境，以确定是否接受或保持审计业务

13. 特别风险的产生通常与(   )有关。

    A. 重大的非常规交易   B. 日常的交易

    C. 不复杂的、经正规处理的交易   D. 判断事项

14. 审计抽样按照抽样目的不同划分，可分为(   )。

    A. 统计抽样   B. 非统计抽样   C. 属性抽样   D. 变量抽样

15. 选取样本的方法包括(   )。

    A. 随机选样   B. 系统选样   C. 随意选样   D. 差额选样

16. 推断总体金额的方法包括(   )。

    A. 均值估计抽样法   B. 差额估计抽样法

    C. 比率估计抽样法   D. 固定样本量抽样法

三、判断题(正确的在括号内打"√"，错误打"×")

1. 如果内部控制设计合理，并且执行有效，那么绝对能够保证财务报告的可靠性、经营的效率和效果以及对法律法规的遵守。   (   )

2. 审计人员了解内部控制的目的是对被审计单位内部控制执行的有效性发表意见。

        (   )

3. 实质性程序是指审计人员针对评估的重大错报风险实施的直接用以发现内部控制重大缺陷的审计程序。   (   )

4. 审计人员对控制运行有效性拟信赖程度越高，需要实施的控制测试的范围就越广。

        (   )

5. 内部控制存在固有的局限性，无论如何设计和执行，只能为财务报告的可靠性提供合理的保证。   (   )

6. 实质性程序只能在期末执行。   (   )

7. 总体应对措施是针对认定层次重大错报风险而实施的。   (   )

8. 在审计抽样中，抽样规模过小，就不能反映总体的特征，而抽样规模过大，就会加

大审计成本，失去抽样的意义。 ( )

9. 统计抽样是以概率论和数据统计为理论基础的现代抽样方法，因此，采用统计抽样比采用非统计抽样更能获得充分适当的审计证据。 ( )

10. 抽样风险是指注册会计师根据样本得出的结论，可能不同于对整个总体实施与样本相同的审计程序得出的结论的风险，即样本不能代表总体的风险。 ( )

四、实务题

1. ABC 公司出纳员采用下列手段进行贪污活动。

(1) 出纳员张某从公司收发室截取了顾客××寄给公司的 5 890 元支票，存入了由他负责的公司零用金存款账户中，然后再以支付劳务费为由，开具了一张以自己为收款人的 5 890 元的现金支票，签章后从银行兑现。

(2) 在与顾客对账时，张某将应收账款(××公司)账户扣减了 5 890 元后作为对账金额向对方发出对账单，表示 5 890 元已经收到。

(3) 8 天后，张某编制了一张记账凭证，借记银行存款，贷记应收账款，将应收账款(××公司)账户调整到正确余额，但银行存款账户余额比实际多出 5 890 元。

(4) 月末，张某在编制银行存款余额调节表时，虚列了两笔未达账项，将银行存款余额调节表调平。

要求：分析该公司内部控制中存在哪些缺陷。

2. TD 公司主要从事小型电子消费品的生产和销售，产品销售以 TD 公司仓库为交货地点。注册会计师审计 TD 公司 20×1 年度财务报表。有关财务数据如下：

项目	营业收入	营业成本	存货	存货跌价准备
20×1 年	64 750	55 440	8 892	370
20×0 年	58 480	46 730	8 723	480

注册会计师实施风险评估程序，了解到 TD 公司及其环境情况如下所述。

(1) 由于 20×0 年销售业绩未实现董事会制定的目标，ABC 公司于 20×1 年 2 月更换了负责销售的副经理。

(2) TD 公司的主要竞争对手于 20×0 年年末纷纷推出降价促销活动。为了巩固市场份额，公司于 20×1 年元旦开始全面下调了主要产品的零售价，不同规格的主要产品降价幅度从 15% 到 20% 不等。

(3) 20×1 年执行新的企业会计准则。

要求：

(1) 分别指出上述哪个事项表明 TD 公司可能存在重大错报风险。如果认为存在，简要说明理由，并分别说明该风险属于财务报表层次还是认定层次。

(2) 如果属于认定层次，请指出相关事项主要与哪些财务报表项目的哪些认定相关。

五、简答题

1. 注册会计师应当从哪些方面了解被审计单位及其环境？

2. 内部控制的要素有哪些？

3. 进一步审计程序有哪几种总体方案？

4. 针对评估的财务报表层次重大错报风险的总体应对措施有哪些？

5. 针对认定层次重大错报风险设计和实施进一步审计程序时，应考虑哪些因素？

6. 请简述了解和评估内部控制与控制测试程序之间的联系与区别。

7. 什么是实质性程序？有哪些类型？

8. 审计抽样有哪些种类？简述审计抽样的实施过程。

 微课视频

扫一扫，获取本项目相关微课视频。

4.1 识别和评估风险   4.2 了解内部控制   4.3 应对审计风险   4.4 认识控制测试

4.5 实质性程序   4.6.1 审计抽样   4.6.2 审计抽样

项目五

销售与收款循环的审计

【知识目标】

- 了解销售与收款循环的概念。
- 了解销售与收款循环内部控制与控制测试。
- 掌握主营业务收入的审计方法。
- 掌握应收账款的审计方法。

【技能目标】

- 掌握主营业务收入的审计方法。
- 掌握应收账款的审计方法。

【案例引导】

*ST 昆机财务造假细节出炉：3 年虚增收入 4.8 亿 少计费用做高利润

根据证监会《行政处罚及市场禁入事先告知书》，2013—2015 年，*ST 昆机通过财务造假行为虚增收入 4.8 亿元，少计管理费用 2 961 万元，少计存货 5 亿元，多计成本 2.35 亿元，虚增利润 2.3 亿元。

证监会对*ST 昆机涉嫌信息披露违法一案调查完毕。11 月 16 日晚，*ST 昆机披露了证监会《行政处罚及市场禁入事先告知书》(以下简称《告知书》)。《告知书》详细披露了*ST 昆机涉嫌违法的细节，并对 28 名公司原任及现任董事、监事或高管作出处罚决定。

2017 年 3 月，*ST 昆机曾自曝财务违规，致使 2013 年净利润为负，从而出现 2012—2016 年连续 5 年亏损的问题，受到市场广泛关注。据*ST 昆机披露，根据最终调查结果，公司如触发股票上市规则重大违法强制退市条件，公司股票将可能被强制退市。

据证监会查明，*ST 昆机共有三大涉嫌违法事实，其一是 2013—2015 年通过跨期确认收入、虚计收入和虚增合同价格三种方式虚增收入约 4.8 亿元。2013—2015 年，*ST 昆机与相关经销商或客户签订真实的销售合同，在经销商或客户支付部分货款后，产品未发货前即提前确认收入，将当年未实际按合同履约生产、发运机床的收入跨期确认至该年度，以达到虚增当年利润的目的。同时，*ST 昆机还与部分经销商或客户签订合同，经销商或客户虚假采购昆明机床产品并预付定金，但最终并不提货，后期通过第三方绕账等方式将定金退回客户，或者直接按照客户退货进行处理，完成虚假销售。其二是 2013—2015 年通过少计提辞退高管和福利薪酬的方式虚增利润约 2 961 万元。其三是 2013—2015 年*ST 昆机年度报告中披露的存货数据存在虚假记载。2013—2015 年，*ST 昆机通过设置账外产成品库房、虚构生产业务、虚假降低实际产品制造成本等方式，多计各期营业成本，少计各年度期末存货，三年间累计多计成本 2.35 亿元，三年累计少计存货 5 亿元。

综上，2013—2015 年，*ST 昆机通过上述财务造假行为虚增收入 4.8 亿元，少计管理费用 2 961 万元，少计存货 5 亿元，多计成本 2.35 亿元，虚增利润 2.3 亿元。公告显示，*ST 昆机于 2014—2016 年 3 月分别披露了 2013—2015 年各年度报告，存在虚假记载，涉嫌信息披露违法。

根据上述涉嫌违法事实，证监会拟对*ST 昆机相关负责人作出行政处罚及证券市场禁入决定。证监会据此拟对王兴、常宝强、金晓峰分别处以 30 万元罚款，对其他涉案人员分别处以 3 万至 10 万元不等的罚款。另外，证监会还拟对王兴采取终身证券市场禁入措施，对常宝强、金晓峰两人采取 5 年证券市场禁入措施。值得关注的是，根据*ST 昆机公告和最终调查结果，公司如触发股票上市规则重大违法强制退市条件，*ST 昆机股票将可能被强制退市。

(资料来源：谢宏辰. *ST 昆机财务造假细节出炉：3 年虚增收入 4.8 亿 少计费用做高利润[OL].
每日财经新闻，2017-11-18.)

问：

1. *ST 昆机为什么要虚构销售交易和收入？

2. 分析*ST 昆机虚构销售交易虚构收入采用了什么手段？

任务一　销售与收款循环概述

一、销售与收款循环的内容

1. 概念

销售与收款循环是指企业向客户销售商品或提供劳务，并收回款项的过程。

2. 涉及的报表项目

销售与收款循环涉及的资产负债表项目主要包括应收票据、应收账款、长期应收款、预收账款、应交税费等；所涉及的利润表项目主要包括营业收入、税金及附加、销售费用等。

二、涉及的主要业务活动和相应的控制点

企业在销售与收款循环中的典型活动所涉及的主要业务活动有以下几种。

(一)接受顾客订单

整个销售与收款循环的起点是顾客提出订货要求。在办理销售业务时，管理层一般会列出了已批准销售的顾客名单，若为赊销业务，顾客的订单只有在符合企业管理层的授权标准时，才能被接受。

(二)批准赊销信用

对于赊销业务，赊销批准是由信用管理部门根据赊销顾客的资信状况，结合管理层的赊销政策在每个顾客已授权的信用额度内进行的。

企业的信用管理部门应对每个新顾客进行信用调查，包括获取信用评审机构对顾客信用等级的评定报告。无论批准赊销与否，都必须要求被授权的信用管理部门人员在销售单上签署意见，然后再将已签署意见的销售单送回销售业务部门。

制定信用批准控制的目的是为了降低坏账风险，因此，这些控制与应收账款账面余额的"计价和分摊"认定有关。

(三)编制销售单

销售部门应根据审批后的顾客订单，编制连续编号、一式多联的销售单。自制的销售单应注明客户所订商品名称、规格、数量以及需要注明的其他事项。

销售单是证明管理层有关销售交易"发生"认定的凭据之一。

(四)按销售单供货

商品仓库在收到经过批准的销售单时即可发货。已批准一式多联的销售单中的仓库联，应作为仓库按销售单供货和发货给装运部门的授权依据，可有效防止仓库未经授权擅自发货。仓库部门必须对发出商品填制一式多联且连续编号的出库单。

(五)按销售单装运货物

装运部门职员在装运之前，还必须进行独立验证确定所提取的商品与销售单是否一致，确定从仓库提取的商品都附有经批准的销售单。将按照经过批准的一式多联的销售单中的发运联装运货物，销售单供货与按销售单装运货物职责相分离，有助于避免负责装运货物的职员在未经授权的前提下装运产品。此外，也可将发运部门与仓库部门的职责相分离。

发运凭证是证实销售交易"发生"认定的另一种形式的凭据。而定期检查以确定在编制的每张装运凭证后均已附有相应的销售发票，则有助于保证销售交易"完整性"认定的正确性。

(六)向顾客开具账单

财务部门应开具账单包括编制和向顾客寄送事先连续编号的销售发票，并保留销售发票的存根联。

为了降低开具发票过程中出现遗漏、重复、错误计价或其他差错的风险，企业应设立以下控制程序。

(1) 开发票的员工在开具每张销售发票之前，必须独立检查是否存在发运凭证和相应的经批准的销售单。

(2) 必须依据已授权批准的商品价目表开具销售发票。

(3) 必须将发运凭证上的商品总数与相对应的销售发票上的商品总数进行比较。

上述控制与销售交易(即营业收入)的"发生""完整性"以及"准确性"认定相关。

(七)记录销售

在会计系统中，记录销售的过程包括区分赊销、现销。必须按销售发票编制转账记账凭证或现金、银行存款收款凭证，再据以登记销售明细账和应收账款明细账或库存现金、银行存款日记账。

记录销售的控制程序，包括以下内容。

(1) 依据附有销售单的销售发票及有效装运凭证来记录销售。

(2) 控制所有事先连续编号的销售发票。

(3) 独立检查已处理销售发票上的销售金额同会计记录金额的一致性。

(4) 记录销售的职责应与处理销售交易的其他职能相分离。

(5) 对记录过程中所涉及的有关记录的接触予以限制，以减少未经授权批准的记录发生。

(6) 定期独立检查应收账款的明细账与总账的一致性。

(7) 定期向顾客寄送对账单，并要求顾客将任何例外情况直接向指定的未执行或记录销售交易的会计主管报告。

以上这些控制与"发生""完整性""准确性"以及"计价和分摊"认定有关。对这项职能，注册会计师应重点关心的问题是销售发票是否记录正确，并归属于适当的会计期间。

(八)销货明细账

企业开设销货明细账，记录销售业务的明细情况，可以按销售商品的不同品种、规格等来反映销售收入的详细情况。

(九)办理和记录销售退回、销售折扣与折让

顾客如果对商品不满意，销售企业一般都会同意接受退货，或给予一定的销售折让；顾客如果已经支付货款，销售企业则可能会给予一定的销售折扣。有关部门编写贷项通知单，经授权批准；发生退货的，还要根据实物退货情况编写退货入库单，正确进行会计处理。

(十)注销坏账

有赊销就有可能发生坏账风险。对可能出现的坏账，正确的处理方法应该是获取顾客因经营不善、宣告破产、死亡等原因货款无法收回的确凿证据，经适当审批后及时作会计调整。编写坏账审批表，经批准后注销该笔坏账，但要做到账销档存，争取将来能收回货款。

(十一)提取坏账准备

年末根据企业提取坏账准备的政策，确定本期应提取坏账准备数额，提取的数额必须足以抵补企业可能无法收回的销货款。

三、涉及的主要凭证和会计记录

为了企业有健全的内部控制，典型的销售与收款业务通常需要使用的凭证和会计记录有以下几种。

(一)顾客订货单

顾客订货单即顾客提出的书面购货要求。企业可以通过销售人员、采用电信函向现有的及潜在的顾客发送订货单等方式接受订货；采用电子商务的形式，取得顾客电子订货单。

(二)销售单

销售单是企业内部自制的，列示顾客所订商品的名称、规格、数量以及其他与顾客订货单有关信息的凭证，是销售方内部处理顾客订货单的依据。

(三)发运凭证

发运凭证即在发运货物时编制的一式多联且连续编号的，反映发出商品的规格、数量和其他有关内容的凭据。发运凭证的其中一联寄送给顾客，其余联(一联或数联)由企业保留。这种凭证可作为向顾客开具账单的依据。

(四)销售发票

销售发票一般是指增值税专用发票或增值税普通发票,用来表明已销售商品的规格、数量、价格、销售金额、运费和保险费、开票日期、付款条件、增值税率、增值税额等内容的凭证。销售发票的客户联或增值税专用发票抵扣联寄送给顾客,其余联由企业保留。销售发票也是在会计账簿中登记销售交易的基本凭证。

(五)商品价目表

商品价目表是列示已经授权批准的、可供销售的各种商品的价格清单。

(六)贷项通知单

贷项通知单是用于表示销售退回或经批准的折让而引起的应收销货款减少的凭证。其格式通常与销售发票的格式相同,只不过它不是用来证明应收账款的增加,而是用来证明应收账款的减少。

(七)应收账款明细账

应收账款明细账是用来记录每个顾客各项赊销、还款、销售退回及折让的明细账。各应收账款明细账的余额合计数应与应收账款总账的余额相等。

(八)销售日记账和明细账

销售日记账是记录销货业务的日记账,记录不同类别的销售总账,应收账款分录,其他各项明细账。

(九)主营业务收入明细账

主营业务收入明细账是一种用来记录销售交易的明细账。它通常可记载和反映不同类别产品或劳务的销售总额。

(十)折扣与折让明细账

折扣与折让明细账是在核算企业销售商品时,按销售合同规定为了及早收回货款而给予顾客的销售折扣和因商品品种、质量等原因而给予顾客的销售折让情况的明细账。

(十一)汇款通知书

汇款通知书可与销售发票一起寄给顾客。凭证上必须注明顾客的姓名、销售发票号码、销售单位开户银行账号以及金额等内容。

(十二)库存现金日记账和银行存款日记账

库存现金日记账和银行存款日记账是用来记录应收账款的收回或现销收入以及其他各种现金、银行存款收入和支出的日记账。

(十三)坏账审批表

坏账审批表是用来批准将某些应收款项注销为坏账的,仅在企业内部使用的凭证。

(十四)顾客月末对账单

顾客月末对账单是一种按月定期寄送给顾客的,用于购销双方定期核对账目的凭证。顾客月末对账单上应注明应收账款的月初余额、本月各项销售交易的金额、本月已收到的货款、贷项通知单的数额以及月末余额等内容。

(十五)转账凭证

转账凭证是指记录转账业务的记账凭证,它是根据有关转账业务(即不涉及现金、银行存款收付的各项业务)的原始凭证编制的。

(十六)收款凭证

收款凭证是指用来记录现金和银行存款收入业务的记账凭证。

任务二　销售与收款循环的内部控制及其测试

被审计单位在销售与收款循环中的业务活动,通过分析业务流程中可能发生重大错报的环节,其相应的内部控制活动及控制测试的程序。

一、销售与收款循环的内部控制

(一)销售与收款循环的主要控制

1. 适当的职责分离

适当的职责分离是防止舞弊的一项重要控制措施,有利于防止各种有意或无意的错误,明确的职责分工,可合理保证销售业务处理的有效性和可靠性。

2. 恰当的授权审批

注册会计师应当关注以下几个关键点上的审批程序。

(1) 在销售发生之前,赊销已经正确审批。

(2) 非经正当审批,不得发出货物。

(3) 销售价格、销售条件、运费、折扣等必须经过审批。

(4) 审批人应当根据销售与收款授权批准制度的规定,在授权范围内进行审批,不得超越审批权限。对于超过单位既定销售政策和信用政策规定范围的特殊销售交易,单位应当进行集体决策。

3. 充分的凭证和记录

为实现各项控制目标要具备充分的凭证和相关的记录手续。例如,企业在收到顾客订货单后,就立即编制一份预先编号的一式多联的销售单,分别用于批准赊销、审批发货、

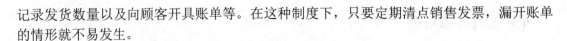

记录发货数量以及向顾客开具账单等。在这种制度下，只要定期清点销售发票，漏开账单的情形就不易发生。

4. 凭证的预先编号

对凭证预先进行编号，可以防止销售以后忘记向顾客开具账单或登记入账，也可防止重复开具账单或重复记账。方便定期对编号的凭证进行清点核对。

5. 按月寄出对账单

按月向顾客寄发对账单，可促使顾客在发现应付账款余额不正确后及时反馈有关信息。

6. 内部核查程序

即由内部审计人员或其他独立人员核查销售交易的处理和记录。内部控制核查的主要内容包括销售与收款交易相关岗位及人员的设置情况；销售与收款交易授权批准制度的执行情况；销售的管理情况；收款的管理情况；销售退回的管理情况等。

(二)收款交易相关的内部控制

(1) 企业应当按照《现金管理暂行条例》《支付结算办法》等规定，及时办理销售收款业务。

(2) 企业应将销售收入及时、完整入账，不得账外设账，不得擅自坐支现金，销售人员应当避免接触销售现款。

(3) 企业应当建立健全应收账款账龄分析制度和逾期应收账款催收制度。销售部门应当负责应收账款的催收，财会部门应当督促销售部门加紧催收。

(4) 企业应当按客户设置应收账款台账，及时登记每一客户应收账款余额增减变动情况和信用额度使用情况。客户资料实施动态管理，及时更新，对长期往来客户应当建立起完善的客户资料。

(5) 企业对于可能成为坏账的应收账款应当报告有关决策机构，由其进行审查，确定是否确认为坏账。企业发生的各项坏账，应查明原因，明确责任，并在履行规定的审批程序后作出会计处理。

(6) 企业注销的坏账应当进行备查登记，做到账销案存。已注销的坏账又收回时应当及时入账，防止形成账外资金。

(7) 企业应收票据的取得和贴现必须经由保管票据以外的主管人员的书面批准。应由专人保管应收票据，对于即将到期的应收票据，应及时向付款人提示付款；已贴现票据应在备查簿中登记，以便日后追踪管理，并应制定逾期票据的冲销管理程序和逾期票据追踪监控制度。

(8) 企业应当定期与往来客户通过函证等方式核对应收账款、应收票据、预收款项等往来款项，如有不符，应查明原因，及时处理。

二、重大错报风险假定

(一)收入确认舞弊假定

注册会计师在识别和评估与收入确认相关的重大错报风险时，应当基于收入确认存在舞弊风险的假定，评价哪些类型的收入、收入交易或认定存在舞弊风险。

如果认为该假定不适用于被审计单位的具体业务，从而未将收入确认作为由于舞弊导致的重大错报风险领域，注册会计师应当在审计工作底稿中记录得出该结论的理由。

假定收入确认存在舞弊风险，并不意味着注册会计师应当将与收入确认相关的所有认定都假定为存在舞弊风险，需要具体考虑如下情况。

(1) 如果管理层难以实现预期的利润目标，就有可能高估收入的动机或压力(如提前确认收入或记录虚假收入)，收入的发生认定存在舞弊风险的可能性较大，那么完整性认定通常就不存在舞弊风险。

(2) 如果管理层有隐瞒收入而降低税负的动机，需要更加关注与收入完整性认定相关的舞弊风险。

(3) 如果本年度销售目标已经超额实现，而预期难以实现下一年度的销售目标，就可能倾向于将本期收入推迟至下一年度确认。

(二)常见的收入确认舞弊手段

1. 高估收入确认舞弊手段示例

(1) 在与商品相关的控制权尚未全部转移给客户时，提前确认销售收入。

(2) 利用与未披露的关联方之间的资金循环虚构交易。

(3) 通过未披露的关联方进行显失公允的交易。

(4) 通过出售关联方的股权，使形式上不再构成关联方，但仍进行显失公允的交易，或与未来或潜在的关联方进行显失公允的交易。

(5) 通过虚开销售发票虚增收入，将货款挂在应收账款中，期后冲销或在以后期间计提坏账准备。

(6) 为虚构销售收入，将商品从某一地点移送至另一地点，凭出库单和运输单据为依据记录销售收入。

(7) 当存在多种可供选择的收入确认会计政策或会计估计方法时，随意变更所选择的会计政策或会计估计方法。

2. 低估收入的舞弊手段示例

(1) 商品发出、收到货款并满足收入确认条件后，不确认收入，将收到货款作为负债挂账，或转入本单位以外的其他账户。

(2) 采用以旧换新的销售方式时，以新旧商品差价确认收入。

(3) 在提供劳务或建造合同的结果能够可靠估计的前提下，不在资产负债表日按完工百分比法确认收入，而推迟到劳务结束或工程完工时确认收入。

3. 舞弊风险迹象示例

(1) 已经销售给货运代理人的商品，在报告期后又大量退回。

(2) 销售记录表明，已将商品发往外部仓库或货运代理人，却未指明任何客户。

(3) 在接近期末时发生了大量或大额的交易。

(4) 交易之后长期不结算。

(5) 在被审计单位业务或其他相关事项未发生重大变化的条件下，询证函回函相符比例明显异于以前年度。

(三)对收入确认实施分析程序

(1) 将本期销售收入金额与以前可比期间的对应数据或预算数据进行比较。

(2) 分析月度或季度销售量变动趋势。

(3) 将销售毛利率、应收账款周转率、存货周转率等关键财务指标与可比期间数据、预算数据或同行业其他企业数据进行比较。

(4) 将销售收入变动幅度与销售商品及提供劳务收到的现金、应收账款、存货、税金等项目变动幅度进行比较。

(5) 分析销售收入与销售费用之间的关系，包括销售人员的人均业绩指标、销售人员的薪酬、差旅费用、运费，以及销售机构的设置、规模、数量、分布。

(6) 分析销售收入等财务信息与投入产出率、劳动生产率、产能、水电能耗、运输数量等非财务信息之间的关系等。

三、销售与收款循环的控制测试

销售与收款循环的控制测试是在对销售与收款循环内部控制程序了解的基础上，注册会计师拟信赖内部控制设计而执行的测试。下面按照销售与收款交易内部控制的顺序，简要阐述销售与收款交易相关的控制测试。

销售与收款循环的控制测试主要包括以下内容。

(1) 对于职责分离，注册会计师通常应观察被审计单位有关人员的活动，以及对这些人员进行询问，以实施职责分离的控制测试。

(2) 对于授权审批，注册会计师可以通过检查凭证在关键点上是否经过审批，测试出授权审批方面的内部控制效果。

(3) 对于充分的凭证和记录以及凭证编号常用的控制测试方式是清点各种凭证。比如从主营业务收入明细账中选取样本，追查至相应的销售发票，进而检查其编号是否连续，有无不正常的缺号发票或重号发票。视检查顺序和范围不同，这种测试程序往往可同时提供有关发生和完整性目标的凭证。

(4) 对于按月寄出对账单这项控制，注册会计师应观察指定人员是否寄送对账单，并检查顾客复函档案和管理层的审阅记录。

(5) 对于内部检查程序，注册会计师可以通过检查内部审计人员的报告，或检查其他独立人员在他们核查的凭证上的签字等方法实施控制测试。

任务三 营业收入审计

销售与收款循环中主要包括主营业务收入、应收账款、预收账款、税金及附加、销售费用、应收票据、长期应收款和应交税费等会计科目的审计。本章重点针对营业收入和应收账款两个科目的实质性审计程序进行阐述。

营业收入项目可以核算企业在销售商品、提供劳务等主营业务活动中所产生的收入，以及企业确认的除主营业务活动以外的其他经营活动实现的收入，包括出租固定资产、出租无形资产、出租包装物和商品、销售材料等实现的收入。

一、营业收入审计目标

营业收入审计目标一般包括下述各项。

(1) 确定利润表中记录的营业收入是否已发生，且与被审计单位有关(发生)。

(2) 确定所有应当记录的营业收入均已记录(完整性)。

(3) 确定与营业收入有关的金额及其他数据是否已恰当记录，包括对销售退回、销售折扣与折让的处理是否适当(准确性)。

(4) 确定营业收入是否已记录于正确的会计期间(截止)。

(5) 确定营业收入是否已按照企业会计准则的规定在财务报表中作出恰当的列报(列报)。

二、主营业务收入的实质性程序

(一)取得或编制主营业务收入明细表

(1) 复核加计是否正确，并与总账数和明细账合计数核对是否相符，结合其他业务收入科目与报表数核对是否相符。

(2) 检查以非记账本位币结算的主营业务收入的折算汇率及折算是否正确。

(二)审查主营业务收入确认条件与方法的正确性与一致性

对主营业务收入的实质性程序，主要测试企业是否依据下述五个条件确认产品销售收入。具体说来，收入确认的前提条件如下所述。

(1) 合同各方已批准该合同并承诺将履行各自义务。

(2) 该合同明确了合同各方与所转让的商品相关的权利和义务。

(3) 该合同有明确的与所转让的商品相关的支付条款。

(4) 该合同具有商业实质，即履行该合同将改变企业未来现金流量的风险、时间分布或金额。

(5) 企业因向客户转让商品而有权取得的对价很可能收回。

因此被审计单位有关采取的销售方式不同，确认销售的时点也是不同的，根据修订后的《企业会计准则第14号——收入》要求企业在履行合同中的履约义务，即客户取得相关商品(或服务)控制权时确认收入。收入确认和计量的步骤：第一步，识别与客户订立的合同；第二步，识别合同中的单项履约义务；第三步，确定交易价格；第四步，将交易价格分摊至各单项履约义务；第五步，履行各单项履约义务时确认收入。

审计人员需要注意收入确认是否符合企业会计准则，前后期是否一致；关注周期性、偶然性的收入是否符合既定的收入确认原则、方法。

需要注意的是，2017年7月5日，财政部修订发布了《企业会计准则第14号——收入》，

2018 年 1 月 1 日起施行。按销售方式的不同收入确认有以下几方面。

(1) 采用交款提货方式销售，被审计单位企业与客户之间的合同同时满足上述五项条件的，企业应当在履行了合同中的履约义务，即在客户取得相关商品控制权时，注册会计师应审查购货单位是否实际取得商品控制权。

【知识拓展】注册会计师应当注意有无扣压结算凭证，将当期收入转入下期入账，或者开假发票，将虚列的收入记账、在下期予以冲销的现象。

(2) 已发出商品但不能确认收入时，企业向客户转让商品的对价未达到"很可能收回"收入确认条件，在发出商品时，不应确认收入。

【知识拓展】注册会计师应当注意是否存在已将商品发出的，但收入的对价尚未达到"很可能收入"确认条件，而提前确认，虚增收入等现象。

(3) 商业折扣、现金折扣和销售退回时，商业折扣——企业为促进商品销售而给予的价格扣除。企业销售商品涉及商业折扣时，应按照扣除商业折扣后的金额确定销售商品收入金额。现金折扣不影响应收账款和销售收入的入账金额，只影响实际收到的款项；发生的销售退回，退回货物的验收，贷项通知单等手续是否齐全。

(4) 在某一时段内履行履约义务确认收入，满足下列条件之一的，属于在某一时段内履行的履约义务：①客户在企业履约的同时即取得并消耗企业履约所带来的经济利益；②客户能够控制企业履约过程中在建的商品。企业履约过程中所产出的商品具有不可替代用途，且该企业在整个合同期间内有权就累计至今已完成的履约部分收取款项，履约进度不能合理确定时，已经发生的成本预计能够得到补偿的，应当按照已经发生的成本金额确认收入，直到履约进度能够合理确定为止。注册会计师应审查收入的计算、确认方法是否符合规定，并核对应计收入与实际收入是否一致，注意查明有无随意确认收入、虚增或虚减本期收入的行为。

(5) 委托外贸代理出口方式的，应在收到外贸企业代办的发运凭证和银行交款凭证时确认收入实现。注册会计师应审查代办发运凭证和银行交款单是否真实，注意查明有无内外勾结，出具虚假发运凭证或虚假银行交款单等行为。

(6) 对外转让土地使用权和销售商品房的，在土地使用权和商品房已经移交，并将发票结算账单提交对方时，确认收入的实现。注册会计师应审查已办理的移交手续是否符合规定要求，发票账单是否已交对方，查明被审计单位有无编造虚假移交手续、采用"分层套写"的方法开具虚假发票的行为，防止其高价出售、低价收账从中贪污货款。

(三)实施实质性分析程序

注册会计师通过编制销售收入分析表，运用趋势分析或比率分析等方法，可对有异常变动和重大波动的主营业务收入进行复核并追查原因。常用的实质性分析程序包括以下各点。

(1) 将本期重要产品的毛利率与同行业企业进行对比分析，检查是否存在异常。

(2) 计算本期重要产品的毛利率，与上期比较，检查是否存在异常，各期是否存在重大波动，查明原因。

(3) 比较本期各月各类主营业务收入的波动情况，分析其变动趋势是否正常，是否符合被审计单位季节性、周期性的经营规律，查明异常现象和重大波动的原因。

(4) 将本期的主营业务收入与上期的主营业务收入进行比较，分析产品销售的结构和价格变动是否异常，并分析异常变动的原因。

(5) 根据增值税发票申报表或普通发票，估算全年收入，与实际收入金额比较。

(四)核对合同、原始凭证与明细账

(1) 识别销售合同，是否满足收入确认的五个前提条件，识别合同中的单项履约义务。

(2) 获取产品价格目录，合同中的交易价格及各单项履约义务价格分摊情况，抽查售价是否符合定价政策，并注意销售给关联方或关系密切的重要客户的产品价格是否合理，有无低价或高价结算以转移收入和利润的现象。

(3) 抽取本期一定数量的销售发票，检查开票、记账、发货日期是否相符，品名、数量、单价、金额等是否与发运凭证、销售合同或协议、记账凭证等一致。

(4) 抽取本期一定数量的记账凭证，检查入账日期、品名、数量、单价、金额等是否与销售发票、发运凭证、销售合同或协议等一致。

(五)实施函证程序

结合对应收账款实施的函证程序，选择主要客户函证本期销售额。

(六)销售的截止测试

销售的截止测试是指针对销售合同对销售实施截止测试，即查看各单项履约义务的履约时间，其目的主要在于确定被审计单位主营业务收入的会计记录归属期是否正确：应记入本期或下期的主营业务收入有否被推延至下期或提前至本期。注册会计师在审计中应注意发票开具日期、记账日期和发货日期的一致性。在实际工作中，可以从三个日期的任何一个追查至另外两个。选择不同审计路线，也可以结合其他不同目标的审计程序一并进行。如以记账日期为起点，可以在进行真实性目标测试时同时完成；以发货日期为起点，可以同完整性目标一并进行。注册会计师应根据被审计单位的实际情况，运用职业判断，选择一条或两条有效的审计路线。

(七)检查有无销货退回，销售折扣与折让等特殊销售行为

存在销货退回的，应检查手续是否符合规定，结合原始销售凭证检查其会计处理是否正确，并结合存货项目关注销货退回的真实性。企业在销售交易中，往往会因产品品种不符、质量不符合要求以及结算方面的原因发生销售折扣、销售退回与折让。尽管引起销售折扣、退回与折让的原因不尽相同，其表现形式也不尽一致，但都是对收入的抵减，可以直接影响收入的确认和计量。因此，注册会计师应重视对折扣与折让的审计。

检查有无特殊的销售行为，如附有销售退回条件的商品销售、委托代销、售后回购、以旧换新、商品需要安装和检验的销售、分期收款销售、出口销售、售后租回等，确定恰当的审计程序进行审核。

(八)检查主营业务收入的列报是否恰当

检查主营业务收入在财务报表中的列报和披露是否符合企业会计准则的规定。

【例题 5-1】

案例分析题

资料: 注册会计师王明在审计甲公司 2020 年度营业收入时, 抽查了该公司 12 月的销售业务, 发现下列问题。

(1) 12 月 15 日, 采用交款提货销售方式售给乙公司 A 产品 10 000 万元(不含税, 增值税税率为 13%), 货款已收到, 发票账单和提货单交给乙公司, 但产品仍在仓库, 尚未交货。

(2) 12 月 18 日, 甲公司收到丙公司退回 2020 年销售的 A 产品 2 000 万元(不含税, 增值税税率为 13%), 产品已收到, 未作账务处理。

(3) 12 月 20 日, 甲公司确认售给某商场 C 产品, 合同规定甲公司需对出售的商品负责安装检验, 产品为商场特制, 安装工艺繁杂。合同规定交易价格 25 000 万元收入(不含税, 增值税税率为 13%)。相关资料显示: 甲公司 5 个月后才能完成安装、检验任务, 但甲公司在交付 C 产品后, 马上进行收入实现的账务处理。

【要求】

(1) 指出甲公司 2020 年应调整的主营业务收入的数额。

(2) 指出甲公司在销货交易中存在的问题。

【解答】

(1) 甲公司 2020 年应调整的营业收入的数额为

$$10\,000-2\,000-25\,000=-17\,000(万元)。$$

针对(1), 收入已经实现, 应当确认当年的收入, 应当调增 2020 年营业收入 10 000 万元;

针对(2), 收到退货, 应当冲减收到当月的收入, 应当调减 2020 年营业收入 2 000 万元;

针对(3), 收入不符合实现的条件, 不能确认当年收入, 需要安装检验后确认收入, 调减 2020 年营业收入 25 000 万元。

(2) 甲公司在销货交易中存在的问题有两个。

① 销售实现不及时入账;

② 不符合收入条件提前确认收入。

任务四 应收账款和坏账准备审计

应收账款指企业因销售商品、提供劳务而形成的债权, 即由于企业销售商品、提供劳务等原因, 应向购货客户或接受劳务的客户收取的款项或代垫的运杂费, 是企业的债权性资产。在报表中应收账款项目反映的余额一般包括应收账款账面余额和相应的坏账准备两部分。坏账是指企业无法收回或收回可能性极小的应收款项(包括应收票据、应收账款、预付款项、其他应收款和长期应收款等), 由于发生坏账而产生的损失称为坏账损失。

一、应收账款和坏账准备的审计目标

应收账款的审计目标一般包括下述各点。

(1) 确定资产负债表中记录的应收账款是否已存在。

(2) 确定所有应当记录的应收账款是否均已记录。

(3) 确定记录的应收账款是否被审计单位拥有或控制。

(4) 确定应收账款是否可回收，坏账准备的计提方法和比例是否恰当，计提是否充分。

(5) 确定应收账款及其坏账准备期末余额是否正确。

(6) 确定应收账款及其坏账准备是否已按照企业会计准则的规定在财务报表中作出恰当列报。

二、应收账款的实质性测试程序

针对应收账款的实质性程序主要包括以下几种。

(一)取得或编制应收账款明细表

注册会计师应从被审计单位取得或自行编制应收账款明细表，复核加计数额是否正确，并核对是否与报表数、总账数和明细账数相符。检查非记账本位币应收账款的折算汇率及折算是否正确；分析明细账中有贷项余额的项目，查明原因，重分类调整是否正确。

(二)检查应收账款账龄分析表及坏账准备明细表

注册会计师必须取得或编制应收账款账龄分析表，以便了解应收账款的可收回性，测试应收账款账龄分析表各项目的正确性和计算的准确性，并将应收账款账龄分析表与应收账款总分类账余额相比较，并调查重大调节项目。取得或编制坏账准备明细表，复核加计正确，与坏账准备总账数、明细账合计数核对是否相符。

(三)分析性复核涉及应收账款的相关财务指标

注册会计师必须复核应收账款累计发生额与主营业务收入关系是否合理，并将当期应收账款借方发生额占销售收入净额的百分比与管理层考核指标和被审计单位相关赊销政策比较，若存在异常应查明原因。计算应收账款周转率、周转天数等指标并与被审计单位以前年度指标、同行业同期相关指标对比分析，检查是否存在重大异常。

(四)向债务人函证应收账款

应收账款项目进行函证的目的在于证实应收账款账户余额的真实性、正确性，防止或发现被审计单位及其有关人员在销售交易中发生的错误或舞弊行为。函证是通过直接来自第三方对有关信息的声明获取审计证据。通过对应收账款函证，可以比较有效地证明被询证者(即债务人)的存在和被审计单位记录的可靠性。

1. 函证的范围和对象

除非有充分证据表明应收账款对被审计单位财务报表是不重要的，或者函证很可能是无效的。否则，注册会计师应当对应收账款进行函证。如果注册会计师不对应收账款进行函证，应当在工作底稿中说明理由。如果认为函证很可能是无效的，注册会计师应当实施替代审计程序，获取充分、适当的审计证据。函证数量多少、函证的范围取决于以下因素。

(1) 应收账款在全部资产中的比重。若应收账款在全部资产中所占的比重较大，则函

高职高专互联网＋新形态教材·财会系列

证的范围应相应大一些。

(2) 被审计单位内部控制的强弱。若内部控制制度较健全,可以相应地将函证范围缩小;反之,则应相应扩大函证范围。

(3) 以前审计期间的函证结果。若以前期间函证中发现过重大差异,或欠款纠纷较多,则函证范围应相应扩大一些。

(4) 函证方式的选择。若采用积极的函证方式,则可以相应减少函证量;若采用消极的函证方式,则要相应增加函证量。

一般情况下,注册会计师应选择以下项目作为函证的对象:大额或账龄较长的项目;与债务人发生纠纷的项目;关联方项目;主要客户(包括关系密切的客户)项目;交易频繁但期末余额较小甚至余额为零的项目;可能产生重大错报或舞弊的非正常项目。

2. 函证的方式

函证方式分为积极的函证方式和消极的函证方式。注册会计师可采用积极的或消极的函证方式实施函证,也可将两种方式结合使用。

(1) 积极式函证。积极式函证要求被询证者在所有情况下都要回函,确认询证函所列示信息是否正确,或填列询证函要求的信息。

在采用积极式函证时,只有注册会计师收到回函,才能为财务报表认定提供审计证据。注册会计师没有收到回函,可能是由于被询证者根本不存在,或是由于被询证者没有收到询证函,也可能是由于询证者没有理会询证函,因此,无法证明所函证信息是否正确。

【例题 5-2】

积极式函证的参考格式如表 5-1 所示。

表5-1　积极式询证函

企业询证函

××(公司):　　　　　　　　　　　编号:

本公司聘请的××会计师事务所正在对本公司××年度财务报表进行审计,按照中国注册会计师审计准则的要求,应当询证本公司与贵公司的往来账项等事项。下列数据出自本公司账簿记录,如与贵公司记录相符,请在本函下端"信息证明无误"处签章证明;如有不符,请在"信息不符"处列明不符金额。回函请直接寄至××会计师事务所。

回函地址:

邮编:　　　　　　电话:　　　　　　传真:　　　　　　联系人:

1. 本公司与贵公司的往来账项列示如下。

往来账项

单位:元

截止日期	贵公司欠	欠贵公司	备注

2. 其他事项。

本函仅为复核账目之用，并非催款结算。若款项在上述日期之后已经付清，仍请及时函复为盼。

(公司盖章)

年　月　日

结论：

1. 信息证明无误。

2. 信息不符，请列明不符的详细情况。

(公司盖章)

年　月　日

经办人：

(公司盖章)

年　月　日

经办人：

(2) 消极式函证。如果采用消极式函证，注册会计师只要求被询证者仅在不同意询证函列示信息的前提下才予以回函。采用消极式函证时，如果收到回函，能够为财务报表认定提供说服力强的审计证据。未收到回函可能是因为被询证者已收到询证函且核对无误，也可能是因为被询证者根本就没有收到询证函。因此，积极式函证通常比消极式函证提供的审计证据更可靠。因而在采用消极式函证时，注册会计师通常还需辅之以其他审计程序。

当同时存在下列情况时，注册会计师可考虑采用消极式函证：①重大错报风险评估为低水平；②涉及大量余额较小的账户；③预期不存在大量的错误；④没有理由相信被询证者不认真对待函证。

在审计实务中，注册会计师也可将这两种方式结合使用。当应收账款的余额是由少量的大额应收账款和大量的小额应收账款构成时，注册会计师可以对所有的或抽取的大额应收账款样本采用积极式函证，而对抽取的小额应收账款样本采用消极式函证。

【例题 5-3】

消极式询证函的参考格式如表 5-2 所示。

表 5-2　消极式询证函

企业询证函

××(公司)：　　　　　　　　　　　　编号：

本公司聘请的××会计师事务所注册会计师正在对本公司××年度财务报表进行审计，按照中国注册会计师审计准则的要求，应当询证本公司与贵公司的往来账项等事项。下列数据出自本公司账簿记录，如与贵公司记录相符，则无须回复；如有不符，请直接通知会计师事务所，并请在空白处列明贵公司认为是正确的信息。回函请直接寄至××会计师事务所。

回函地址：

邮编：　　　　　电话：　　　　　传真：　　　　　联系人：

1. 本公司与贵公司的往来账项列示如下。

往来账项

单位：元

截止日期	贵公司欠	欠贵公司	备注

2. 其他事项。

本函仅为复核账目之用，并非催款结算。若款项在上述日期之后已经付清，仍请及时函复为盼。

××会计师事务所：

上面的信息不正确，差异如下

(公司盖章)

年　月　日

(公司盖章)

年　月　日

经办人：

（3）函证时间的选择。为了充分发挥函证的作用，应恰当选择函证的实施时间。注册会计师通常以资产负债表日为截止日，在资产负债表日后适当时间内实施函证。若重大错报风险评估为低水平，注册会计师可选择资产负债表日前适当日期为截止日实施函证，并对所询函证项目自该截止日起至资产负债表日止发生的变动实施相应程序。

（4）函证的控制。注册会计师通常利用被审计单位提供的应收账款明细账户名称及客户地址等资料据以编制询证函，但应当对选择被询证者、设计询证函以及发出和收回询证函保持控制。出于掩盖舞弊的目的，被审计单位可能想方设法拦截或更改询证函及回函的内容。如果注册会计师对函证程序控制不严密，就可能给被审计单位造成可乘之机，导致函证结果发生偏差和函证程序失效。

注册会计师应当采取下列措施对函证实施过程进行控制。

①　将被询证者的名称、地址与被审计单位有关记录核对。

②　将询证函中列示的账户余额或其他信息与被审计单位有关资料核对。

③　在询证函中指明直接向接受审计业务委托的会计师事务所回函。

④　询证函经被审计单位盖章后，由注册会计师直接发出。

⑤　将发出询证函的情况形成审计工作记录。

⑥　将收到的回函形成审计工作记录，并汇总统计函证结果。

在审计实务中，注册会计师经常会遇到被询证者以传真、电子邮件等方式回函的情形。这些方式确实能使注册会计师及时得到回函信息，但由于这些方式易被截留、篡改或难以确定回函者的真实身份，因此，注册会计师应当直接接收，并要求被询证者及时寄回询证函原件。

在审计实务中，注册会计师还经常会遇到采用积极的函证方式实施函证而未能收到回函的问题。对此，注册会计师应当考虑与被询证者联系，要求对方作出回应或再次寄发询证函。如果未能得到被询证者的回应，注册会计师应当实施替代审计程序。所实施的替代程序因所涉及的账户和认定而异，但替代审计程序应当能够提供与函证同样效果的审计证据。例如检查与销售有关的文件，包括销售合同或协议、销售订单、销售发票副本及发运凭证等，以验证这些应收账款的真实性。

（5）对不符事项的处理。收回的询证函若有差异，即函证出现了不符事项，注册会计师应当首先提请被审计单位查明原因，并做进一步分析和核实。不符事项的原因可能是由于双方登记入账的时间不同，或是由于一方或双方记账错误，也可能是被审计单位的舞弊行为。

对应收账款而言，登记入账的时间不同而产生的不符事项主要表现为下述各点。

①　询证函发出时，被审计单位的货物已经发出并已作销售记录，但货物仍在途中，债务人尚未收到货物。

②　询证函发出时，债务人已经付款，而被审计单位尚未收到货款。

③　债务人由于某种原因将货物退回，而被审计单位尚未收到。

④　债务人对收到的货物的数量、质量及价格等方面有异议而全部或部分拒付货款等。

以上四种原因都会使函证结果小于应收账款账面金额，审计人员应针对不同的原因进一步进行审查。如果不符事项构成错报，注册会计师应当重新考虑所实施审计程序的性质、时间和范围。

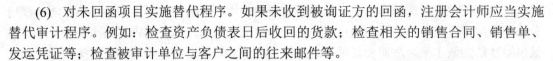

(6) 对未回函项目实施替代程序。如果未收到被询证方的回函，注册会计师应当实施替代审计程序。例如：检查资产负债表日后收回的货款；检查相关的销售合同、销售单、发运凭证等；检查被审计单位与客户之间的往来邮件等。

(7) 对函证结果的总结和评价。注册会计师应将函证的过程记录在工作底稿中，并据以评价函证的可靠性。在评价函证的可靠性时，注册会计师应当考虑下述几点

① 对询证函的设计、发出及收回的控制情况。

② 被询证者的胜任能力、独立性、授权回函情况、对函证项目的了解及其客观性。

③ 被审计单位施加的限制或回函中的限制。

需要指出的是，注册会计师应当将询证函回函作为审计证据，纳入审计工作底稿管理，询证函回函的所有权归属所在会计师事务所。

(五)对应收账款余额实施函证以外的细节测试

在未能实施应收账款函证的情况下，注册会计师需要实施其他审计程序获取有关应收账款的审计证据。注册会计师应抽查有关原始凭据，如销售合同、销售订单、销售发票副本、发运凭证及回款单据等，以验证与其相关的应收账款的真实性。

(六)检查坏账的冲销和转回

注册会计师首先应检查债务人长期未履行清偿义务的应收账款，有无债务人破产或者死亡的，以及破产或以遗产清偿后仍无法收回的；其次，应检查被审计单位坏账的处理是否经授权批准，有关会计处理是否正确。

(七)确定应收账款的列报是否恰当

除了企业会计准则要求的披露之外，如果被审计单位为上市公司，注册会计师还要评价其披露是否符合证券监管部门的特别规定。

三、坏账准备的实质性测试程序

我们以应收账款相关的坏账准备为例，来阐述坏账准备审计常用的实质性程序。

(1) 取得坏账准备明细表，复核加计是否正确，与坏账准备总账数、明细账合计数核对是否相符。

(2) 将应收账款坏账准备本期计提数与资产减值损失相应明细项目的发生额核对是否相符。

(3) 检查应收账款坏账准备计提和核销的批准程序，取得书面报告等证明文件，结合应收账款函证回函结果，评价计提坏账准备所依据的资料、假设及方法。

企业通常应采用备抵法核算坏账损失，计提坏账损失的具体方法由企业自行确定。企业应当列出目录，具体注明计提坏账准备的范围、提取方法、账龄的划分和提取比例。在确定坏账准备的计提比例时，企业应当根据以往的经验、债务单位的实际财务状况和现金流量，以及其他相关信息合理地估计。

除有确凿证据表明该项应收账款不能收回，或收回的可能性不大时，下列各种情况一

般不能全额计提坏账准备。

①　当年发生的应收账款，以及未到期的应收账款。

②　计划对应收账款进行重组。

③　与关联方发生的应收账款。

④　其他已逾期，但无确凿证据证明不能收回的应收账款。

采用账龄分析法时，收到债务单位当期偿还的部分债务后，剩余的应收账款，不应改变其账龄，仍应按原账龄加上本期应增加的账龄确定；在存在多笔应收账款且各笔应收账款账龄不同的情况下，收到债务单当期偿还的部分债务，应当逐笔认定收到的是哪一笔应收款；如果确实无法认定的，应该按照先发生先收回的原则确定，剩余应收账款的账龄按上述同原则确定。

在确定坏账准备的计提比例时，企业应当在综合考虑以往的经验、债务单位的实际财务状况和预计未来现金流量等因素，以及相关信息的基础上作出合理估计。

(4)　实际发生坏账损失的，检查转销依据是否符合有关规定，会计处理是否正确。对于被审计单位在被审计期间内发生的坏账损失，注册会计师应检查其原因是否清楚，是否符合有关规定，有无授权批准，有无已做坏账处理后又重新收回的应收账款，相应的会计处理是否正确。对有确凿证据表明确实无法收回的应收账款，如债务单位已撤销、破产、资不抵债、现金流量严重不足等，企业应根据管理权限，经股东(大)会或董事会，或经理(厂长)办公会或类似机构批准作为坏账损失，冲销提取的坏账准备。

(5)　已经确认并转销的坏账重新收回的，检查其会计处理是否正确。

(6)　确定应收账款坏账准备的披露是否恰当。企业应当在财务报表附注中清晰地说明坏账的确认标准、坏账准备的计提方法和计提比例。上市公司还应在财务报表附注中分项披露以下主要事项。

①　本期全额计提坏账准备，或计提坏账准备比例较大的(计提比例超过40%)单位，应说明计提的比例以及理由。

②　以前期间已全额计提坏账准备，或计提坏账准备比例较大但在本期又全额或部分收回的，或通过重组等其他方式收回的，应说明其原因、原估计计提比例的理由以及原估计计提比例的合理性。

③　本期实际冲销的应收款项及其理由等，其中，实际冲销的关联交易产生的应收账款应单独披露。

【例题 5-4】

案例分析题

某注册会计师对某公司 2020 年资产负债表中的"应收账款"进行审计，该公司应收账款 420 万元，有 45 个明细账，注册会计师决定抽样函证。在检查回函结果时，发现下述现象。

(1)　甲公司欠款 110 万元，对方回函称 2020 年 12 月 30 日由银行汇出。

(2)　乙公司欠款 8 万元，未收到回函。

(3)　丙公司欠款 12 万元，对方称所购货物并没有收到。

【任务要求】对于上述问题，审计人员应如何实施审计程序验证？

【任务解析】

(1) 审阅该公司 2021 年有关凭证，以证实甲公司的付款是否已到账。

(2) 采用替代程序。

(3) 检查该公司 2020 年的货运凭证，若发现货物确已发出，应将货运凭证复印件寄送丙公司重新查证。

【例题 5-5】

案例分析题

审计人员王某对某公司 2020 年资产负债表中的"应收账款"进行审计，发现该公司年末应收账款余额为 2 000 000 元，其他应收款为 100 000 元，坏账准备年末余额为 73 000 元，该公司坏账准备的计提比例为 3%。

【任务要求】该公司坏账准备的计提是否存在问题？

【任务解析】

坏账准备的年末余额应为(2 000 000+100 000)×3%=63 000 元，所以该公司多提坏账准备：73 000-63 000=10 000 元

【案例解析】

(1) *ST 昆机 2012—2016 年连续 5 年亏损，受到市场广泛关注。据*ST 昆机披露，根据最终调查结果，公司如触发股票上市规则重大违法强制退市条件，公司股票将可能被强制退市，*ST 昆机有强烈避免退市的需求。

(2) *ST 昆机 2013—2015 年通过跨期确认收入、虚计收入和虚增合同价格三种方式虚增收入约 4.8 亿元。

项 目 小 结

销售与收款循环是企业的主要经营业务，包括的业务活动有接受客户订单；批准赊销信用；按销售单供货；按销售单装运货物；开具账单；记录销售；办理和记录货币资金收入；办理和记录销售退回、折扣和折让；注销坏账；提取坏账准备。

该循环的内部控制包括适当的职责分离；恰当的授权审批；充分的凭证和记录；凭证的预先编号；按月寄送对账单；内部的核查程序。

销售与收款循环涉及的报表项目主要有营业收入、应收账款、坏账准备、应交税费、销售费用等。注册会计师应根据内部控制的评价结果，运用审计方法，实现特定的审计目标，对该循环中涉及的各项账户余额和交易种类执行实质性程序，包括登记入账交易是真实的；已发生的销售交易均已登记入账；登记入账的销售交易均正确计价；登记入账的销售交易分类恰当；销售交易的记录及时、准确并记录于正确的会计期间；在财务报表中列报准确且充分。

项目强化训练

一、单项选择题

1. 销售发票的连续编号与(　　)认定最为相关。

　　A. 发生　　　　B. 计价和分摊　　　　C. 权利和义务　　　　D. 完整性

2. 当应收账款无法收回并符合坏账确认条件时, 应收账款管理部门应填制(　　), 经批准后注销坏账。

　　A. 应收账款账龄分析表　　　　　　B. 应收账款明细表

　　C. 坏账审批表　　　　　　　　　　D. 坏账明细表

3. 为了确保所有发生的货物均已开具发票, 注册会计师应从本年度(　　)中抽取样本, 与相关的发票核对。

　　A. 销售订单　　　B. 销售合同　　　　C. 货运文件　　　　D. 销售记账凭证

4. (　　)是证实销售与收款循环中有关存在或发生认定的最有力证明。

　　A. 销售发票　　　B. 顾客订货单　　　　C. 销售单　　　　D. 发运凭证

5. 抽查主营业务收入记账凭证和原始凭证,并追查到明细账,确定主营业务收入(　　)。

　　A. 是否完整　　　B. 是否真实　　　　C. 计价是否正确　　　D. 截止是否正确

6. 为了证实已发生的销售业务是否均已登记入账, 有效的做法是(　　)。

　　A. 只审查销售日记账　　　　　　　B. 由日记账追查有关原始凭证

　　C. 只审查有关原始凭证　　　　　　D. 由有关原始凭证追查销售日记账

7. 下列内容不属于应收账款实质性程序的是(　　)。

　　A. 获取或编制应收账款明细表　　　B. 分析应收账款账龄

　　C. 核对货运文件样本与相关的销售发票　　D. 抽查有无不属于结算业务的债权

8. 在下列哪种情况下, 注册会计师可以采用积极式函证(　　)。

　　A. 重大错报风险评估为低水平　　　B. 预期不存在大量的错误

　　C. 有理由相信被询证者不认真对待函证　　D. 涉及大量余额较小的账户

9. 注册会计师审计应收账款的目的, 不应包括(　　)。

　　A. 确定应收账款的存在性

　　B. 确定应收账款记录的完整性

　　C. 确定应收账款的回收期

　　D. 确定应收账款在财务报表上列报的恰当性

10. 进行应收账款的账龄分析, 有助于帮助财务报表使用者(　　)。

　　A. 了解应收账款坏账准备的计提是否充分

　　B. 发现销售业务中发生的差错或舞弊行为

　　C. 确信应收账款账户余额的真实性、正确性

　　D. 分析应收账款的可收回性

二、多项选择题

1. 销售与收款循环业务包括的利润表项目主要有(　　)。

A. 主营业务收入 　　　　　B. 销售费用

C. 管理费用 　　　　　　　D. 所得税费用

2. 在审计实务中，注册会计师实施营业收入的截止测试的起点有(　　)。

A. 以销售发票为起点　　　　B. 以账簿记录为起点

C. 以报表为起点　　　　　　D. 以发运凭证为起点

3. 在对特定会计期间主营业务收入进行审计时，注册会计师应重点关注的与被审计单位主营业务收入确认有密切关系的日期包括(　　)。

A. 销售截止测试实施日期　　B. 发票开具日期或者收款日期

C. 记账日期　　　　　　　　D. 发货日期或提供劳务日期

4. 当债务符合下列哪些条件时，注册会计师不应采用消极式函证方式(　　)。

A. 预计差错率较低

B. 有理由相信大多数被函证者能认真对待询证函

C. 相关的内部控制不存在或没有得到执行

D. 欠款金额较大的客户

5. 为保证所有的产品销售均已入账，公司下列控制活动中与这一控制目标直接相关的有(　　)。

A. 对销售发票进行顺序编号并复核当月开具的销售发票是否均已登记入账

B. 检查销售发票是否经适当的授权批准

C. 将每月产品发运数量与销售入账数量相核对

D. 定期与客户核对应收账款余额

三、判断题(正确的在括号内打"√"，错误打"×")

1. 对凭证预先进行连续编号，既可以防止销售后漏开发票或登记入账，也可以防止重复开具账单或重复记账。　　　　　　　　　　　　　　　　　　　　　　　(　　)

2. 对主营业务收入项目实施截止测试，其目的主要在于确定被审计单位主营业务收入的会计记录归属是否正确；应计入本期或下期的主营业务收入有否被推迟到下期或提前至本期。　　　　　　　　　　　　　　　　　　　　　　　　　　　　　　　　　(　　)

3. 由原始凭证追查至明细账是用来测试完整性目标，从明细账追查至原始凭证是用来测试发生目标。　　　　　　　　　　　　　　　　　　　　　　　　　　　　　(　　)

4. 询证函由注册会计师利用被审计单位提供的应收账款明细账户名称及地址编制，并由被审计单位寄发；回函也应直接寄给被审计单位并由其转交给会计师事务所。　(　　)

5. 对期末余额较大的应收账款，注册会计师往往采用积极式函证方式。　(　　)

四、分析题

资料：ABC会计师事务所接受某公司委托，审计了该公司2020年度财务报表。该公司是上市公司，2018年度、2019年度公司经营均亏损，2020年度扭亏为盈。ABC会计师事务所审计人员对公司实施了风险评估程序后，初步怀疑公司有虚增销售收入的可能。审计人员将营业收入虚增列入重大错报风险领域。

要求：

根据上述情况，回答高估销售收入主要的三类情形是什么？并简要设计出相应的应对程序，填写表 5-3。

表 5-3　高估收入及应对程序

高估收入主要的三类情形	相应的程序

 微课视频

扫一扫，获取本项目相关微课视频。

5.1 销售与收款循环概述　　5.2 销售与收款循环的　　5.3 营业收入审计　　5.4 应收账款和坏账
　　　　　　　　　　　　　　内部控制及其测试　　　　　　　　　　　　　　准备审计

高职高专互联网＋新形态教材·财会系列

项目六

采购与付款循环的审计

【知识目标】

- 了解采购与付款循环的主要内容。
- 掌握采购与付款循环的关键控制及控制测试程序。
- 理解掌握应付账款的审计。
- 理解掌握固定资产和累计折旧的审计。

【技能目标】

- 掌握应付账款的实质性程序。
- 掌握固定资产和累计折旧等账户的实质性程序。

【案例引导】

创新医疗(002173，SZ)与子公司齐齐哈尔建华医院有限责任公司(以下简称建华医院)"内讧"一事又有新进展。根据上市公司层面说法，2019年年初，公司内审部门在日常审查中发现，梁喜才等人通过以不合理的价格采购及虚假采购等手段进行利益输送，涉嫌侵占上市公司资产，背信损害上市公司利益。针对这一问题，公司于2019年3月1日向公司所在地浙江省诸暨市公安机关报案。诸暨警方于2019年4月3日对梁喜才涉嫌侵占上市公司资产问题进行立案。经公安机关初步侦查发现，梁喜才、张大午、许仁省等人通过虚假开票入账的方式，套取建华医院大量资金。诸暨警方于2019年6月21日对梁喜才采取强制措施并网上缉捕，并于2019年7月21日对梁喜才进行刑事拘留。在此前的8月10日，《每日经济新闻》记者获得的一份由诸暨市公安局发给诸暨市看守所的《变更羁押期限通知书》显示，梁喜才的羁押期限已延长至8月21日。

(资料来源：沈激，张虹蕾.创新医疗原副总裁梁喜才已被取保候审 此前因涉嫌职务侵占被拘留[OL].

每日财经新闻，2019-9-28.)

问：

1. 通过虚假开票入账的方式，损坏哪方利益？
2. 注册会计师对该公司虚假采购行为的问题，在资产测试方面应采用哪些审计程序？

任务一　采购与付款循环概述

一、采购与付款循环的内容

采购与付款循环包括购买商品和劳务及企业在经营活动中为获取收入而发生的其他支出。该循环主要是对资产负债表相关项目审计，主要包括固定资产、在建工程、应付账款、应付票据、预付账款、工程物资、无形资产等。

二、涉及的主要业务活动

(一)请购商品和劳务

企业仓储部门负责对需要购买的已列入存货清单的项目填写请购单，其他部门也可以对所需要购买的未列入存货清单的项目编制请购单。请购单不用事先编号，但为加强控制，每张请购单必须经过对这类支出预算负责的主管人员签字批准。

请购单是证明有关采购交易的"发生"认定的凭据之一，也是采购交易轨迹的起点。

(二)编制订购单

采购部门在收到经批准的请购单后，发出订购单。对每张订购单，采购部门应确定最佳的供应来源，保证供货的质量、及时性和成本的低廉。

订购单应正确填写一式多联并预先予以编号，经过被授权的采购人员签名。订购单是检查与认定采购交易"完整性"的有关依据。

(三)验收商品和劳务

验收部门首先应依据订购单验收商品,如商品的品名、规格型号、数量等,然后再盘点商品并检查商品有无损坏。

验收后,验收部门应对已收货的每张订购单编制一式多联、预先编号的验收单,作为验收和检验商品的依据。

验收单是支持资产或费用以及与采购有关负债的"存在或发生"认定的重要凭证。而定期独立检查验收单的顺序以确定每笔采购交易都已编制凭证,则与采购交易的"完整性"认定有关。

(四)储存已验收的商品

存放商品的仓储区应相对独立,限制无关人员接近。将已验收商品的保管与采购的其他职责相分离,可减少未经授权的采购和盗用商品的风险。这些控制与商品的"存在"认定有关。

(五)复核与记录

收到对方发票后,会计部门应该验证采购发票记录的正确性,核对采购发票、验收单、定购单以确定和商品或劳务内容相一致,并记录采购业务。

对尚未收到的商品和劳务发票应进行及时、正确的记录负债。

(六)付款

应付凭单部门负责确定未付凭单在到期日付款,签发支票的同时必须登记支票簿和银行日记账,以保证不漏记每一笔付款业务。

(七)记录现金、银行存款支出

会计主管应通过定期比较银行存款日记账记录的日期与支票副本的日期,独立检查入账的及时性。检查记入银行存款日记账和应付账款明细账的金额的一致性,以及与支票汇总记录的一致性。

三、涉及的主要凭证和会计记录

采购与付款循环通常要经过请购—订货—验收—付款这样的程序,处理采购与付款业务通常需要使用多种凭证和会计记录。以一般制造业为例,所涉及的主要凭证和会计记录有以下几种。

(一)请购单

请购单是由仓库管理部门、产品制造、资产使用等部门的有关人员填写,送交采购部门,申请购买商品、劳务或其他资产的书面凭证。

(二)订购单

订购单是由采购部门填写,向另一企业购买请购单上所指定商品、劳务或其他资产的书面凭证。

高职高专互联网+新形态教材·财会系列

(三)验收单

验收单是收到商品、资产时所编制的凭证,列示从供应商处收到的商品、资产的种类和数量等内容。

(四)卖方发票

卖方发票是供应商开具的,交给买方以载明发运的货物或提供的劳务、应付款金额和付款条件等事项的凭证。

(五)付款凭单

付款凭单是采购方企业的应付凭单部门编制的,载明已收到商品、资产或接受劳务的厂商、应付款金额和付款日期的凭证。付款凭单是采购方企业内部记录和支付负债的授权证明文件。

(六)转账凭证

转账凭证是记录转账交易的记账凭证,是根据有关转账业务(即不涉及库存现金、银行存款收付的各项业务)的原始凭证编制的。

(七)付款凭证

付款凭证包括现金付款凭证和银行存款付款凭证,是用来记录库存现金和银行存款支出业务的记账凭证。

(八)应付账款明细账

应付账款明细账是用来记录因购买商品或接受劳务等发生的债务明细账簿。

(九)库存现金日记账和银行存款日记账

库存现金日记账是专门用来记录库存现金收支业务的序时账簿。银行存款日记账是专门用来记录银行存款收支业务的序时账簿。

(十)供应商对账单

供应商对账单是由供应商按月编制的,标明期初余额、本期购买、本期支付给卖方的款项和期末余额的凭证。供应商对账单是供货方对有关交易的陈述,如果不考虑买卖双方在收发货物上可能存在的时间差等因素,其期末余额通常应与采购方相应的应付账款期末余额一致。

任务二 采购与付款循环的内部控制及其测试

一、商品采购与付款的内部控制

(一)职责分离控制

适当的职责分离有利于防止各种有意或无意的错误。针对本循环的主要业务活动,需要职务分离的包括原料和物品的请购，采购由两个部门执行；付款审批人和付款执行人不能同时办理寻价业务；采购人不能同时做验收工作；货物的采购、储存和使用人不能担任账务的记录工作；审核付款的人应与付款人职务分离；记录应付账款的人不能同时办理付款业务。

(二)请购控制

请购是提出货物和劳务的需要，是购货环节的首要步骤。

针对原材料或配件的购进。一般首先应由生产部门根据生产计划或即将签发的生产通知单填写请购单。临时性物品的购进，通常由使用者直接提出。请购单须由使用者的部门主管审批同意，并经资金预算责任人同意签字后，采购部门才能办理采购手续。资本支出和租赁合同，企业政策则通常要求作特别授权，只允许指定人员提出请购申请。

(三)订货控制

购货部门应及时填制事先编号的购货订单并得到授权人的签字；购货订单的副联应递交给请购、保管与会计部门等。

(四)验收控制

货物验收的职责应由独立于请购、采购和会计部门的人员来承担，其控制责任是检验收到货物的数量和质量。

(五)应付账款控制

应付账款要取得和审核各种必要的凭证后正确记录，并每月应将应付账款明细账与客户对账单进行对账；应付账款的记录必须由独立于请购、采购、验收和付款的员工来进行。

(六)付款控制

会计部门应及时记录付款业务，检查应付账款明细账和相关文件。定期核对总账的分类账以及日记账，支票管理使用符合规范。付款前，应复核客户发票上的数量、价格和合计数以及折扣条件等，核对支票金额。对已签发的支票应将其原始凭证加盖"已付款"印章，以避免重复付款。

二、固定资产等特殊支出的内部控制

为了确保固定资产的真实、完整、安全和有效利用，被审计单位应当建立和健全固定资产的内部控制。

常用的固定资产内部控制有下述几种。

(一)固定资产的预算制度

固定资产的预算制度是其内部控制最重要部分。通常企业应编制旨在预测与控制固定资产增减和合理运用资金的事前计划或年度预算。注册会计师应注意检查固定资产的取得

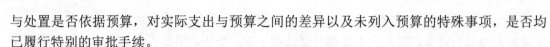

与处置是否依据预算,对实际支出与预算之间的差异以及未列入预算的特殊事项,是否均已履行特别的审批手续。

(二)授权批准制度

企业的资本性支出预算经高层管理机构批准方可生效;所有固定资产的取得和处置均需经企业管理层的书面确认。

(三)账簿记录制度

除固定资产总账外,被审计单位还需设置固定资产明细分类账和固定资产登记卡,按固定资产类别、使用部门和每项固定资产进行明细分类核算。设置完善的固定资产明细分类账和登记卡,是分析固定资产的取得和处置、复核折旧费用和修理支出的依据。

(四)资本性支出和收益性支出的区分制度

企业应制定区分资本性支出和收益性支出的书面标准。通常需明确资本性支出的范围和最低金额。

(五)固定资产的处置制度

固定资产的处置,包括投资转出、报废、出售等,均要有一定的申请报批程序。

(六)固定资产的定期盘点制度

对固定资产的定期盘点,是验证账面各项固定资产是否真实存在、了解固定资产放置地点和使用状况,以及发现是否存在未入账固定资产的必要手段。注册会计师应了解和评价企业固定资产盘点制度,并应注意查询盘盈、盘亏固定资产的处理情况。

(七)固定资产的维护保养制度

固定资产应建立健全维护保养制度和日常维护、定期检修制度,以防止其因各种自然和人为的因素而遭受损失,并延长其使用寿命。必要时对固定资产应购买相应的保险,它对企业非常重要。因此,注册会计师在检查、评价企业的内部控制时,应当了解企业对固定资产的保险情况。

三、评估采购与付款循环的重大错报风险

(一)低估负债来虚增利润

(1) 遗漏交易,例如,未记录已收取货物,但尚未收到发票的采购相关的负债或未记录尚未付款的已经购买的服务支出等。

(2) 采用不正确的费用支出截止期,例如,将本期的支出延迟到下期确认。

(3) 将应当当期确认损益的费用性支出资本化,通过资产折旧的形式逐步摊销等。

(二)管理层错报负债费用以满足业绩考核要求

(1) 通过多计准备或少计负债准备来调节利润。

(2) 利用关联方之间的费用定价优势制造虚假的收益增长趋势。

(3) 管理层把私人费用计入企业费用，任意运作企业资金。

(4) 支出的复杂性费用、支出分配或计提的错误。

(三)不正确地记录外币交易

当被审计单位进口用于出售的商品时，可能由于采用不恰当的外币汇率而导致该项采购的记录出现差错。

(四)舞弊和盗窃风险

如果负责付款的人员有权接触应付账款账簿，并能够通过在应付账款中擅自添加新的账户虚构采购交易，风险会增加。

(五)存在未记录的权利和义务

可能导致资产负债表分类错误以及财务报表附注不正确或披露不充分。

四、控制测试

控制测试应该根据内控要求针锋相对地进行验证(全环节)，并且关注效果(核对是否一致)而非形式(仅看签字)。仅依赖控制测试而不执行实质程序不能为相关的重要账户及其认定提供充分、适当的审计证据。

考虑采购与付款循环控制测试的重要性，注册会计师往往对这一循环采用属性抽样审计方法。下面列出了针对相应主要业务活动的关键内部控制点的可能的控制测试程序。

(1) 请购商品和劳务环节。关键的内部控制是由经授权的专门机构或人员填制请购单；每张请购单应经过对这类支出负责预算责任的主管人员签字批准。常用的控制测试是检查授权和批准的情况。注册会计师不仅要检查授权批准制度本身是否完善，还要关注授权批准制度是否得到切实执行。

(2) 编制订购单。关键的内部控制是订购单一式多联，并预先连续编号、经授权的采购人员签名。常用的控制测试是抽查订购单的连续编号。

(3) 验收商品。关键的内部控制是收到货物时，应由独立于采购、仓储、运输职能的验收部门或人员点收，根据订购单验收商品，并编制一式多联的验收报告单，常用的控制测试是检查验收报告单后附有的请购单、订购单。

(4) 存储已验收的商品存货。关键的内部控制是将保管与采购的其他职责相分离；只有经过授权的人员才能接近保管的资产，常用的控制测试是检查入库单；观察接近资产的情况。

(5) 编制付款凭单。确认与记录负债，关键的内部控制是每张凭单应与订购单、验收单和供应商发票相配合；独立检查每日的凭单汇总表和有关记账凭证上的金额的一致性。

常用的控制测试包括如下几点。

① 确定供应商发票的内容与相关的验收单、订购单的一致性。

② 确定供应商发票计算的正确性。

③ 编制有预先编号的付款凭单，并附上支持性凭证(如订购单、验收单和供应商发票等)，这些支持性凭证的种类因交易对象的不同而不同。

④ 独立检查付款凭单计算的正确性。

⑤ 在付款凭单上填入应借记的资产或费用账户名称。

⑥ 由被授权人员在凭单上签字，以示批准照此凭单要求付款。

(6) 确认与记录负债。关键的内部控制是核查购置财产并记录核对相关原始资料记录现金支出的人员不得经手现金、有价证券和其他资产有恰当的凭证、记录、记账手续，常用的控制测试是重新执行独立检查。

(7) 付款环节。关键的内部控制是支票签署人应复核支付性凭单的完整性和批准情况；支票签发后应立即盖章注销已付款凭单和支持性凭证。

支票签发后，财务人员应立即盖章标注已付款凭单和支持性凭证。

① 独立检查已签发支票的总额与所处理的那批付款凭单总额的一致性。

② 应由被授权的财务部门的人员负责签署支票。

③ 被授权签署支票的人员应确定每张支票都附有一张已经适当批准的未付款凭单，还应确定支票受款人姓名和金额与凭单内容的一致性。

④ 支票一经签署就应在其凭单和支持性凭证上用加盖印戳或打洞等方式将其注销，以免重复付款。

⑤ 支票签署人不应签发无记名甚至空白的支票。

⑥ 支票应预先连续编号，以保证支出支票存根的完整性和作废支票处理的恰当性。

⑦ 应确保只有被授权的人员才能接触未经使用的空白支票。

(8) 记录现金银行存款支出。关键的内部控制是定期独立编制银行调节表。独立检查支票的日期和记账的日期。

常用的控制测试包括以下几点。

① 会计主管应独立检查记入银行存款日记账和应付账款明细账和金额的一致性，以及与支票汇总记录的一致性。

② 通过定期比较银行存款日记账记录的日期与支票副本的日期，独立检查入账的及时性。

③ 独立编制银行存款余额调节表。

任务三 应付账款审计

应付账款是企业在正常经营过程中，因购买材料、商品和接受劳务供应等经营活动而应付给供应单位的款项，是随着企业赊购交易而产生的。注册会计师应结合赊购交易进行应付账款的审计。

一、应付账款的审计目标

(1) 确定资产负债表中记录的应付账款是否存在。

(2) 确定所有应当记录的应付账款是否均已记录。

(3) 确定资产负债表中记录的应付账款是否为被审计单位应当履行的现实义务。

(4) 确定应付账款期末余额是否正确，应付账款是否以恰当的金额记录在财务报表中。

(5) 确定应付账款已按照企业会计准则的规定在财务报表中作出恰当的列报。

二、应付账款的实质性程序

(一)获取或编制应付账款明细表

复核加计正确，并与报表数、总账数和明细账合计数核对是否相符；分析出现借方余额的项目，查明原因，必要时作重分类调整；结合预付账款等往来项目的明细余额，调查有无异常的项目、余额或与购货无关的其他款项(如关联方账户或雇员账户)，如有，应登记记录，必要时进行调整；检查非记账本位币应付账款的折算汇率及折算是否正确。

(二)执行实质性分析程序

将期末应付账款余额与期初余额进行比较，分析波动原因；分析长期挂账的应付账款，要求被审计单位作出解释，判断被审计单位是否缺乏偿债能力或利用应付账款隐瞒利润；并注意其是否可能无须支付，对确实无须支付的应付款的会计处理是否正确，依据是否充分；关注账龄超过 3 年的大额应付账款在资产负债表日后是否偿还，检查偿还记录、单据及披露情况；计算应付账款与存货的比率，应付账款与流动负债的比率，并与以前年度相关比率对比分析，评价应付账款整体的合理性；分析存货和营业成本等项目的增减变动，判断应付账款增减变动的合理性。

(三)应付账款的函证

一般情况下，应付账款无须函证，这是因为会计师能够取得采购发票等外部凭证来证实应付账款的余额，而且函证不能保证查出未记录的应付账款，但如果控制风险较高，某应付账款明细账户金额较大或被审计单位处于财务困难阶段，则应进行应付账款的函证。

在进行函证时，注册会计师应选择较大金额的债权人，以及那些在资产负债表日金额不大，甚至为零，但为企业重要供货人的债权人，作为函证对象。函证最好采用积极函证方式，并具体说明应付金额。同应收账款的函证一样，注册会计师必须对函证的过程进行控制，要求债权人直接回函，并根据回函结果编制与分析函证结果汇总表，对未回函的，应考虑是否再次函证。

如果存在未回函的重大项目，注册会计师应采用替代审计程序。比如，可以检查该笔债务的相关凭证资料，如合同、发票、验收单，核实应付账款的真实性，同时检查决算日后应付账款明细账及库存现金和银行存款日记账，核实其是否已支付。

(四)查找未入账的应付账款

(1) 结合存货监盘程序,检查被审计单位在资产负债日前后的存货入库资料(验收报告或入库单),检查是否有大额料到单未到的现象,确认相关负债是否计入了正确的会计期间。

(2) 检查债务形成的相关原始凭证,如供应商发票、验收报告或入库单等,查找有无未及时入账的应付账款,确定应付账款期末余额的完整性。

(3) 获取被审计单位与其供应商之间的对账单(应从非财务部门,如采购部门获取),并将对账单和被审计单位财务记录之间的差异进行调节(如在途款项、在途货物、付款折扣、未记录的负债等),查找有无未入账的应付账款,确定应付账款金额的准确性。

(4) 检查资产负债表日后应付账款明细账贷方发生额的相应凭证,关注其购货发票的日期,确认其入账时间是否合理。

(5) 针对资产负债表日后付款项目,检查银行对账单及有关付款凭证(如银行划款通知、供应商收据等),询问被审计单位内部或外部的知情人员,查找有无未及时入账的应付账款。

如果注册会计师通过这些程序发现某些未入账的应付账款,应将有关情况详细记入工作底稿,然后根据其重要性确定是否需建议被审计单位进行相应的调整。

(五)检查异常或大额交易及重大调整事项

针对异常或大额交易及重大调整事项(如大额的购货折扣或退回,会计处理异常的交易,未经授权的交易,或缺乏支持性凭证的交易等),应检查相关原始凭证和会计记录,以分析交易的真实性、合理性。

(六)检查带有现金折扣的应付账款

检查带有现金折扣的应付账款是否按发票上记载的全部应付金额入账,在实际获得现金折扣时再冲减财务费用。

(七)检查长期挂账的应付账款

检查应付账款长期挂账的原因并作出记录,对确实无须支付的应付款的会计处理是否正确。

(八)检查如存在应付关联方的款项

标明应付关联方的款项,执行关联方及其交易审计程序,并注明合并报表时应予抵销的金额。

(九)确定应付账款在资产负债表上的列报与披露是否恰当

检查应付账款是否已按照企业会计准则的规定在财务报表中作出恰当列报。一般来说,"应付账款"项目应根据"应付账款"和"预付账款"科目所属明细科目的期末贷方余额的合计数填列。

任务四　固定资产审计

固定资产是指为生产商品、提供劳务、出租或经营管理而持有的，使用寿命超过一个会计年度，且具有下述两个特征的有形资产。

(1) 与该固定资产有关的经济利益很可能流入企业。

(2) 该固定资产的成本能够可靠地计量。

由于固定资产在企业资产总额中一般都占有较大的比例，固定资产的安全、完整对企业的生产经营影响极大。固定资产增减变动、累计折旧和固定资产减值准备属于固定资产的审计范围。

一、固定资产的审计目标

固定资产的审计目标如下所述。

(1) 确定资产负债表中记录的固定资产是否存在。

(2) 确定所有应记录的固定资产是否均已记录。

(3) 确定记录的固定资产是否由被审计单位所有或控制。

(4) 确定固定资产的计价方法是否恰当。

(5) 确定固定资产的折旧政策是否恰当。

(6) 确定折旧费用的分摊是否合理、一贯。

(7) 确定固定资产减值准备的计提是否充分、完整，方法是否恰当。确定固定资产、累计折旧和期末余额是否正确。

(8) 确定固定资产的列报是否恰当。

二、固定资产的实质性程序

(一)获取或编制固定资产与累计折旧分类汇总表

获取或编制固定资产与累计折旧分类汇总表，检查固定资产的分类是否正确，并与总账数和明细账合计数核对是否相符。

(二)执行分析程序

(1) 基于对被审计单位及其环境的了解，固定资产与累计折旧分类汇总表可以分类反映固定资产的期初余额、本期增加、本期减少和期末余额，以及累计折旧的相关信息。通过分类计算本期计提折旧额与固定资产原值的比率，并与上期比较。计算固定资产修理及维护费用占固定资产原值的比例，并进行本期各月、本期与以前各期的比较。

(2) 考虑有关数据间关系的影响，建立有关数据的期望值，确定可接受的差异额。

(3) 将实际情况与期望值相比较，识别需要进一步调查的差异。

(4) 如果其差额超过可接受的差异额，调查并获取充分的解释和恰当的佐证证据。

(5) 评估分析程序的测试结果。

高职高专互联网＋新形态教材·财会系列

(三)实地检查重要固定资产

实地检查重要固定资产确定其是否存在,并了解其目前的使用状况,关注是否存在已报废但仍未核销的固定资产。

实施实地检查审计程序时,注册会计师可以以固定资产明细分类账为起点,进行实地追查,以证明会计记录中所列固定资产确实存在;也可以以实地为起点,追查至固定资产明细分类账,以获取实际存在的固定资产均已入账的证据。

(四)检查固定资产的所有权或控制权

检查各类固定资产确定其是否确归被审计单位所有:对外购的机器设备等固定资产,通常经审核采购发票、采购合同等予以确定;对于房地产类固定资产,尚需查阅有关的合同、产权证明、财产税单、抵押借款的还款凭据、保险单等书面文件;对融资租入的固定资产,应验证有关融资租赁合同,证实其并非经营租赁;对汽车等运输设备,应验证有关运营证件等。

(五)检查本期固定资产的增加

审计人员应询问管理层当年固定资产的增加情况,与获取或编制的固定资产明细表进行核对,并检查本年度增加固定资产的计价是否正确,手续是否齐备,会计处理是否正确。具体审计要点如下所述。

(1) 对于外购固定资产,通过核对采购合同、发票、保险单、发运凭证等资料,抽查测试其入账价值是否正确,授权批准手续是否齐备,会计处理是否正确;如果购买的是房屋建筑物,还应检查契税的会计处理是否正确;检查分期付款购买固定资产入账价值及会计处理是否正确。

(2) 对于在建工程转入的固定资产,应检查固定资产确认时点是否符合会计准则的规定,入账价值与在建工程的相关记录是否核对相符,是否与竣工决算、验收和移交报告等一致;对已经达到预定可使用状态,但尚未办理竣工决算手续的固定资产,检查其是否已按估计价值入账,并按规定计提折旧。

(3) 对于投资者投入的固定资产,检查投资者投入的固定资产是否按投资各方确认的价值入账,并检查确认价值是否公允,交接手续是否齐全;涉及国有资产的,是否有评估报告并经国有资产管理部门评审备案或核准确认。

(4) 对于更新改造增加的固定资产,检查通过更新改造而增加的固定资产,增加的原值是否符合资本化条件,是否真实,会计处理是否正确;重新确定的剩余折旧年限是否恰当。

(5) 对于融资租赁增加的固定资产,应获取融资租入固定资产的相关证明文件,检查融资租赁合同的主要内容,并结合长期应付款、未确认融资费用科目检查相关的会计处理是否正确。

(6) 对于企业合并、债务重组和非货币性资产交换增加的固定资产,检查产权过户手续是否齐备,检查固定资产入账价值及确认的损益和负债是否符合规定。

(7) 如果被审计单位为外商投资企业,应检查其采购国产设备退还增值税的会计处理是否正确。

(8)　对于通过其他途径增加的固定资产，应检查增加固定资产的原始凭证，核对其计价及会计处理是否正确，法律手续是否齐全。

(六)检查本期固定资产的减少

固定资产的减少主要包括出售、向其他单位投资转出、向债权人抵债转出、报废、毁损、盘亏等。审计固定资产减少的主要目的就在于查明业已减少的固定资产是否已做适当的会计处理。其审计要点如下所述。

(1)　结合固定资产清理科目，抽查固定资产账面转销额是否正确。

(2)　检查出售、盘亏、转让、报废或毁损的固定资产是否经授权批准，会计处理是否正确。

(3)　检查因修理、更新改造而停止使用的固定资产的会计处理是否正确。

(4)　检查投资转出固定资产的会计处理是否正确。

(5)　检查债务重组或非货币性资产交换转出固定资产的会计处理是否正确。

(6)　检查转出的投资性房地产账面价值及会计处理是否正确。

(7)　检查其他减少固定资产的会计处理是否正确。

(七)检查固定资产的后续支出

确定固定资产有关的后续支出是否满足资产确认条件，如不满足，该支出是否在该后续支出发生时计入当期损益。固定资产修理费用，应当直接计入当期费用；固定资产改良支出，应当计入固定资产账面价值。

(八)检查固定资产的租赁

租赁一般可分为经营租赁和融资租赁两种类型，检查企业是否正确划分为经营租赁与融资租赁，且会计处理恰当。

(九)获取暂时闲置、报废处理的固定资产

获取暂时闲置、报废处理的固定资产的相关证明文件，并观察其实际状况，检查是否已按规定计提折旧，相关的会计处理是否正确。

(十)检查已提足折旧仍继续使用的固定资产

获取已提足折旧仍继续使用固定资产的相关证明文件，并作相应记录。

(十一)检查待售固定资产

获取持有待售固定资产的相关证明文件，并作相应记录，检查对其预计净残值调整是否正确、会计处理是否正确。

(十二)检查有无与关联方的固定资产

检查有无与关联方的固定资产购售情况，是否经适当授权，交易价格是否公允。对于

合并范围内的购售活动，记录应予合并抵销的金额。

(十三)检查固定资产的保险

检查固定资产保险情况，复核保险范围是否足够。

(十四)检查固定资产的抵押、担保情况

结合对银行借款等的检查，了解固定资产是否存在重大的抵押、担保情况。如存在，应取证，并作相应的记录，同时提请被审计单位作恰当披露。

(十五)检查固定资产的借款费用资本化情况

对应计入固定资产的借款费用，应根据企业会计准则的规定，结合长短期借款、应付债券或长期应付款的审计，检查借款费用(借款利息、折溢价摊销、汇兑差额、辅助费用)资本化的计算方法和资本化金额，以及会计处理是否正确。

(十六)检查固定资产的列报

检查固定资产是否已按照企业会计准则的规定在财务报表中作出恰当列报。

三、累计折旧的实质性程序

在固定资产使用过程中，固定资产价值按照确定的方法，以计提折旧的形式转移到产品价值中或经营成本，对应计折旧额就是固定资产的折旧。在不考虑固定资产减值准备的前提下，影响折旧的因素有折旧的基数(一般指固定资产的账面原价)、固定资产的残余价值和使用寿命等。

(一)获取或编制累计折旧分类汇总表

注册会计师应当获取或编制累计折旧分类汇总表，复核加计是否正确，并与总账数和明细账合计数核对是否相符。

(二)检查被审计单位制定的折旧政策和方法

注册会计师应当检查被审计单位制定的折旧政策和方法是否符合相关会计准则的规定。确定其所采用的折旧方法能否在固定资产预计使用寿命内合理分摊其成本，折旧范围是否正确，前后期是否一致，预计使用寿命和预计净残值是否合理。

(三)复核本期折旧费用的计提和分配

(1) 已计提部分减值准备的固定资产，计提的折旧是否正确。按照《企业会计准则第4号——固定资产》的规定，已计提减值准备的固定资产的应计折旧额应当扣除已计提的固定资产减值准备累计金额，按照该固定资产的账面价值以及尚可使用寿命重新计算确定折旧率和折旧额。

(2) 已全额计提减值准备的固定资产是否已停止计提折旧。

(3) 因更新改造而停止使用的固定资产是否已停止计提折旧，因大修理而停止使用的固定资产是否照提折旧。

(4) 对按规定予以资本化的固定资产装修费用是否在两次装修期间与固定资产尚可使用年限两者中较短的期间内，采用合理的方法单独计提折旧，并在下次装修时将该项固定资产装修余额一次全部计入当期营业外支出。

(5) 对融资租入固定资产发生的、按规定可予以资本化的固定资产装修费用，是否在两次装修期间、剩余租赁期与固定资产尚可使用年限三者中较短的期间内，采用合理的方法单独计提折旧。

(6) 对采用经营租赁方式租入的固定资产发生的改良支出，应计入长期待摊费用，采用合理的方法进行摊销。

(7) 未使用、不需用和闲置的固定资产是否按规定计提折旧。

(8) 持有待售的固定资产是否停止计提折旧。

注意固定资产增减变动时，有关折旧的会计处理是否符合规定，查明通过更新改造、接受捐赠或融资租入而增加的固定资产的折旧费用计算是否正确。

(四)执行分析程序

将"累计折旧"账户贷方的本期计提折旧额与相应的成本费用中的折旧费用明细账户的借方相比较，检查本期所计提折旧金额是否已全部摊入本期产品成本或费用。

(五)检查累计折旧的披露是否恰当

如果被审计单位是上市公司，通常应在其财务报表附注中按固定资产类别分项列示累计折旧期初余额、本期计提额、本期减少额及期末余额。

【案例解析】

(1) 梁喜才等人通过以不合理的价格采购及虚假采购等手段进行利益输送，通过虚假开票入账的方式，套取建华医院大量资金；涉嫌侵占上市公司资产，背信损害上市公司利益。损坏了投资者利益、破坏了公司的长远发展。

(2) 注册会计师了解该公司的内部控制，若内部控制较好执行，则进行控制测试，执行实质性程序。对采购的全过程进行全方位监督，检查采购计划进行审计，审查合同的内容和交货期执行情况，是否做好物资到货验收工作和原始记录，是否严格按合同规定付款。审查物资验收工作执行情况，是否对物资进货、入库、发放过程进行验收控制。对不合格控制执行情况审计，审查是否对发现的不合格及时记录。还应重视对合同履行违约纠纷处理的审计等。

项目小结

采购与付款循环是企业经营业务中的采购交易和付款业务。其主要业务活动有请购商品与劳务；编制订购单；验收商品；储存已验收的商品；编制付款凭单；确认与记录负债；

付款；记录货币资金支付。对本循环相关的固定资产及其累计折旧、应付账款等项目，有针对地确定审计目标，采用检查、询问、函证、重新计算、重新执行和分析程序等方法，实施实质性程序，验证其记录是否真实、完整，金额是否正确并在财务报表上恰当列报。

该循环的内部控制包括适当的职责分离；恰当的授权审批；充分的凭证和记录；凭证的预先编号；内部的核查程序。

项目强化训练

一、单项选择题

1. 在采购与付款循环的审计中，对于请购单处理正确的有(　　)。
   A. 每张请购单必须经过对这类支出预算负责的主管人员签字批准
   B. 大多数企业对正常经营所需物资的购买均作特别授权
   C. 租赁合同与资本支出，通常不要求作特别授权
   D. 请购单只能由仓库负责人填写

2. 企业验收商品时，首先应将所收商品与(　　)相核对。
   A. 订购单的要求　　　　　　　　B. 验收单的记录
   C. 付款单的金额　　　　　　　　C. 卖方发票的数量

3. 以下审计程序最能证实固定资产的存在认定的是(　　)。
   A. 以固定资产明细分类账为起点，追查至采购合同和发展
   B. 以固定资产实物为起点，追查至固定资产明细分类账
   C. 以固定资产明细分类账为起点，追查至固定资产实物
   D. 获取或编制固定资产明细表，复核加计是否正确

4. 下列说法中错误的是(　　)。
   A. 任何情况下，都不需要对被审计单位的应付账款进行函证
   B. 注册会计师可以将期末应付账款余额与期初余额进行比较，分析波动原因
   C. 对于应付账款来说，在资产负债表日金额不大，甚至为零，但为企业重要供货人的债权人(发生额较大)应作为重要函证对象
   D. 注册会计师可以结合存货监盘程序，检查被审计单位在资产负债日前后的存货入库资料，检查是否有大额料单应到未到的情况，确认相关负债是否计入了正确的会计期间

5. 对于应付账款项目，注册会计师常常将检查有无未入账的业务作为重要的审计目标。在以下程序中，难以实现这一目标的程序是(　　)。
   A. 结合存货监盘，检查在资产负债表日是否存在有材料入库凭证，但未收到购货发票的经济业务
   B. 检查资产负债表日后收到的购货发票，关注购货发票的日期
   C. 检查资产负债表日前应付账款明细账及现金、银行存款日记账
   D. 检查资产负债表日后应付账款贷方发生额的相应凭证

6. 以下程序中，属于测试采购交易与付款交易内部控制"存在性"目标的常用控制测试程序的是(　　)。

A. 检查企业验收单是否有缺号　　　B. 检查付款凭单是否附有卖方发票

C. 检查卖方发票连续编号的完整性　D. 审核采购价格和折扣的标志

7. 在购货业务中，采购部门在收到请购单后，只能对经过批准的请购单发出订购单。订购单一般为一式四联，其副联无须送交(　　)。

A. 编制请购单的部门　　　　　　　B. 验收部门

C. 应付凭单部门　　　　　　　　　D. 供应商

8. 一般而言，对凭证进行连续编号是被审计单位购货业务的一项重要的内部控制措施。但对于部门较多的被审计单位，一般并不对(　　)进行连续编号。

A. 请购单　　　　B. 订购单　　　　C. 验收单　　　　D. 付款单

9. 对固定资产审计实施实地检查审计人员的重点是(　　)固定资产。

A. 本期新增加的　　B. 本期减少的　　C. 计提折旧的　　D. 正在使用的

10. 固定资产审计目标一般不包括(　　)。

A. 固定资产是否存在　　　　　　　B. 固定资产是否归被审计单位所有

C. 固定资产的预算是否合理　　　　D. 固定资产的期末余额是否正确

二、多项选择题

1. 下列选项中，属于与固定资产内部控制相关的制度有(　　)。

A. 固定资产预算制度

B. 账簿记录与职责分工制度

C. 资本性支出与收益性支出的区分制度

D. 固定资产处置、定期盘点和维护保养制度

2. 以下程序中，属于测试采购与付款循环中内部控制"完整性"目标的常用控制测试程序的有(　　)。

A. 检查企业验收单是否有缺号　　　B. 检查卖方发票连续编号的完整性

C. 检查付款凭单是否附有卖方发票　D. 审核采购价格和折扣的标志

3. 在采购与付款循环中，如果以支票为结算方式，则以下对编制和签署支票的有关控制中正确的有(　　)。

A. 支票签署人不应签发无记名甚至空白的支票

B. 支票无须连续编号

C. 应由被授权的财务部门的人员负责签署支票

D. 支票一经签署，就应在其凭单和支持性凭证上用加盖印戳或打洞等方式将其注销，以免重复付款

4. 注册会计师对固定资产取得和处置实施控制测试的重点包括(　　)。

A. 审查固定资产的取得是否与预算相符，有无重大差异

B. 审查固定资产的取得和处置是否经过授权批准

C. 审查是否正确划分资本性支出和收益性支出

D. 审查与固定资产取得和处置相关的项目，如应付账款、银行存款、固定资产清理和营业外收支等的会计记录的适当性

5. 被审计单位采购与付款循环中涉及的主要业务活动包括(　　)。

A. 处理请购单　　　B. 验收商品　　　C. 确认债务　　　D. 处理和记录现金支出

三、判断题(正确的在括号内打"√",错误打"×")

1. 一般情况下,应付账款不需要函证,其主要原因是注册会计师能够取得购货发票等外部凭证来证实应付账款的余额。　　　　　　　　　　　　　　　　　　(　　)

2. 实施实地观察审计程序时,注册会计师可以以固定资产明细账为起点,进行实地追查,以证明会计记录中所列固定资产确实存在,并了解其目前的使用状况;也可以以实地为起点,追查至固定资产明细分类账,以获取实际存在的固定资产均已入账的证据。(　　)

3. 如果注册会计师通过实施审计程序发现被审计单位确实存在未入账应付账款,除了应将有关情况详细记入工作底稿之外,还应根据重要性原则确定是否需要建议被审计单位进行相应的调整。　　　　　　　　　　　　　　　　　　　　　　(　　)

4. 注册会计师应选择金额较大的应付账款进行函证,对那些在资产负债表日金额为零的应付账款则不用进行函证。　　　　　　　　　　　　　　　　　　　(　　)

5. 注册会计师采用分析性程序对被审计单位固定资产进行测试时,不必分析固定资产的构成及其增减变动情况。　　　　　　　　　　　　　　　　　　　(　　)

四、分析题

资料:注册会计师审计A公司2020年度财务报表的"固定资产"和"累计折旧"项目时,发现下列问题。

(1) A公司对设备B采用平均年限法计提折旧。该设备预计可使用年限10年,预计净残值率为5%,公司确定的该设备的年折旧率为10%。

(2) 4月购入设备一台,价值85万元,当月达到预定可使用状态,8月交付使用,A公司从9月起开始计提折旧。

(3) A公司所使用的单冷空调,当年计提折旧仅按实际使用的月份(5至9月)提取。

(4) A公司"生产用固定资产"中有固定资产——A设备已于2020年1月停用,并转入"未使用固定资产"。

要求:针对上述内容,分别指出注册会计师应关注的可能存在或存在的问题。

📹 微课视频

扫一扫,获取本项目相关微课视频。

6.1 采购与付款循环概述

6.2 采购与付款循环的
内部控制及其测试

6.3 应付账款审计

6.4 固定资产审计

项目七

生产与存货循环的审计

【知识目标】

- 了解生产与存货循环的内部控制及控制测试。
- 掌握存货的监盘的主要程序等。
- 掌握存货计价测试。
- 掌握生产成本等账户的审计。

【技能目标】

- 能够进行生产与存货循环的控制测试。
- 能够进行生产与存货循环的实质性程序。

【案例引导】

注册会计师在对榕辉公司 2021 年 12 月 31 日与财务报表相关内部控制了解后，发现榕辉公司存在以下六种可能存在导致错误的问题。

(1) 所有存货都未经认真盘点。

(2) 接近 12 月 31 日完工的产成品可能已入库，但可能未进行相关的会计记录。

(3) 由宏发公司代管的 A 材料可能并不存在。

(4) 盛昌公司存放在榕辉公司仓库的 B 材料可能已计入乙公司的存货项目。

(5) 存货方法已作变更。

(6) 榕辉公司以前年度未曾接受审计。

要求：针对以上六个问题拟定适当的审计程序，并确定可证实的主要认定。

任务一　生产与存货循环概述

一、生产与存货循环的主要业务活动

以制造业为例，生产与存货循环所涉及的主要业务活动包括计划和安排生产；发出原材料；生产产品；储存产成品；发出产成品等。

(一)计划和安排生产

生产计划部门根据顾客订单或者对销售预测和产品需求的分析来决定生产授权。如决定授权生产，即签发预先编号的生产通知单。该部门通常应将发出的所有生产通知单编号并加以记录控制。此外，生产计划部门还需要编制详细的材料需求报告，并进行工时预测和成本预测，编制生产进度计划表。

(二)发出原材料

生产部门由专人负责根据生产的需要填制生产领料单，向仓库部门领取原材料。领料单上必须列示所需的材料数量和种类，以及领料部门的名称。领料单可以一料一单，也可以多料一单，通常需一式三联。仓库发料后，应将其中一联连同材料交给领料部门，其余两联经仓库登记材料明细账后，送会计部门进行材料收发核算和成本核算。

(三)生产产品

生产部门投入必要的人力、物力，执行生产任务。在完成生产任务后，应将完成的产品交检验员验收并办理入库手续；或是将所完成的产品移交下一个部门，做进一步加工。

(四)核算产品成本

为了正确核算并有效控制产品成本，必须建立健全成本会计制度，将生产控制和成本核算有机结合在一起。完善的成本会计制度应该提供原材料转为在产品，在产品转为产成品，以及按成本中心、分批次生产任务通知单或生产周期所消耗的材料、人工和间接费用分配与归集的详细资料。

(五)储存产成品

产成品入库，必须由仓库部门先行点验和检查，然后签收。签收后，将实际入库数量通知会计部门。据此，仓库部门确立了本身应承担的责任，并对验收部门的工作进行验证。除此之外，仓库部门还应根据产成品的品质特征分类存放，并填制标签。在内部控制良好的企业，产成品的置放应有独立的空间，并有接触限制。对产成品的控制经常被认为是销售和收款循环的一部分。

(六)发出产成品

发出产成品也是销售和收款循环的一部分。产成品的发出必须由独立的发运部门完成。装运产成品时必须持有经有关部门核准的发运通知单，并据此编制出库单。出库单至少一式四联，一联交仓库部门；一联发运部门留存；一联送交顾客；一联作为给顾客开发票的依据。

二、生产与存货循环涉及的主要凭证与会计记录

从前面对生产与存货循环各个业务环节的介绍可以看出，典型的生产与存货循环所涉及的主要凭证和会计记录如表 7-1 所示。

表 7-1 生产与存货循环涉及的主要凭证与会计记录

业务活动	涉及的主要凭证和会计记录
计划和安排生产	生产任务通知单
发出原材料	领发料凭证、有关记账凭证、相关总账及明细账
生产产品	材料费用分配表、制造费用分配汇总表、成本计算单、有关记账凭证、相关总账及明细账
储存产成品	入库单、有关记账凭证、相关总账及明细账
发出产成品	出库单、有关记账凭证、相关总账及明细账

任务二 生产与存货循环的内部控制及其测试

一、生产与存货循环的内部控制

总体上看，生产与存货循环的内部控制主要包括存货的内部控制和成本会计制度的内部控制两项内容。但一方面，由于生产与存货循环以及与其他业务循环的内在联系，生产与存货循环中某些审计测试，特别是对存货的审计测试，与其他相关业务循环的审计测试同时进行将更为有效。例如，原材料的取得和记录是作为采购与付款循环审计的一部分进行测试的，而装运产成品和记录营业收入与成本则是作为销售与收款循环审计的一部分进行测试的。另一方面，尽管不同的企业对其存货可能采取不同的内部控制，但从根本上说，

高职高专互联网＋新形态教材·财会系列

均可概括为存货的数量和计价两个关键因素的控制，而且这两个因素的控制也需通过成本会计制度控制来完成，所以，在本任务中我们将主要集中阐述成本会计制度控制。

成本会计制度的内部控制目标、关键内部控制和审计测试的关系，见表7-2。

表7-2 成本会计制度的内部控制目标、关键内部控制和审计测试一览表

内部控制目标	关键内部控制	常用的控制测试	常用的实质性程序
生产业务是根据管理层一般或特定的授权进行的(发生)	对以下三个关键点，应履行恰当手续，经过特别审批或一般审批：1.生产指令的授权批准；2.领料单的授权批准；3.工薪的授权批准	检查凭证中是否包括这三个关键点的恰当审批	检查生产指令、领料单、工薪批准等是否经过授权
记录的成本为实际发生的而非虚构的(发生)	成本的核算是以经过审核的生产通知单、领发料凭证、产量和工时记录、工薪费用分配表、材料费用分配表、制造费用分配表为依据的	检查有关成本的记账凭证是否附有生产通知单、领发料凭证、产量和工时记录、工薪费用分配表、材料费用分配表、制造费用分配表等，原始凭证的顺序编号是否完整	对成本实施分析程序；将成本明细账与生产通知单、领发料凭证、产量和工时记录、工薪费用分配表、材料费用分配表，制造费用分配表相核对
所有耗费和物化劳动均已反映在成本中(完整性)	生产通知单、领发料凭证、产量和工时记录、工薪费用分配表、材料费用分配表、制造费用分配表均应事先编号并已经登记入账	检查生产通知单、领发料凭证、产量和工时记录、工薪费用分配表、材料费用分配表、制造费用分配表的顺序编号是否完整	对成本实施分析程序；将生产通知单、领发料凭证、产量和工时记录、工薪费用分配表、材料费用分配表、制造费用分配表与成本明细账相核对
成本以正确的金额，在恰当的会计期间及时记录于适当的账户(发生、完整性、准确性、计价和分摊)	采用适当的成本核算方法，并且前后各期一致；采用适当的费用分配方法，并且前后各期一致；采用适当的成本核算流程和账务处理流程；内部核查	选取样本测试各种费用的归集和分配以及成本的计算；测试是否按照规定的成本核算流程和账务处理流程进行核算和账务处理	对成本实施分析程序；抽查成本计算单，检查各种费用的归集和分配以及成本的计算是否正确；对重大在产品项目进行计价测试
对存货实施保护措施、保管人员与记录、批准人员相互独立(存在、完整性)	存货保管人员与记录人员职务相分离	询问和观察存货与记录的接触控制以及相应的批准程序	
账面存货与实际存货定期核对相符(存在、完整性、计价和分摊)	定期进行存货盘点	询问和观察存货盘点程序	对存货实施监盘程序

二、生产与存货循环的控制测试

在本任务前面部分，我们提供了表 7-2"成本会计制度的内部控制目标、关键内部控制和审计测试一览表"，以内部控制目标和相关认定为起点，列示了相应的关键内部控制和常用的控制测试程序。由于表 7-2 列示的常用的控制测试程序比较清晰，无须逐一解释，因此，下面对实施生产与存货交易的控制测试时应当注意的一些内容展开讨论，并对成本会计制度的控制测试单独进行讨论。

(1) 注册会计师应当通过控制测试获取支持将被审计单位的控制风险评价为中或低的证据。如果能够获取这些证据，注册会计师就可以接受较高的检查风险，并在很大程度上可以通过实施实质性分析程序获取进一步的审计证据，同时减少对生产与存货交易和营业成本、存货等相关项目的细节测试的依赖。

(2) 对于计划和安排生产这项主要业务活动，有些被审计单位内部控制要求，根据经审批的月度生产计划书，由生产计划经理签发预先按顺序编号的生产通知单。对此，注册会计师在实施控制测试时，应抽取生产通知单检查是否与月度生产计划书中内容一致。

(3) 对于发出原材料这项业务活动，有些被审计单位对内部控制要求：①仓库管理员应把领料单编号、领用数量、规格等信息输入计算机系统，经仓储经理复核并以电子签名方式确认后，系统自动更新材料明细台账；②原材料仓库分别于每月、每季和年度终了，对原材料存货进行盘点，会计部门对盘点结果进行复盘。由仓库管理员编写原材料盘点明细表，发现差异及时处理，经仓储经理、财务经理和生产经理复核后调整入账。相应地，注册会计师在实施控制测试时应当：①抽取出库单及相关领料单，检查是否正确输入并经适当层次复核；②抽取原材料盘点明细表并检查是否经适当层次复核，有关差异是否得到处理。

(4) 对于生产产品和核算成本这两项主要业务活动，有些被审计单位内部控制要求：①生产成本记账员应根据原材料出库单，编制原材料领用凭证，与计算机系统自动生成的生产记录日报表核对材料耗用和流转信息；由会计主管审核无误后，生成记账凭证并过账至生产成本及原材料明细账和总分类账。②每月末，由生产车间与仓库核对原材料、半成品、产成品的转出和转入记录，如有差异，仓库管理员应编制差异分析报告，经仓储经理和生产经理签字确认后交会计部门进行调整。③每月末，由计算机系统对生产成本中各项组成部分进行归集，按照预设的分摊公式和方法，自动将当月发生的生产成本在完工产品和在产品中按比例分配；此外，还应将完工产品成本在各个不同产品类别中分配，由此生成产品成本计算表和生产成本分配表；由生产成本记账员编制生产成本结转凭证，经会计主管审核批准后进行账务处理。相应地，注册会计师在实施控制测试时应当：①抽取原材料领用凭证，检查是否与生产记录日报表一致，是否经适当审核，如有差异是否及时处理；②抽取核对记录，检查差异是否得到处理；③抽取生产成本结转凭证，检查与支持性文件是否一致并经适当复核。当然，必要时应当考虑利用计算机专家进行复核。

(5) 对于储存产成品和发出产成品这两项主要业务活动，有些被审计单位内部控制要求：①产成品入库时，质量检查员应检查并签发预先按顺序编号的产成品验收单，由生产小组将产成品送交仓库。仓库管理员应检查产成品验收单，并清点产成品数量，填写预先

高职高专互联网＋新形态教材·财会系列

顺序编号的产成品入库单经质检经理、生产经理和仓储经理签字确认后，由仓库管理员将产成品入库单信息输入计算机系统，计算机系统自动更新产成品明细台账并与采购订单编号核对。②产成品出库时，由仓库管理员填写预先顺序编号的出库单，并将产成品出库单信息输入计算机系统，经仓储经理复核并以电子签名方式确认后，计算机系统自动更新产成品明细台账并与发运通知单编号核对。③产成品装运发出前，由运输经理独立检查出库单、销售订购单和发运通知单，确认从仓库提取的商品附有经批准的销售订购单，并且所提取商品的内容与销售订购单一致。④每月末，生产成本记账员根据计算机系统内状态为"已处理"的订购单数量，编制销售成本结转凭证，结转相应的销售成本，经会计主管审核批准后进行账务处理。⑤产成品仓库分别于每月、每季和年终，对产成品存货进行盘点，由会计部门对盘点结果进行复盘。仓库管理员应编写产成品存货盘点明细表，发现差异及时处理，经仓储经理、财务经理和生产经理复核后调整入账。相应地，注册会计师在实施控制测试时应当：①抽取产成品验收单、产成品入库单并检查输入信息是否准确；②抽取发运通知单、出库单并检查是否一致；③抽取发运单和相关销售订购单，检查内容是否一致；④抽取销售成本结转凭证，检查其与支持性文件是否一致并适当复核；⑤抽取产成品存货盘点报告并检查是否经适当层次复核，有关差异是否得到处理。

(6) 成本会计制度的测试，包括直接材料成本测试、直接人工成本控制测试、制造费用测试和生产成本在当期完工产品与在产品之间分配的测试四项内容。

第一，直接材料成本控制测试。对采用定额单耗的企业，可选择并获取某一成本报告期若干种具有代表性的产品成本计算单，获取样本的生产指令或产量统计记录及其直接材料单位消耗定额，根据材料明细账或采购业务测试工作底稿中各该直接材料的单位实际成本，计算直接材料的总消耗量和总成本，与该样本成本计算单中的直接材料成本核对，并注意下列事项：生产指令是否经过授权批准；单位消耗定额和材料成本计价方法是否适当，在当年度有何重大变更。对采用标准成本法的企业，获取样本的生产指令或产量统计记录、直接材料单位标准用量、直接材料标准单价及发出材料汇总表或领料单，应检查下列事项：根据生产量、直接材料单位标准用量和标准单价计算的标准成本与成本计算单中的直接材料成本核对是否相符；直接材料成本差异的计算与账务处理是否正确，并注意直接材料的标准成本在当年度内有何重大变更。

第二，直接人工成本控制测试。以采用计时工资制的企业为例，获取样本的实际工时统计记录、职员分类表和职员工薪手册(工资率)及人工费用分配汇总表，做如下检查：成本计算单中直接人工成本与人工费用分配汇总表中该样本的直接人工费用核对是否相符；样本的实际工时统计记录与人工费用分配汇总表中该样本的实际工时核对是否相符；抽取生产部门若干天的工时台账与实际工时统计记录核对是否相符；当没有实际工时统计记录时，则可根据职员分类表及职员工薪手册中的工资率，计算复核人工费用分配汇总表中该样本的直接人工费用是否合理。

第三，制造费用控制测试。获取样本的制造费用分配汇总表、按项目分列的制造费用明细账、与制造费用分配标准有关的统计报告及其相关原始记录，做如下检查：制造费用分配汇总表中，样本分担的制造费用与成本计算单中的制造费用核对是否相符；制造费用分配汇总表中的合计数与样本所属成本报告期的制造费用明细账总计数核对是否相符；制造费用分配汇总表选择的分配标准(机器工时数、直接人工工资、直接人工工时数、产量等)

与相关的统计报告或原始记录核对是否相符，并对费用分配标准的合理性作出评估。如果企业采用预计费用分配率分配制造费用，则应针对制造费用分配过多或过少的差额，检查其是否做了适当的账务处理；如果企业采用标准成本法，则应检查样本中标准制造费用的确定是否合理，计入成本计算单的数额是否正确，制造费用差异的计算与账务处理是否正确，并注意标准制造费用在当年度内有何重大变更。

第四，生产成本在当期完工产品与在产品之间分配的控制测试。检查成本计算单中在产品数量与生产统计报告或在产品盘存表中的数量是否一致；检查在产品约当产量计算或其他分配标准是否合理；计算、复核样本的总成本和单位成本，最终对当年采用的成本会计制度作出评估。

任务三　存　货　审　计

一、存货的审计目标

(1) 确定资产负债表中记录的存货是否存在(存在认定)。

(2) 确定所有应当记录的存货是否均已记录(完整性认定)。

(3) 确定存货是否由被审计单位拥有或控制(权利和义务认定)。

(4) 确定存货是否以恰当的金额包括在财务报表中，与之相关的计价调整是否已恰当记录(存货的计价是否恰当，存货跌价准备的计提是否合理)(计价和分摊认定)。

(5) 确定存货、存货跌价准备是否已按照企业会计准则的规定在财务报表中做出恰当列报。

"审计目标与认定对应关系表"(见表 7-3)列示了存货的认定与审计目标的内在关系。

表 7-3　审计目标与认定对应关系表

审计目标	财务报表认定				
	存在	完整性	权利和义务	计价和分摊	列报
A. 资产负债表中记录的存货是存在的	√				
B. 所有应当记录的存货均已记录		√			
C. 记录的存货由被审计单位拥有或控制			√		
D. 存货以恰当的金额包括在财务报表中，与之相关的计价调整已恰当记录				√	
E. 存货已按照企业会计准则的规定在财务报表中作出恰当列报					√

二、存货的一般审计程序

(一)获取或编制存货年末余额明细表

注册会计师首先应获取或编制存货及跌价准备明细表，复核加计是否正确，并与报表数、总账余额与明细账余额合计数核对相符。如果不相符，应查明原因，并作出记录和相应调整。

(二)对存货实施实质性分析程序

存货的实质性程序一般包括以下所述各项。

(1) 比较前后各期及本年度各个月份存货余额及其构成,以评价期末存货余额及其构成的总体合理性。

(2) 比较前后各期及本年度内各个月份生产成本总额以及直接材料成本、直接工资费用和制造费用,以评价本期生产成本、直接材料成本、工资费用和制造费用的总体合理性。

(3) 比较前后各期及本年度内各个月份主营业务成本总额及单位销售成本,以评价主营业务成本的总体合理性。

(4) 将与关联企业发生存货交易的频率、规模、价格和账款结算条件,与非关联企业对比,判断是否利用与关联企业的存货交易虚构业务交易、调节利润。

三、存货的监盘

存货监盘是指注册会计师现场观察被审计单位存货的盘点,并对已盘点的存货进行适当检查。对存货进行监盘是存货审计必不可少的一项审计程序。 存货监盘针对的主要是存货的存在认定、完整性认定以及权利和义务的认定。 注册会计师监盘存货的目的在于获取有关存货数量和状况的审计证据,以确认被审计单位记录的所有存货确实存在并属于被审计单位的合法财产。

(一)制订存货监盘计划

注册会计师应当根据被审计单位存货的特点、盘存制度和存货内部控制的有效性等情况,在评价被审计单位存货盘点计划的基础上,编制存货监盘计划,对存货监盘作出合理安排。存货监盘计划的主要内容如下所述。

1. 存货监盘的目标

存货监盘的目标是获取被审计单位资产负债表日有关存货数量和状况的审计证据,检查存货的数量是否真实完整,是否归属被审计单位,存货有无毁损、陈旧、过时、残次和短缺等状况。

2. 存货监盘的范围

存货监盘范围的大小取决于存货的内容、性质以及与存货相关的内部控制的完善程度和重大错报风险的评估结果。对存放于外单位的存货,应当考虑实施适当的替代程序,以获取充分、适当的审计证据。

3. 存货监盘的时间

存货监盘的时间,包括实地察看盘点现场的时间、观察存货盘点的时间和对已盘点存货实施检查的时间等,应当与被审计单位实施存货盘点的时间相协调。

4. 存货监盘的要点

存货监盘的要点主要包括注册会计师实施存货监盘程序的方法和步骤,各个环节应注意的问题以及所要解决的问题。注册会计师需要重点关注的事项包括盘点期间的存货移动、存货的状况、存货的截止确认、存货的各个存放地点及金额等。

5. 存货监盘的人员组成

注册会计师应当根据被审计单位参加存货盘点人员分工、分组情况，存货监盘工作量的大小和人员素质情况，确定参加存货监盘人员的组成以及各组成人员的职责和具体的分工，并加强督导。

6. 检查存货的范围

注册会计师应当根据被审计单位存货盘点和被审计单位内部控制的评价结果确定存货的范围。在实施观察程序后，如果认为被审计单位内部控制设计良好且得到有效实施，存货盘点组织良好，可以相应缩小实施检查程序的范围。

(二)存货监盘的主要程序

1. 评价管理层用以记录和控制存货盘点结果的指令和程序

(1) 适当控制活动的运用。

(2) 准确认定在产品的完工程序、流动缓慢、过时或毁损的存货项目，以及第三方拥有的存货。

(3) 估计存货数量。

(4) 对存货不同地点之间的移动以及截止日期后出入库的控制。

2. 观察管理层制定的盘点程序的执行情况

(1) 在被审计单位盘点存货前，注册会计师应当观察盘点现场，确定应纳入盘点范围的存货是否已经适当整理和排列，并附有盘点标识，防止遗漏或重复盘点。对未纳入盘点范围的存货，注册会计师应当查明未纳入的原因。

(2) 对所有权不属于被审计单位的存货，注册会计师应当取得其规格、数量等有关资料。确定是否已分别存放、标明，且未被纳入盘点范围。在存货监盘过程中，注册会计师应当根据取得的所有权不属于被审计单位的存货的有关资料，观察这些存货的实际存放情况，确保其未被纳入盘点范围，即使在被审计单位声明不存在受托代存存货的情形下，注册会计师在存货监盘时也应当关注是否存在某些存货不属于被审计单位的迹象，以避免盘点范围不当。

(3) 注册会计师在实施存货监盘过程中，应当跟随被审计单位安排的存货盘点人员，注意观察被审计单位事先制订的存货盘点计划是否得到了贯彻执行，盘点人员是否准确无误地记录了被盘点存货的真实数量和状况。

3. 检查存货

(1) 注册会计师应当对已盘点的存货进行适当检查，将检查结果与被审计单位盘点记录相核对，并形成相应的记录。检查的目的既可以是为了确证被审计单位的监盘计划得到适当的执行(控制测试)，也可以是为了证实被审计单位的存货实物总额(实质性程序)。

(2) 检查的范围通常包括每个盘点小组盘点的存货以及难以盘点或隐蔽性较强的

存货。

4. 执行抽盘

(1) 在检查已盘点的存货时，注册会计师应当从存货盘点记录中选取项目追查至存货实物，以测试盘点记录的准确性；注册会计师还应当从存货实物中选取项目追查至存货盘点记录，以测试存货盘点记录的完整性。注册会计师应尽可能避免让被审计单位事先了解将抽盘的存货项目。

(2) 注册会计师在实施检查程序时如果发现差异，很可能表明被审计单位的存货盘点在准确性或完整性方面存在错误。由于检查的内容通常仅仅是已盘点存货中一部分，所以在检查中发现的错误很可能意味着被审计单位的存货盘点还存在着其他错误。一方面，注册会计师应当查明原因，并及时提请被审计单位更正；另一方面，注册会计师应当考虑错误的潜在范围和严重程度，在可能的情况下，扩大检查范围以减少错误的发生。注册会计师还要要求被审计单位重新盘点。重新盘点的范围可限于某一特殊领域的存货或特定的盘点小组。

5. 存货监盘过程中应特别关注的问题

(1) 存货的移动情况。存货盘点时被审计单位的生产经营活动仍将持续，这就意味着会有货物的移动，如果不对这部分存货给予特别关注，可能就会出现遗漏或重复盘点的问题。

(2) 存货的状况。注册会计师应注意观察被审计单位是否已经恰当区分所有毁损、陈旧、过时及残次的存货，同时要将这些存货的详细情况记录下来，以便于进一步追查这些存货的处置情况，也能为测试被审计单位存货跌价准备计提的准确性提供证据。

(3) 存货的截止。注册会计师应当获取盘点日前后存货收发及移动的凭证，检查库存记录与会计记录期末截止是否正确。

(4) 对特殊类型存货的监盘。对某些特殊类型的存货而言，被审计单位通常使用的盘点方法和控制程序并不完全适用。表7-4列举了针对不同特殊存货的类型通常采用的盘点方法与存在的潜在问题，以及可供注册会计师实施的监盘程序。

表 7-4　特殊类型存货的监盘程序

存货类型	盘点方法与潜在问题	可供实施的监盘程序
木材、钢筋柱条、管子	通常无标签，但在盘点时会做上标记或用粉笔标识；难以确定存货的数量或等级	检查标记或标识；利用专家或被审计单位内部有经验人员开展工作
堆积型存货(如糖、煤、钢废料)	通常既无标签也不做标记，在估计存货数量时存在困难	运用工程估测、几何计算、高空勘测，并依据详细的存货记录；如果堆场中的存货堆不高，可进行实地监盘，或通过旋转存货堆加以估计
使用磅秤测量的存货	在估计存货数量时存在困难	在监盘前和监盘过程中均应检验磅秤的精准度，并留意磅秤的位置移动与重新调校程序；将检查和重新称量程序结合，检查称量尺度的换算问题

存货类型	盘点方法与潜在问题	可供实施的监盘程序
散装物品(如贮窖存货,使用桶、罐、槽等容器储存的液体、气体、谷类粮食、流体存货等)	在盘点时通常难以识别和确定,在估计存货数量及质量时存在困难	使用容器进行监盘或通过预先编号的清单列表加以确定;使用浸蘸、测量棒、工程报告以及依赖永续存货记录;选择样品化验与分析,或利用专家的工作
贵金属、石油、艺术品及收藏品	在存货辨认与质量确定方面存在困难	选择样品化验与分析,或利用专家对其进行化验与分析
生产纸浆用木材、牲畜	在存货辨认与数量确定方面存在困难,可能无法对此类存货和移动实施控制	通过高空摄影以确定其存在性,对不同时点的数量进行比较,并依赖永续存货记录

(5) 存货监盘结束时的工作。在被审计单位存货盘点结束前,注册会计师应当根据自己在存货监盘过程中获取的信息对被审计单位最终的存货盘点结果汇总记录进行复核,并评估其是否正确地反映了实际盘点结果。同时,注册会计师还应该注意下述两个问题。

①　再次观察盘点现场,以确定所有应纳入盘点范围的存货是否均已盘点。

②　取得并检查已使用、作废及未使用盘点表单的号码记录,确定其是否连续编号,查明已发放的表单是否均已收回,并与存货盘点的汇总记录进行核对。

(三)特殊情况的处理

1. 在存货盘点现场实施存货监盘不可行

如果由于被审计单位存货的性质或位置等原因导致无法实施存货监盘,注册会计师应当考虑实施替代审计程序,以获取有关期末存货数量和状况的充分、适当的审计证据。

注册会计师实施的替代审计程序主要包括检查进货交易凭证或生产记录以及其他相关资料,检查资产负债表日后发生的销货交易凭证,向顾客或供应商发出函证。

如果注册会计师不能实施替代审计程序,或者实施替代审计程序不能获取充分、适当的审计证据,就应当考虑发表非无保留意见。

2. 因不可预见的因素导致无法在存货盘点现场实施存货监盘

如果因不可预见的因素导致无法在预定日期实施存货监盘,注册会计师应当另择日期重新监盘;同时对该期间发生的存货交易实施审计程序,以获取有关期末存货数量和状况的充分、适当的审计证据。

3. 由第三方保管或控制的存货

如果由第三方保管或控制的存货,如:委托其他单位保管的存货或已作质押的存货,对被审计单位财务报表是重要的,注册会计师应当实施下列审计程序。

(1) 向保管人或债权人函证。

(2) 安排其他注册会计师实施存货监盘或利用其他注册会计师出具的报告。

(3) 检查与第三方持有存货相关的文件、记录。

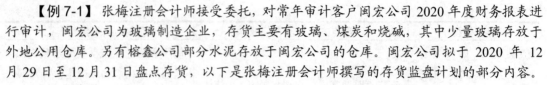

【例7-1】 张梅注册会计师接受委托，对常年审计客户闽宏公司2020年度财务报表进行审计，闽宏公司为玻璃制造企业，存货主要有玻璃、煤炭和烧碱，其中少量玻璃存放于外地公用仓库。另有榕鑫公司部分水泥存放于闽宏公司的仓库。闽宏公司拟于2020年12月29日至12月31日盘点存货，以下是张梅注册会计师撰写的存货监盘计划的部分内容。

存货监盘计划：

(1) 存货监盘的目标。检查闽宏公司2020年12月31日存货数量是否真实完整。

(2) 存货监盘范围。2020年12月31日库存的所有存货，包括玻璃、煤炭、烧碱和水泥。

(3) 监盘时间。存货的观察与检查时间均为2020年12月31日。

(4) 存货监盘的主要程序。①与管理层讨论存货监盘计划；②闽宏公司盘点人员是否按照盘点计划盘点；③检查相关凭证以证实盘点截止日前所有已确认为销售但尚未装运出库的存货均已纳入盘点范围；④对于存放在外地公用仓库的玻璃，主要实施检查货运文件、出库记录等替代程序。

要求：

(1) 请指出存货监盘计划的目标、范围和时间所存在的错误，并简要说明理由。

(2) 请判断存货监盘计划所列示的主要程序是否恰当，若不恰当请予以修改。

分析：

(1) 存货监盘的目标不正确，应该是获取闽宏公司2020年12月31日有关存货数量和状况的审计证据，检查存货的数量是否真实完整，是否归属被审计单位，有无毁损、陈旧、残次和短缺等现象。

存货监盘的范围不正确，应该是2020年12月31日库存的玻璃、煤炭和烧碱，但是不应该包括其他公司存放在本公司的水泥。

存货监盘的时间不正确，存货监盘的时间应该包括实地察看盘点现场的时间、观察存货盘点的时间和对已盘点存货实施检查的时间等，应当与被审计单位实施存货盘点的时间相协调，所以应该是2020年12月29日至12月31日。

(2) 存货监盘计划所列示的主要程序中：①"与管理层讨论存货监盘计划"不恰当，应与被审计单位管理层讨论其存货盘点计划；②"观察闽宏公司盘点人员是否按照盘点计划盘点"是恰当的；③"检查相关凭证以证实盘点截止日前所有已确认为销售但尚未装运出库的存货均已纳入盘点范围"不恰当，应该是检查所有在截止日以前装运出库的存货项目是否均未包括在盘点范围内，且未包括在截止日的存货账面余额中；④"对于存放在外地公用仓库的玻璃，主要实施检查货运文件、出库记录等替代程序"是不恰当的，应该主要采用函证方式查验。

四、存货计价测试

监盘程序主要是对存货的结存数量予以确认。为验证财务报表上存货余额的真实性，还必须对存货的计价进行测试。存货计价测试包括项内容：一是被审计单位所使用的存货单位成本是否正确，二是是否恰当计提了存货跌价准备。

(一)计价测试的目的

对存货进行计价测试，其主要目的是为了验证存货的金额是否正确，是对计价与分摊这一具体审计目标的认定。

(二)样本的选择

计价测试的样本,应从存货数量盘点、单价和总金额已经计入存货汇总表的结存存货中进行选择。在选择样本时应注意的影响因素有两个。

(1) 结存余额较大的存货类型。

(2) 价格变化比较频繁的存货类型。

(三)计价方法的合理性审查

存货的计价方法多种多样,被审计单位应结合企业会计准则的基本要求选择符合自身特点的方法。常用的存货计价方法包括实际成本法和计划成本法。其中,实际成本法又可分为个别计价法、先进选出法、月末一次加权平均法和移动加权平均法。注册会计师除了应了解被审计单位的存货计价方法外,还应对这种计价方法的合理性与可比性予以关注,没有足够理由,计价方法不得随意变更。

(四)存货成本测试

1. 存货单位成本测试

(1) 直接材料成本测试。

(2) 直接人工成本测试。

(3) 制造费用测试。

(4) 生产成本在完工产品与在产品之间分配的测试。

2. 存货跌价损失准备测试

(1) 识别需要计提跌价损失准备的存货项目。

(2) 检查可变现净值的计量是否合理。

【例7-2】某企业12月将甲材料发出的计价方法,由加权平均法改为后进先出法,据以确定的计入生产成本的材料费用为11 000元。已知该企业期初无在产品,期末在产品200件,当月完工交库800件,当月所销400件全部为本月所产。该企业在生产开始时一次投料。有关甲材料收发的资料如下所述。

12月1日	结存	2 000千克	4 000元
12月1日	付出	1 500千克	
12月5日	购入	4 000千克	10 000元
12月10日	付出	2 000千克	
12月25日	付出	1 500千克	
12月27日	购入	2 000千克	6 000元

要求:调整财务报表中的有关项目(只列调整数),并编制调账分录。

分析:该企业随意变更计价方法,违规使用计价方法(我国的企业会计准则规定对存货的发出计价方法不允许采用后进先出法),建议进行审计调整下述各项。

加权平均单价=(4 000+10 000+6 000)÷(2 000+4 000+2 000)=2.5(元/千克)

发出材料成本=(1 500+2 000+1 500)×2.5=12 500

企业少计材料成本=12 500-11 000=1 500(元)

期末在产品调整数：1 500×(200÷1 000)=300(元)

库存商品调整数：1 500×(400÷1 000)=600(元)

主营业务成本(未分配利润)调整数：1 500×(400÷1 000)=600(元)

调账分录：

借：生产成本　　　　　300

　　库存商品　　　　　600

　　未分配利润　　　　600

　　贷：原材料　　　　　1 500

五、存货截止测试

注册会计师应当获取盘点日前后存货收发及移动的凭证，检查库存记录与会计记录期末截止是否正确。注册会计师在对期末存货进行截止测试时，通常应当关注下述各项。

(1) 所有在截止日以前入库的存货项目是否均已包括在盘点范围内，并已反映在截止日以前的会计记录中；任何在截止日以后入库的存货项目是否均未包括在盘点范围内，也未反映在截止日以前的会计记录中。

(2) 所有在截止日以前装运出库的存货项目是否均未包括在盘点范围内，且未包括在截止日的存货账面余额中；任何在截止日以后装运出库的存货项目是否均已包括在盘点范围内，并已包括在截止日的存货账面余额中。

(3) 所有已确认为销售但尚未装运出库的商品是否均未包括在盘点范围内，且未包括在截止日的存货账面余额中。

(4) 所有已记录为购货但尚未入库的存货是否均已包括在盘点范围内，并已反映在会计记录中。

(5) 在途存货和被审计单位直接向顾客发运的存货是否均已得到了适当的会计处理。

(6) 在存货监盘过程中，注册会计师应当获取存货验收入库、装运出库以及内部转移截止等信息，以便将来追查至被审计单位的会计记录。注册会计师通常可观察存货的验收入库地点和装运出库地点以执行截止测试。在存货入库和装运过程中采用连续编号的凭证时，注册会计师应当关注截止日前的最后编号。如果被审计单位没有使用连续编号的凭证，注册会计师应当列出截止日以前的最后几笔装运和入库记录。

【例7-3】注册会计师李红在对宏达公司年终决算报表中的存货项目进行审计时，发现接近结账日时存在下列问题。

(1) 年终存货实地盘点时将其他单位寄存代销的物品误计其中。

(2) 实际有500个单位，年终盘点时误记为50个单位。

(3) 某物品销售时未作销售记录，因其实物尚存在仓库，已将其列入期末存货中。

(4) 某物品销售时未作销售记录，仅仅结转了销售成本。

要求：根据以上资料，逐一分析这些错误对本期财务报表所产生的影响。

分析：

(1) 由于其他单位寄存代销的物品误计入期末存货中，使存货项目高估，本期利润虚增。

(2) 由于盘点时存货少计，影响到存货项目低估和本期利润虚减。

(3) 由于销售时未及时做销售收入和销售成本处理，并将所有权已转移的货物计入期末存货，最终使应收账款项目低估、存货项目高估，销售收入、销售成本和本期利润虚减。

(4) 由于仅仅是结转了销售成本而未记录销售收入，最终导致账款项目低估，销售收入和本期利润虚减。

六、存货跌价准备审计

存货跌价准备的审查主要应关注以下几个方面。

(1) 存货跌价准备的计提依据是否合理。

(2) 存货跌价准备的结转是否经授权批准。

(3) 存货跌价准备的会计处理是否正确，前后期是否一致。

七、检查存货列报的恰当性

注册会计师应当检查存货在财务报表中的列报是否恰当。

根据现行会计准则的规定，企业应当在附注中披露与存货有关的下列信息。

(1) 各类存货的期初和期末账面价值。

(2) 确定发出存货成本所采用的方法。

(3) 存货可变现净值的确定依据，存货跌价准备的计提方法，当期计提的存货跌价准备的金额，当期转回的存货跌价准备的金额，以及计提和转回的有关情况。

(4) 用于担保的存货账面价值。

任务四　营业成本审计

一、营业成本的审计目标

(1) 确定财务报表中记录的营业成本是否已发生，且与被审计单位有关(发生认定)。

(2) 确定已发生的营业成本是否均已记录(完整性认定)。

(3) 确定与营业成本有关的金额及其他数据是否已恰当记录(准确性认定)。

(4) 确定营业成本是否已记录于正确的会计期间(截止认定)。

(5) 确定营业成本是否已记录于恰当的账户(分类认定)。

(6) 确定营业成本是否已按照企业会计准则的规定在财务报表中做出恰当列报。

"审计目标与认定对应关系表"(见表 7-5)列示了营业成本的认定与审计目标的内在关系。

表 7-5　审计目标与认定对应关系表

审计目标	财务报表认定					
	发生	完整性	准确性	截止	分类	列报
A.利润表中记录的营业成本已发生，且与被审计单位有关	√					
B.所有应当记录的营业成本均已记录		√				

审计目标	财务报表认定					
	发生	完整性	准确性	截止	分类	列报
C.与营业成本有关的金额及其他数据已恰当记录			✓			
D.营业成本已记录于正确的会计期间				✓		
E.营业成本已记录于恰当的账户					✓	
F.营业成本已按照企业会计准则的规定在财务报表中作出恰当的列报						✓

二、营业成本主要的实质性程序

(1) 获取或编制主营业务成本汇总明细表，复核加计是否正确，并与报表数、总账数和明细账合计数核对相符。

(2) 复核主营业务成本汇总明细表的正确性，与库存商品等科目钩稽，并编制生产成本与主营业务成本倒轧表(见表7-6)。

表7-6 生产成本与主营业务成本倒轧表

项 目	未审数	调整数	审定数
原材料期初余额			
加：本期购入			
减：原材料期末余额			
其他发出额			
直接材料成本			
加：直接人工			
制造费用			
生产成本			
加：在产品期初余额			
减：在产品期末余额			
产成品成本(本期完工)			
加：产成品期初余额			
减：产成品期末余额			
主营业务成本			

(3) 检查主营业务成本的内容和计算方法是否符合有关规定，前后期是否一致。

(4) 对主营业务成本执行实质性分析程序，检查本期内各月间及前期同一产品的单位成本是否存在异常波动，是否存在调节成本的现象。

(5) 抽取若干月份的主营业务成本结转明细清单，结合生产成本的审计，检查销售成本结转数额的正确性，比较计入主营业务成本的商品品种、规格、数量与计入主营业务收入的口径是否一致，是否符合配比原则。

(6) 检查主营业务成本中重大调整事项(如销售退回)的会计处理是否正确。

(7) 在采用计划成本、定额成本、标准成本或售价核算存货的前提下，检查产品成本差异或商品进销差价的计算、分配和会计处理是否正确。

(8) 确定主营业务成本的披露是否恰当。

【例7-4】注册会计师张梅对闽宏股份有限公司的主营业务成本进行审计。通过审查该公司的主营业务成本明细账，并与有关明细账、总账核对，发现账表之间数字完全相符。有关数据如下所述。

原材料期初余额 10 000 元　　　制造费用 12 000 元

本期购进原材料 25 000 元　　　在产品期初余额 23 000 元

原材料期末余额 8 000 元　　　　在产品期末余额 25 000 元

本期销售材料 3 000 元　　　　　产成品期初余额 40 000 元

直接人工成本 15 000 元　　　　产成品期末余额 38 000 元

该注册会计师通过对有关记账凭证和原始凭证的审计，发现以下问题。

(1) 经过期末在产品的盘点发现，在产品的实际余额为 38 000 元。

(2) 领而未用的原材料计 3 000 元，未做假退料处理。

(3) 将在建工程发生的人工工资计入生产成本 2 000 元。

要求：根据以上资料，请你替注册会计师张梅编制"生产成本与主营业务成本倒扎表"，计算结果并得出审计结论。

分析：注册会计师张梅编制的"生产成本与主营业务成本倒扎表"如表7-7所示。

表 7-7　生产成本与主营业务成本倒扎表

单位：元

项　　目	未审数	调整或重分类分录(借或贷)	审定数
原材料期初余额	10 000		10 000
加：本期购进原材料	25 000		25 000
减：原材料期末余额	8 000	借 3 000	11 000
本期销售材料	3 000		3 000
直接材料成本	24 000	贷 3 000	21 000
加：直接人工成本	15 000	贷 2 000	13 000
制造费用	12 000		12 000
生产成本	51 000	贷 5 000	46 000
加：在产品期初余额	23 000		23 000
减：在产品期末余额	25 000	借 13 000	38 000
产成品成本(本期完工)	49 000	贷 18 000	31 000
加：产成品期初余额	40 000		40 000
减：产成品期末余额	38 000		38 000
主营业务成本	51 000	贷 18 000	33 000

审计结论：由于多计产品成本 18 000 元，导致多计主营业务成本 18 000 元，将影响主

营业务利润少计 18 000 元。

案例解析

事项	审计程序	主要能证明的认定
(1)	监盘期末存货	存在、完整性、权利和义务
(2)	对期末存货进行截止测试	完整性
(3)	向甲公司进行函证	存在
(4)	询问管理当局、审阅相关信函、向乙公司函证	权利和义务、存在
(5)	进行计价测试并与有关财务会计法规进行比较	计价和分摊
(6)	对上年度存货记录进行适当检查	全部认定

项 目 小 结

通过本项目学习，要求了解生产与存货循环所涉及的凭证、记录及该循环的主要业务活动，了解该循环的内部控制要点及控制测试程序，了解生产成本的实质性程序；应认识到存货是企业拥有的具有实物形态的一种资产，掌握对期末会计报表上列示的存货是否真实存在、是否为被审计单位所有以及计价和截止是否正确的实质性程序。本项目重点和难点是存货的监盘、存货计价测试和截止测试。

项目强化训练

一、单项选择题

1. 由第三方保管或控制的存货，注册会计师通常不采用(　　)审计程序。
   A. 向保管人或债权人函证
   B. 安排其他注册会计师实施存货监盘
   C. 检查与第三方持有存货相关的文件、记录
   D. 亲自到现场监盘存货

2. 下列程序中，(　　)是存货审计最重要、最具有决定性的程序。
   A. 观察　　　　B. 函证　　　　C. 监盘　　　　D. 直接盘点

3. 一般来说，(　　)与生产循环有关，而与其他任何循环无关。
   A. 采购材料和储存材料　　　　　　B. 购置设备和维护设备
   C. 购买债券　　　　　　　　　　　D. 生产产品和储存完工产品

4. 对存货实施监盘程序最主要目的是(　　)。
   A. 审查存货的质量　　　　　　　　B. 确定存货的所有权
   C. 存货保管情况　　　　　　　　　D. 确定存货是否实际存在

5. 被审计单位健全有效的存货内部控制要求由独立的采购部门负责(　　)。

A. 编制请购订单　　　　　　　　　B. 编制购货订单

C. 控制存货水平以免出现积压　　　D. 检查购入货物的数量和质量

6. 存货审计不应包括(　　)。

A. 季节性和修理期间的停工损失　　B. 主营业务成本的审计

C. 直接材料成本、直接人工成本的审计　　D. 管理费用和财务费用的审计

7. 注册会计师在对存货进行计价测试时,一般不应考虑(　　)。

A. 存货计价方法的选择是否合法且一贯　　B. 样本量的选择是否具有代表性

C. 存货跌价准备计提是否正确　　D. 是否有抵押、担保的存货

8. 对存货进行定期盘点是管理层的责任,盘点计划应由(　　)负责制订。

A. 注册会计师　　　　　　　　　　B. 被审计单位管理层

C. 管理层与注册会计师　　　　　　D. 会计师事务所

9. 下列各项中不属于存货实质性测试的内容是(　　)。

A. 存货的监督性盘点　　　　　　　B. 存货计价的测试

C. 存货的增加是否符合预算的规定　　D. 存货的分析性复核

10. 下列关于存货监盘计划的说法中,正确的是(　　)。

A. 注册会计师应仅根据自己的专业判断和往年的审计经验,编制存货监盘计划

B. 存货监盘程序用作控制测试还是实质性程序,取决于注册会计师的专业胜任能力

C. 注册会计师应当根据对被审计单位存货盘点和对被审计单位内部控制的评价结果确定检查存货的范围

D. 存货监盘范围的大小取决于注册会计师审计时间的分配以及审计成本的核算

二、多项选择题

1. 存货监盘的范围不包括(　　)。

A. 资产负债表日前收入的存货　　　B. 资产负债表日前发出的存货

C. 资产负债表日后收入的存货　　　D. 资产负债表日后发出的存货

2. 存货监盘计划的主要内容有(　　)。

A. 存货监盘的目标、范围及时间安排　　B. 存货监盘的要点及关注事项

C. 参加存货监盘人员的分工　　　　D. 检查存货的范围

3. 存货盘点中的遗漏会影响(　　)项目的高估或低估。

A. 存货　　　　B. 应收账款　　　　C. 营业收入　　　　D. 营业成本

4. 如果由于被审计单位存货的性质或位置等原因导致无法实施存货监盘,注册会计师应当考虑能否实施替代审计程序,这些替代审计程序主要包括(　　)。

A. 检查进货交易凭证或生产记录以及其他相关资料

B. 检查资产负债表日后发生的销货交易凭证

C. 检查资产负债表日后付款凭证

D. 向顾客或供应商函证

5. 存货监盘程序包括(　　)。

A. 存货监盘的目标、范围及时间安排　　B. 参加存货监盘人员的分工

C. 检查存货的范围　　　　　　　　D. 产品成本的计算

6. 注册会计师对于存放或寄销在外地的存货应采取(　　)方法进行测试。

A. 向寄存寄销的单位发询证函

B. 审查有关原始凭证、账簿记录

C. 亲自前往存放地实施监盘

D. 委托存放当地的会计师事务所负责监盘

7. 注册会计师在对期末存货进行截止测试时, 应当关注的内容正确的有( )。

A. 所有在截止日以前入库的存货项目是否均未包括在盘点范围内, 且未包括在截止日的存货账面余额中

B. 所有在截止日以前装运出库的存货项目是否均未包括在盘点范围内, 且未包括在截止日的存货账面余额中

C. 在途存货和被审计单位直接向顾客发运的存在是否均未得到适当的会计处理

D. 所有已记录为购货但尚未入库的存货是否均已包括在盘点范围内, 并已反映在会计记录中

三、判断题(正确的在括号内打"√", 错误打"×")

1. 抽查存货盘点的目的是证实被审计单位制订的盘点计划是否恰当。　　　　( )

2. 存货监盘所得到的实物证据, 不仅能证实被审计单位对存货拥有的所有权, 而且还可证实存货价值的正确性。　　　　( )

3. 存货保管、使用与记录人员可以参加存货的盘点。　　　　( )

4. 尽管实施存货监盘, 获取有关期末存货数量和状况的充分、适当的审计证据是注册会计师的责任, 但这并不能取代被审计单位管理层定期盘点存货、合理确定存货的数量和状况的责任。　　　　( )

5. 存货计价测试的样本应着重选择余额较小且价格变动不大的存货项目。　　( )

6. 注册会计师应当对被审计单位的存货实施监盘。　　　　( )

7. 定期盘点存货, 合理确定存货的数量和状况是注册会计师的责任。　　( )

8. 存货监盘程序主要是为了对存货的数量和存在状况予以确认。　　　　( )

9. 对于企业寄存或寄销在外地的存货, 也应纳入盘点范围。　　　　( )

10. 对存货进行计价测试, 其主要目的是为了验证存货的金额是否正确。　　( )

四、简答题

1. 存货的监盘程序包括哪些环节?

2. 如何进行存货的计价测试?

3 如何进行存货的截止测试?

五、实务题

新榕公司是一家从事加工浓缩果蔬果汁的上市公司, 公司主要资产包括两条先进的加工生产线和存货。截至 2020 年 12 月 31 日, 新榕公司存货余额为 73 043 万元(包括用作原材料的工业苹果 15 374 万元, 桶装果汁 57 669 万元), 占资产总额的 45%。公司工业苹果贮存在租赁的 23 个地下仓库中, 桶装果汁贮存在工厂仓库和租赁的 5 个中转仓库及发运码头。

2020 年 8 月, 光华会计师事务所首次接受新榕公司委托, 为其 2020 年度财务报表提供审计服务。在审计过程中, 注册会计师对存货实施审计程序时发现如下几个问题。

（1）2020年10月预审时，对新榕公司的存货内控制度设计及其运行进行了解，并观察过部分存货现场。注册会计师发现：公司用于存放工业苹果的23个地下仓库均系分布在苹果生产地的偏远山区的废旧防空洞，存储设施比较简陋；基于对新榕公司及其环境的了解，负责该项审计业务的注册会计师将存货高估评估为重大错报风险。

（2）新榕公司于2020年12月初通知注册会计师，公司将于2020年12月31日对存货进行全面盘点。考虑到刚刚在10月进行了预审，在预审时也观察过部分存货现场，并了解过存货的内控制度设计及其运行，加之新榕公司的存货分布很广，注册会计师没有实施存货监盘。但考虑到存货高估被评估为具有重大错报风险的领域，注册会计师与新榕公司管理层进行了协商，要求新榕公司2021年3月对存放于工厂仓库的桶装果汁安排重新盘点，注册会计师实施监盘。

（3）按照与注册会计师的协商，新榕公司于2021年3月31日对存放于工厂仓库的桶装果汁进行了全面盘点。注册会计师向新榕公司索取了存货盘点表，并进行了复核，存货盘点表未显示存在盘盈盘亏及其他异常现象。注册会计师实施了监盘，并根据资产负债表日至重新盘点日的存货变动情况倒轧至2020年12月31日，未发现结果与该部分存货的期末余额存在重大差异。

基于以上程序，注册会计师认可了新榕公司2020年年末的存货余额，对公司2020年度财务报表出具了标准无保留意见的审计报告。

要求：

（1）请评价注册会计师对新榕公司的存货审计。

（2）注册会计师在2021年3月1日审查A公司2020年12月"材料采购明细账"时发现甲材料采购成本包括以下费用。

①　因延迟付款而支付违约金2 000元；

②　采购人员差旅费2 500元；

③　材料费用和运杂费；

④　运输途中的合理损耗。经查，A公司存货采用先进先出法计价，甲材料12月初结存200件，12月生产领用150件，12月购入材料的成本对12月发出材料的计价不产生影响。

分析存在的问题，提出调整建议，编制审计调整分录。

微课视频

扫一扫，获取本项目相关微课视频。

7.1 生产与存货循环概述

7.2 生产与存货循环的内部控制及其测试

7.3.1 存货审计

7.3.2 存货审计

7.3.3 存货审计

7.4 营业成本审计

高职高专互联网+新形态教材·财会系列

项目八

筹资与投资循环的审计

【知识目标】

- 了解筹资与投资循环业务活动、涉及的主要会计凭证与记录。
- 了解并掌握投资和筹资循环内部控制的要点及测试方法。
- 掌握借款主要项目的实质性程序。
- 掌握投资主要项目实质性程序。

【技能目标】

- 掌握投资和筹资循环的实质性程序。
- 掌握投资和筹资循环内部控制的要点及测试方法。

【案例引导】

2020年1月9日晚ST康美(600518，SH)在公司债券回售申报期结束近2周后，公告披露，收到了来自上交所的监管函。根据此前关于债券回售申报情况的公告，"ST康美债"回售金额为23.64亿元(不含利息)，兑付日将在1月31日。上交所日前监管函表示，ST康美本次债券申报回售金额较高，与公司目前账面货币资金余额相比，存在较大资金缺口。请"及时筹措资金，根据回售申报情况，按时足额兑付……"

《每日经济新闻》记者查询发现，2020年3月6日，"ST康美债"在上交所上市，发行总额为人民币24亿元，票面利率为5.33%，期限为7年，附第5年年末发行人上调票面利率选择权及投资者回售选择权，即在"ST康美债"存续期的第5年年末，投资者可选择是否将其持有的债券全部或部分回售给发行人(ST康美)。

2019年12月12日，ST康美发布了关于"ST康美债"公司债券回售的公告，其中提示，"ST康美债"债券持有人可在回售申报期内(12月17日至12月23日)，对其所持有的全部或部分"ST康美债"债券进行回售申报登记。

在经过三次回售提示后，12月25日，ST康美公告披露了回售申报情况，根据该公告，在申报期内，有效登记数量为236.45万手(1手为10张)，回售金额约23.65亿元(不含利息)。

"2020年1月31日为本次回售申报的资金发放日，公司将对有效申报回售的'ST康美债'持有人支付本金及当期利息。"ST康美在公告中披露。

也就是说，还有约0.35亿元的债券对应的持有人选择了继续持有"ST康美债"，根据公告，"ST康美债"存续期前五年的票面利率为5.33%，后2个计息年度(2020年1月27日至2022年1月27日)，ST康美决定上调票面利率至6.33%。

值得注意的是，ST康美披露，经中诚信评定，公司主体信用等级为BBB，本期公司债券的信用等级为BBB。

申报回售金额高惹关注

在此背景下，1月9日ST康美收到了来自上交所的监管函。

《每日经济新闻》记者注意到，监管函指出，ST康美此次债券申报回售金额较高，与公司目前账面货币资金余额相比，存在较大资金缺口，请公司按照债券募集说明书和回售公告的要求，及时筹措资金，按时足额兑付。

此外，监管函还提到，ST康美目前短期借款及应付债券等债务规模较大。请公司"结合ST康美债兑付情况，排查是否存在其他债务偿还风险"。

记者查询发现，ST康美在2019年10月30日发布的三季度报中披露，公司期末货币资金余额约为4.83亿元，较期初减少73.72%；短期借款期末余额约为ST8.52亿元，较期初增长36.93%；应付债券为168.02亿元。

此外，ST康美在债券回售申报公告中也提示，"公司通过多种途径进行资金筹措，确保债券的回售，但相关事项存在多重因素的影响，最终资金筹措存在一定的不确定性"。ST康美此前公告还称，将按照相关规定办理回售债券的转售，拟转售债券金额不超过23.65亿元。ST康美1月10日早盘报收3.75元/股，跌幅0.79%，近5个交易日内，该股票浮动较小债券申报回售金额高。ST康美收监管函：请及时筹资。

原标题：债券申报回售金额高　ST康美(3.280，−0.07，−2.09%)收监管函：请及时筹资

(资料来源：吴泽鹏，金喆. 债券申报回售金额高 ST康美收监管函：请及时筹资[OL].每日经济新闻，2020-01-01.)

问：

1. 注册会计师在审计 ST 康美公司的"应付债券"应实施哪些审计程序？

2. 筹资活动对 ST 康美有什么影响？会计师事务所对公司的筹资活动审计中应注意哪些事项。

任务一　筹资与投资循环概述

一、筹资活动涉及的主要业务活动、主要凭证和会计记录

筹资活动主要是指企业为满足生存和发展的需要，通过债务筹资和股权筹资等方式改变企业资本及债务规模和构成而筹集资金的活动。筹资活动主要由负债筹资的交易和所有者权益筹资交易组成。

(一)筹资所涉及的主要业务活动

1. 审批授权

企业通过借款筹集资金需经管理层审批，其中债券的发行每次均要由董事会授权。企业发行股票必须依据国家有关法规或企业章程的规定，报经企业最高权力机构(如董事会)及国家有关管理部门批准。

2. 签订合同或协议

向银行或其他金融机构融资必须签订借款合同，发行债券必须签订债券契约和债券承销或包销合同。合同或协议中应明确借款的金额、借款的利息计算和支付方式、借款的期限和本金偿还方式等。

3. 取得资金

企业实际取得银行或金融机构划入的款项或债券、股票的融入资金。

4. 计算利息或股利

企业应按有关借款合同或协议的规定，及时计算利息。企业应根据经董事会批准、股东大会通过的股利分配方案，计算应付股东的股利。

5. 偿还本息或发放股利

到了还本或付息期限，银行借款或发行债券企业应按有关合同或协议的规定偿还本息，融入股本的根据股东大会的决定发放股利。

(二)筹资活动的凭证和会计记录

(1) 债券。债券是公司依据法定程序发行、约定在一定期限内还本付息的有价证券。

(2) 股票。股票是公司签发的证明股东所持股份的凭证。

(3) 债券契约。债券契约是明确债券持有人与发行企业双方所拥有的权利与义务的法律性文件，内容包括债券发行的标准；债券的明确表述；利息或利息率；受托管理人证书；

登记和背书；如系抵押债券，其所担保的财产；债券发生拖欠问题如何处理，以及对偿债基金、利息支付、本金返还等事项的处理。

（4）股东名册。股票可分为记名股票和无记名股票。发行记名股票应记载的内容包括股东的姓名或者名称及住所；各股东所持股份数；各股东所持股票的编号；各股东取得其股份的日期。无记名股票应记载的内容：股票数量、编号及发行日期。

（5）公司债券存根簿。发行记名公司债券应记载的内容包括债券持有人的姓名或者名称及住所；债券持有人取得债券的日期及债券的编号；债券总额、债券的票面金额、债券的利率、债券还本付息的期限和方式；债券的发行日期。发行无记名债券的公司应当在公司的债券存根簿上记载债券总额、利率、偿还期限和方式、发行日期和债券编号。

（6）承销或包销协议。公司向社会公开发行股票或债券时，应当由依法设立的证券经营机构承销或包销，公司应与其签订承销或包销协议。

（7）借款合同或协议。公司向银行或其他金融机构借入款项时与其签订的合同或协议。

（8）有关记账凭证。

（9）有关会计科目的明细账和总账。

二、投资活动涉及的主要业务活动、主要凭证和会计记录

(一)投资所涉及的主要业务活动

投资活动主要是指企业为享有被投资单位股权或为谋求其他利益，将资产让渡给被投资单位而获得另一项资产的活动。投资活动主要由权益性投资交易和债权性投资交易组成。

1. 审批授权

企业投资业务应由企业的高层管理机构进行审批，以控制投资活动的风险，避免遭受投资损失。企业在投资时应着重分析投资的风险与收益，尽量采取组合投资方式分散投资风险。

2. 取得证券或其他投资

企业可以通过购买股票或债券进行投资(证券投资)，也可以通过与其他单位联合形成投资。

3. 取得投资收益

企业进行投资的目的是取得投资收益，投资收益表现为股权投资的股利收入或分回的利润、债券投资的利息收入、证券买卖差价等。

4. 转让证券或收回其他投资

如果企业是以购买证券的方式进行投资的，可以通过转让证券实现投资的收回。如果企业是与其他单位联合经营形成投资，一般不得抽回投资，只有在合资或联营合同期满，或由于严重亏损、一方不履行协议等特殊原因企业提前解散时，才能收回投资。

(二)投资活动的凭证和会计记录

(1)　股票或债券。

(2)　经纪人通知书。

(3)　债券契约。

(4)　企业的章程及有关协议。

(5)　投资协议。

(6)　有关记账凭证。

(7)　有关会计科目的明细账和总账等。

三、筹资与投资循环的特性

(1)　审计年度内筹资与投资循环的交易数量较少，但每笔交易的金额数量通常较大。

(2)　漏记或不恰当地对一笔业务进行会计处理，将会导致重大错误，并对公司会计报表的公允性产生重大影响。

(3)　筹资与投资循环交易必须遵守国家法律、法规和相关合同的规定。

任务二　筹资与投资循环的内部控制及其测试

一、筹资业务的内部控制及测试

(一)筹资业务的内部控制

筹资活动是由股东权益交易和借款交易组成。股东权益交易业务较少但金额较大，审计人员在审计中不进行控制测试直接进行实质性程序，而借款交易涉及短期借款、长期借款、应付债券的内部控制基本相同，因此，筹资活动的内部控制主要包括下列几个方面。

1. 筹资的授权审批控制

企业借款、发行债券必须建立严格的授权审批制度及明确授权审批的管理权限。一般都是由董事会根据企业生产经营的需要，在充分论证的基础上，再立项由董事会审批。借款、发行债券应严格执行国家的有关法规，报国家证券管理部门审批。严格的授权审批制度，可明显降低筹资风险，防止由于缺乏授权、审批而出现舞弊现象。

2. 筹资活动的职责分工控制

职责分工、明确责任是筹资循环内部控制的重要手段，筹资业务中的职务分离包括下述各点。

(1)　筹资计划编制人与审批人适当分离。

(2)　证券保管人员与会计记录人员分离。

(3)　签订借款合同的人与借款执行人进行分离。

(4)　借款执行人与货币资金的记录人员和负责收付款的人员分离。

(5)　借款业务的明细账与总账的登记适当分离。

3. 筹资收入款项的控制

为了防止伪造会计记录掩盖不正当活动的行为发生或者以筹资业务为名进行不正当活动，企业最好委托独立的代理机构筹资。

4. 筹资发行费用及还本付息、支付股利等付出款项的控制

由于企业债券受息人社会化的特征，企业委托有关代理机构代发，可以减少支票签发次数，降低舞弊风险。无论何种筹资形式都面临利息的支付和股利的发放等支付款项问题。因此，应定期核对利息支付清单。股利发放要以股东会或股东大会有关发放股利的决议文件为依据。

5. 完善的实物保管控制

企业应当将记录进行妥善保管，限制接近记录与资产。债券和股票都应设立相应的债券存根簿(股票登记簿)，详细登记已核准发行的债券和股票有关事项，如签发日期、到期日期、支付方式、支付的利率、当时市场利率和金额等。

6. 严谨的会计记录控制

企业应及时按正确的金额，采用合理的方法，在适当的账户和合理的会计期间对筹资业务予以正确记录。按有关合同、协议或债券契约的规定及时计算借款或债券的利息，对债券的溢价、折价应当选用适当的摊销方法等。筹资业务的会计处理较为复杂，因此会计记录的控制尤为重要。

注册会计师应采用询问、观测、查阅有关资料等方法了解筹资循环内部控制的完善程度。

(二)评估筹资活动的重大错报风险

在注册会计师对被审计单位管理层的诚信产生无疑虑前提下，考虑到严格的监管环境和董事会对筹资活动的严格控制，对筹资活动的重大错报风险一般应当评估为低水平。

注册会计师应当通过询问、检查文件记录、观察控制程序等方法获取确切信息以支持对重大错报风险的评估，识别对特定账户余额的影响，并设计适当的审计程序以发现和纠正重大错报风险。

(三)筹资活动控制测试

控制测试是在初步了解、评价筹资活动的内部控制之后，对于控制较强的部分，测试其有效性。这种控制测试主要包括下述各点。

(1) 筹资活动是否经过授权批准。测试授权审批控制，可以直接向被审计单位管理层索取相关的记录和文件、法律文书等，并通过检查内部核查的标记来确定内部控制运行的有效性。

(2) 检查筹资活动的授权、执行、记录和实物保管等是否严格分离。

(3) 检查筹资活动是否建立了严密的账簿体系和记录制度。例如，对于长期借款取得、使用和偿还情况，会计记录是否能够及时、完整地反映；会计人员是否对明细账和总账进

行了全面登记，并定期检查和核对其是否相符。

注册会计师在对筹资活动的内部控制实施控制测试的基础上对其进行分析评价，可以确定控制的强弱点及其可依赖程度，并据以确定实质性测试的性质、时间和范围。

二、投资业务的内部控制及测试

投资活动往往金额较大，投资失利会对企业造成重大影响，注册会计师通过了解与投资相关的业务活动，可以评价其是否存在相关的内部控制，并确定是否有效运行，评价是否存在重大错报风险。

(一)投资业务的内部控制

投资业务的内部控制主要包括下述各点。

1. 合理的职责分工

在投资业务中，应在业务的授权、执行、会计记录以及投资资产的保管等方面都有明确的分工，合理的分工所形成的相互牵制机制有利于避免或减少投资业务中发生错误或舞弊的可能性。

投资业务在企业高层管理机构核准后，可由高层负责人员授权签批，由财务经理办理具体的股票或债券的买卖业务，由会计部门负责进行会计记录和财务处理，并由专人保管股票或债券。

2. 健全的资产保管制度

企业对投资资产(指股票和债券资产)一般有两种保管方式：一种是由独立的专门机构保管；另一种是由企业自行保管，建立严格的联合控制制度及登记制度。

3. 充分的凭证和记录

企业的投资资产无论是自行保管的还是由专门保管机构保管，都要进行完整的会计记录，并对其增减变动及投资收益进行相关会计核算。对于任何证券的存入或取出，都要将债券名称、数量、价值及存取的日期、数量等详细记录于证券登记簿内，并由所有在场的经手人员签名。

4. 严格的记名登记制度

为防止冒名转移并借其他名义牟取私利的舞弊行为发生，除无记名证券外，企业在购入股票或债券时应在购入的当日尽快登记于企业名下，切忌登记于经办人员名下。

5. 完善的定期盘点制度

对于企业所拥有的投资资产，应由内部审计人员或不参与投资业务的其他人员进行定期盘点，检查是否确为企业所拥有，并将盘点记录与账面记录相互核对以确认账实的一致性。

如果企业持有的证券是委托专门机构保管的，则对证券盘点应由企业与相关机构保管人员共同完成，以保持两者相符，防止保管人员在未接到持有人的书面指令时擅自买卖证券等行为的发生。

(二)投资活动控制测试

在实施控制测试和实质性测试前，注册会计师应考虑重大错报风险对投资活动的影响，衍生金融工具交易的复杂性，以及对被审计单位可能发生的与投资活动相关的特定风险保持警惕。控制测试的目的在于检查投资活动内部控制系统的设计是否合理、执行是否有效，以判断内部控制对投资活动发生错误或舞弊的有效抑制程度，进而据以确定实质性测试的性质、时间和范围。

(1) 测试记录的投资交易均系真实发生的交易(存在或发生)。关键内部控制有投资经过授权审批，常用控制测试是索取投资授权批准文件，检查审批手续是否齐全。

(2) 测试投资交易均已记录(完整性)。关键内部控制由投资管理员根据交易流水单，对每笔投资交易记录进行核对、存档，并在交易结束后一个工作日内将交易凭证交投资记账员，投资记账员编制转账凭证，并附相关单证，提交会计主管复核，复核无误后进行账务处理。每周末，分别由投资管理经理、财务经理复核并签字。如有差异，应立即调查；对所投资的有价证券或金融资产定期盘点，并与账面记录相核对；定期与被投资单位或交易对方核对账目。常用控制测试是询问投资业务的职责分工情况及内部对账情况；检查被审计单位是否定期与交易对方或被投资方核对账目。

(3) 测试投资交易均已以恰当的金额记入恰当的期间(截止)。关键内部控制有定期与被投资单位或交易对方核对账目，会计主管复核等程序。常用控制测试是检查被审计单位是否定期与债权人核对账目；检查会计主管复核印记。

(4) 测试投资交易均已记入恰当的账户(分类)。关键内部控制有使用会计科目核算说明，会计主管复核等程序，常用控制测试是询问会计科目表的使用情况，检查会计主管复核印记。

任务三　借款项目审计

负债是企业承担的一项经济义务，被审计单位一般不会高估或虚构负债，在审计实务中，主要是审查被审计单位是否低估或漏列负债。负债中筹集资金类账户主要包括短期借款、长期借款和应付债券，以及借款发生时的相关财务费用的阐述。

一、借款的审计目标

负债中借款相关账户的审计目标一般包括下述各点。

(1) 确定被审计单位在一定期间内发生的借款业务是否均已记录完毕，有无遗漏。

(2) 确认被审计单位所记录的借款在一定期间内是否确实存在，是否为被审计单位承担。

(3) 确认被审计单位所有借款的会计处理是否正确。

(4) 确定被审计单位各项借款的发生是否符合有关法律的规定，被审计单位是否遵守了有关债务契约的规定。

(5) 借款的分类是否恰当。

(6) 确认被审计单位借款余额在有关会计报表上的反映是否恰当。

二、借款的实质性程序

(一)短期借款的实质性程序

对短期借款进行审计时，审计人员应根据被审计单位年末短期借款余额的大小、短期借款占整个负债的比重、以前年度的审计结果以及相关内部控制测试的结果等，确定实质性程序。具体来说，短期借款实质性测试程序通常包括下列内容。

(1) 获取或编制短期借款明细表，复核加计是否正确，并与明细账和总账核对相符。

(2) 函证短期借款的真实性。审计人员应向银行或其他债权人函证，以证实借款的存在性以及有无抵押等情况。

(3) 审查短期借款的增减数。公司的借款必须经主管部门和有关人员的授权才可以执行，同时应当与银行签订借款协议或合同，对增加的短期借款，主要关注借款合同和授权批准情况，借款金额大小、日期、还款期限和利率等，并与会计记录相核对；对减少的短期借款，则应检查相关记录的原始凭证，核实还款数额；检查有无到期而未予偿还的短期借款，查明未能及时归还的原因。

(4) 复核短期借款的利息。根据借款合同，检查短期借款利息计算是否正确，检查会计处理是否正确，查明有无多计或少计利息的问题。

(5) 检查外币借款的折算，若有外币借款的被审计单位，应检查外币短期借款折合为记账本位币采用折算汇率是否正确。

(6) 检查短期借款在资产负债表中的披露是否恰当。因抵押而取得的短期借款，应在报表附注中揭示。

【案例分析】

审计人员李某对甲公司的短期借款项目进行审计。本年度公司从建设银行取得购建生产线资金 150 万元，李某调阅固定资产与在建工程明细账并与凭证核对，发现在借款期内没有购建生产线，调阅银行存款日记账发现银行存款支付了职工福利费。甲公司承认套取银行信用，变更了借款用途。

任务要求：如果你是注册会计师，请根据上述资料提出审计意见。

任务解析：甲公司编造理由套取银行信用计划 150 万元，挪用借款用于职工福利费。建议该单位调整有关账目，并对责任人进行处罚。

(二)长期借款的实质性程序

长期借款是企业向银行或其他金融机构借入的还款期限超过一年的款项，其实质性程序与短期借款基本类似。具体来说，长期借款的实质性程序主要包括下述内容。

(1) 取得或编制长期借款明细表，复核加计是否正确，并与明细账和总账核对相符。

(2) 长期借款条件的审查。审计人员必须了解金融机构评估被审计单位的信誉和融资能力，对被审计单位的信用等级评估情况和对被审计单位的授信情况，以及被审计单位获

高职高专互联网＋新形态教材·财会系列

得长期借款的抵押和担保情况。

(3) 对年度内增加或减少的长期借款应重点关注,审查长期借款的使用是否符合借款合同的规定,检查其会计处理是否正确。

(4) 向债权人函证被审计单位大额的长期借款。向银行发询证函,要求银行说明借款的现状和本年度的变化情况,询证函采用积极式函证。如询证函回函和企业账面记录结果存在差异,应进一步调查。

(5) 复核长期借款的利息支出,检查是否存在高估或低估利息的问题。

(6) 检查借款费用的会计处理是否正确。按照《企业会计准则第 17 号——借款费用》的规定,企业发生的借款费用,应同时满足下列条件时才能开始资本化:资产支出已经发生;借款费用已经发生;为使资产达到预定可使用状态所必要的购建活动已经开始。审计人员应当关注资本化的条件,资本化暂停和停止是否正确。符合资本化条件,应当予以资本化,计入相关资产成本;不符合资本化条件,借款费用应当在发生时根据其发生额确认为费用,计入当期损益。

(7) 检查外币借款的折算,若有外币借款的被审计单位,应检查外币借款折合为记账本位币采用折算汇率是否正确。

(8) 检查长期借款在资产负债表中的披露是否恰当。长期借款在资产负债表中应列示于长期负债项目下,该项目应根据"长期借款"科目的期末余额扣除将于一年内到期的长期借款后的余额列示,另一年内即将到期的长期借款转为流动负债反映。

(三)应付债券的实质性程序

债券是债务人依照法定程序发行,承诺在一定时间内还本付息的一种债务凭证。应付债券的审计程序主要包括以下几项。

(1) 取得或编制应付债券明细表,并与应付债券明细账和总账核对相符。核对内容包括债券的名称、承销机构、债券面值、利率、发行日和到期日、实收金额、折价和溢价及其摊销、应付利息和担保情况等内容。

(2) 函证"应付债券"期末余额,以确定应付债券的真实性。审计人员可向债权人及债券的承销人或包销人进行函证。函证内容包括应付债券的名称、发行日、到期日、利率、已付利息期间、年内偿还的债券、资产负债表日尚未偿还债权等。

(3) 检查应付债券的凭证和会计记录,审查被审计单位是否正确计提债券利息,溢价或折价发行时的账务处理是否正确、合规。

(4) 检查应付债券在资产负债表中的披露是否恰当。应付债券在资产负债表中应列示于长期负债项目下,该项目应根据"应付债券"科目的期末余额扣除将于一年内到期的应付债券后的余额列示。审计实务中,应注意被审计单位在报表上公允反映,以及在报表附注中进行说明。

三、财务费用审计

财务费用是核算企业为筹集生产经营所需资金而发生的筹资费用,包括利息支出(减利息收入)、汇兑损益以及相关手续费、企业发生及收到的现金折扣等。

(一)财务费用的审计目标

财务费用的审计目标一般包括下述各点。

(1) 确定利润表中记录的财务费用是否已发生，且与被审计单位有关。

(2) 确定所有应当记录的财务费用是否均已记录。

(3) 确定与财务费用有关的金额及其他数据是否已恰当记录。

(4) 确定财务费用是否已记录于正确的会计期间。

(5) 确定财务费用是否已记录于恰当的账户。

(6) 确定财务费用是否已按照企业会计准则的规定在财务报表中作出恰当的列报。

(二)财务费用的实质性程序

财务费用的实质性程序包括下述各项。

(1) 获取或编制财务费用明细表，复核加计是否正确，与报表数、总账数和明细账合计数核对是否相符。

(2) 将本期、上期财务费用各明细项目作比较分析，比较本期各月的财务费用，如有重大波动和异常费用，应查明原因，必要时可以扩大审计范围或增加测试量。

(3) 检查利息支出明细账，确认利息支出的真实性及正确性，检查各项借款期末应计利息有无预计入账，注意检查现金折扣的会计处理是否正确。

(4) 检查汇兑损失明细账，检查汇兑损益计算方法是否正确，核对所用汇率是否正确，前后期是否一致。

(5) 检查财务费用明细账，检查大额金融机构手续费的真实性与正确性。

(6) 审阅下期期初的财务费用明细账，检查财务费用各项目有无跨期入账的现象，对于重大跨期项目，应作必要调整。

(7) 检查财务费用的列报是否恰当。

四、应付股利审计

(一)应付股利的审计目标

应付股利的审计目标一般包括确定资产负债表中记录的应付股利是否存在；确定所有应当记录的应付股利是否均已记录；确定记录的应付股利是否为被审计单位应当履行的现时义务；确定应付股利是否以恰当的金额包括在财务报表中，与之相关的计价调整是否已恰当记录；确定应付股利是否已按照企业会计准则的规定在财务报表中作出恰当列报。

(二)应付股利的实质性程序

应付股利的实质性程序通常包括下述各点。

(1) 获取或编制应付股利明细表，复核加计是否正确，并与报表数、总账数和明细账合计数核对是否相符。

(2) 审阅公司章程和股东(大)会决议中有关股利的规定，了解股利分配标准和发放方式是否符合有关规定并经法定程序批准。若被审计单位董事会或类似机构通过利润分配方案拟分配现金股利或利润的注意是否披露。

(3) 检查应付股利的发生额。是否根据股东(大)会决定的利润分配方案,从可供分配利润中计算确定。并复核应付股利计算和会计处理的正确性。

(4) 检查股利支付原始凭证的内容、金额和会计处理是否正确。

(5) 检查现金股利是否按公告规定的时间、金额予以发放结算,非标准手之零星股东股利是否采用适当方法结算,对无法结算及委托发放而长期未结的股利是否作出适当处理。

(6) 确定应付股利的列报是否恰当。

任务四　投资相关项目审计

与投资业务相关的金融资产主要包括交易性金融资产、可供出售金融资产、持有至到期投资、长期股权投资等。

一、交易性金融资产审计

交易性金融资产指企业为了近期内出售而持有、在活跃市场上有公开报价、公允价值能够持续可靠获得的金融资产。在会计科目设置上,企业持有的直接指定为以公允价值计量且其变动计入当期损益的金融资产,也通过该账户核算。

(一)交易性金融资产的审计目标

(1) 确定资产负债表中记录的交易性金融资产是否存在。

(2) 确定所有应当记录的交易性金融资产是否均已记录。

(3) 确定记录的交易性金融资产是否由被审计单位拥有或控制。

(4) 确定交易性金融资产是否以恰当的金额包括在财务报表中,与之相关的计价调整是否已恰当记录。

(5) 确定交易性金融资产是否已按照企业会计准则的规定在财务报表中作出恰当列报。

(二)交易性金融资产的实质性程序

交易性金融资产的实质性程序通常包括下述各点。

(1) 获取或编制交易性金融资产明细表,复核加计是否正确,并与报表数、总账数和明细账合计数核对相符。

(2) 对期末结存的股票、债券及基金等交易性金融资产,证实核算范围是否恰当,向被审计单位核实其持有目的,交易性金融资产的期末公允价值是否合理。

(3) 获取股票、债券及基金等交易流水单及被审计单位证券投资部门的交易记录。与明细账核对,检查会计记录是否完整、会计处理是否正确。

(4) 监盘库存交易性金融资产,并与相关账户余额进行核对,如有差异,应查明原因,并进行记录或进行适当调整。

(5) 向有关金融机构函证,注意取得回函时应检查相关签章是否符合要求,查明已发生的交易性金融资产是否真实存在。

(6) 抽取交易性金融资产增减变动的相关凭证，检查其原始凭证是否完整合法，会计处理是否正确。复核与交易性金融资产相关的损益计算是否准确，并与公允价值变动损益及投资收益等有关数据核对。

(7) 确定交易性金融资产的列报是否恰当，关注是否存在重大的变现限制。

二、长期股权投资审计

(一)长期股权投资的审计目标

(1) 确定资产负债表中记录的长期股权投资是否存在。

(2) 确定所有应当记录的长期股权投资是否均已记录。

(3) 确定记录的长期股权投资是否由被审计单位拥有或控制。

(4) 确定长期股权投资是否以恰当的金额包括在财务报表中，与之相关的计价调整是否已恰当记录。

(5) 确定长期股权投资是否已按照企业会计准则的规定在财务报表中作出恰当列报。

(二)长期股权投资的实质性程序

长期股权投资的实质性程序通常包括下述各点。

(1) 获取或编制长期股权投资明细表，复核加计正确，并与总账数和明细账合计数核对相符；结合长期股权投资减值准备科目与报表数核对相符。

(2) 根据有关合同和文件，确认股权投资的股权比例和持有时间，检查股权投资核算方法是否正确。

(3) 对于重大的投资，向被投资单位函证被审计单位的投资额、持股比例及被投资单位发放股利等情况。

(4) 对于应采用权益法核算的长期股权投资，应获取被投资单位经注册会计师审计的年度财务报表，如果未经注册会计师审计，则应考虑对被投资单位的财务报表实施适当的审计或审阅程序。

(5) 对于采用成本法核算的长期股权投资，检查股利分配的原始凭证及分配决议等资料确定账务处理是否正确。

(6) 对于成本法和权益法相互转换的，检查其投资成本的确定是否正确。

(7) 确定长期股权投资的增减变动的记录是否完整，账务处理是否正确。

(8) 期末对长期股权投资进行逐项检查，以确定长期股权投资是否已经发生减值。

(9) 结合银行借款等的检查，了解长期股权投资是否存在质押、担保等问题。如有，则应详细记录，并提请被审计单位进行充分披露。

(10) 确定长期股权投资在资产负债表上已恰当列报。

【案例解析】

注册会计师在审计 ST 康美公司的"应付债券"时应实施的审计程序包括取得或编制应付债券明细表，并与应付债券明细账和总账核对相符。函证"应付债券"期末余额，以确定应付债券的真实性。检查应付债券的凭证和会计记录，审查被审计单位是否正确计提债券利息，溢价或折价发行时的账务处理是否正确、合规。检查应付债券在资产负债表中的披露是否恰当。筹资活动对 ST 康美的影响是引起投资者的广泛关注等，会计师事务所对该公司的筹资活动进行审计，注意事项应结合货币资金的审计进行，审查有无财务造假的行为。

后续报道：2020 年 5 月 14 日，中国证监会公布了对康美药业作出的行政处罚及市场禁入决定。证监会最终认定，2016 年至 2018 年，康美药业累计虚增营业收入 291.28 亿元，累计虚增营业利润 41.01 亿元，累计多计利息收入 5.1 亿元。同期，康美药业还累计虚增货币资金 886.8 亿元。康美药业财务造假不仅数额大，而且是有预谋、有组织，长期、系统实施财务欺诈行为，践踏法治，对市场和投资者毫无敬畏之心，严重破坏资本市场健康生态。具体处罚是：对康美药业责令改正，给予警告，并处以 60 万元罚款，对 21 名责任人员处以 90 万元至 10 万元不等罚款，对 6 名主要责任人采取 10 年至终身证券市场禁入措施。相关中介机构涉嫌违法违规行为正在行政调查审理程序中。同时，证监会已将康美药业及相关人员涉嫌犯罪行为移送司法机关。

项 目 小 结

企业应及时按正确的金额，采用合理的方法，在适当的账户和合理的会计期间对筹资业务、投资业务予以正确记录。按有关合同、协议或债券契约的规定及时计算借款或债券的利息，对债券的溢价、折价应当选用适当的摊销方法等，筹资业务与投资业务的会计处理较为复杂，因此会计记录的控制尤为重要。

筹资业务的内部控制包括筹资的授权审批控制，筹资活动的职责分工控制，筹资收入款项的控制，筹资发行费用及还本付息、支付股利等付出款项的控制，完善的实物保管控制，严谨的会计记录控制。

投资内部控制主要包括合理的职责分工，健全的资产保管制度，充分的凭证和记录，严格的记名登记制度，完善的定期盘点制度。

根据筹资与投资循环业务的特点，在一般情况下，被审计单位只有有限数量的筹资与投资活动，在执行了解相关内部控制后就可以实施实质性程序。

项目强化训练

一、单项选择题

1. 如果被审计单位的投资证券是委托某些专门机构代为保管的，为证实这些投资证券的真实存在，注册会计师首选的审计程序是( )。

  A. 实地盘点投资证券   B. 获取被审计单位管理层声明

  C. 向代保管机构发函询证   D. 逐笔检查被审计单位相关会计记录

2. 下列关于投资活动内部控制的说法不正确的是( )。

  A. 业务的会计记录以及投资资产的保管应该岗位分离

B. 企业自行保管，可以由一人进行控制，单独接触证券

C. 应由内部审计人员或不参与投资业务的其他人员进行定期盘点

D. 由独立的专门机构保管，可以防止各种证券及单据的失窃或毁损，并且由于它与投资业务的会计记录工作完全分离，可以大大降低舞弊的可能性

3. 注册会计师关注的下列交易事项中，应归属与筹资与投资循环审计的是(　　)。

A. 期末存货重复入账   B. 支付折扣未经授权批准

C. 未计提固定资产折旧   D. 收到投资前的派发股利冲减投资成本

4. 甲注册会计师审计 B 公司长期借款业务时，为确定"长期借款"账户余额的真实性，可以进行函证。函证的对象是(　　)。

A. 公司的律师   B. 金融监管机关

C. 银行或其他有关债权人   D. 公司的主要股东

5. 为判断被审计单位是否高估或低估长期和短期借款的利息支出，注册会计师应选取适当利率匡算利息支出总额，并与(　　)账户的相关记录相核对。

A. 管理费用   B. 财务费用   C. 销售费用   D. 流动负债

6. 关于筹资与投资循环的审计下列说法不正确的是(　　)。

A. 审计年度内筹资与投资循环的交易数量较少，所以漏计或不恰当地对每笔业务进行会计处理对会计报表影响不大

B. 审计年度内筹资与投资循环每笔交易的金额通常较大

C. 漏计或不恰当地对每笔业务进行会计处理将导致重大错误，从而对企业会计报表的公允反映产生较大的影响

D. 筹资与投资循环交易必须遵守国家法律、法规和相关契约的规定

7. 注册会计师于2017年3月ST日对Y公司分配给投资者的利润进行检查，发现在2017年2月10日，由公司董事会制定并经股东大会批准宣告分配给投资者的利润为 8 000 万元，注册会计师认为正确的是(　　)。

A. 在报告年度的财务报表附注中单独披露，无须进行会计处理

B. 属于日后调整事项，需要进行相应的调整

C. 须在年度资产负债表中的所有者权益中单独列示

D. 须在年度资产负债表中的负债中单独列示

8. 对于投资与筹资活动，注册会计师都要索取相关合同、协议，这是为了对内部控制目标中的(　　)进行测试。

A. 估价和分摊   B. 权利与义务   C. 列报与披露   D. 存在与发生

9. 下列程序中不属于借款活动相关的内部控制测试程序的是(　　)。

A. 索取的授权审批文件，检查权限是否恰当，手续是否齐全

B. 观察借款业务的职责分工，并记录于审计工作底稿中

C. 抽取借款明细账的部分会计记录，核对有关会计处理，判断是否合规

D. 计算借款在各个月份的平均余额，选取合适的利率计算利息支出总额，并与财务费用等记录核对

10. 为确定短期借款账户余额的真实性进行函证，函证的对象应当是(　　)。

A. 金融监管机构   B. 公司主要股东

C. 公司律师   D. 银行或其他有关债权人

二、多项选择题

1. 下列有关短期借款实质性程序的说法中正确的有(　　)。
   A. 注册会计师应在期末对所有的短期借款进行函证
   B. 对年度内减少的短期借款,注册会计师应检查相关记录和原始凭证,核实还款数额
   C. 注册会计师应根据短期借款的利率和期限,复核被审计单位短期借款的利息计算是否正确
   D. 如果被审计单位有外币短期借款,注册会计师应检查外币短期借款的增减变动是否按业务发生时的市场汇率或期初市场汇率折合为记账本位币金额

2. 下列可以实现对筹资交易发生认定的控制测试有(　　)。
   A. 索取借款的授权批准文件,检查审批手续是否齐全
   B. 检查支持借款记录的原始凭证
   C. 询问会计科目表的使用情况,检查借款合同或协议
   D. 检查借款合同、协议

3. 下列说法中不正确的有(　　)。
   A. 由于函证短期借款可以证实企业未入账的债务,所以函证短期借款是注册会计师在执行短期借款审计时必须执行的程序
   B. 公司筹集资金可以通过发行债券或股票的方式,如果发行股票筹集资金,由财务部门提交方案经过公司最高权力机构批准即可发行
   C. 注册会计师应在期末短期借款余额较大或认为必要时向银行或其他债权人函证短期借款
   D. 公司发行股票必须经公司最高权力机构及国家有关管理部门批准并符合国家有关法规或企业章程的规定方可发行

4. 注册会计师审查被审计单位长期借款抵押资产时,应查明(　　)。
   A. 抵押资产的所有权是否属于企业
   B. 抵押资产的价值状况与抵押契约是否一致
   C. 抵押资产的账面原值是否属实
   D. 抵押资产的情况是否在资产负债表的附注中予以披露

5. 为审查被审计单位长期借款是否已在资产负债表中充分披露,审计人员应检查(　　)。
   A. 匡算长期借款的利息计算是否准确
   B. 长期借款的期末余额是否已扣除一年内到期的长期借款数额
   C. 一年内到期的长期借款是否已作为流动负债单独反映
   D. 长期借款的抵押和担保是否已在财务报表附注中做了充分说明

三、判断题(正确的在括号内打"√",错误打"×")

1. 若被审计单位长期股权投资是对其合营企业或联营企业的投资,注册会计师应提请被审计单位采用权益法核算长期股权投资。　　　　　　　　　　　　　　　　　　(　　)

2. 在对持有至到期投资项目进行实质性测试时,注册会计师应查实被审计单位每期投资收益是否等于"应计利息"与溢价摊销之和或折价摊销额之差。　　　　　　　　(　　)

3. 长期借款在资产负债表中列示于长期负债类下,该项目应根据"长期借款"科目的

期末余额填列。 （   ）

4. 如果注册会计师对企业资产和负债的期末余额获取了充分、适当的审计证据，就可以不必对所有者权益进行单独审计。 （   ）

5. 为确定"应付债券"账户期末余额的合法性，注册会计师应直接向债权人及债券承销人和包销人进行函证。 （   ）

四、分析题

资料：注册会计师在审查A公司2018年度财务报表时发现，2018年3月1日，A公司经批准按面值发行了30 000万元二年期、到期还本付息的企业债券，债券票面月利率4‰，其中的18 000万元用于建造生产厂房(2018年12月31日尚未完工)，12 000万元用于补充流动资金。A公司对债券发行做了相应的会计处理，但未计提2018年度的债券利息。

要求：判断上述事项的会计处理是否恰当，并提出调整建议。

微课视频

扫一扫，获取本项目相关微课视频。

8.1 筹资与投资循环概述　　8.2 筹资与投资循环内部　　8.3 借款项目审计　　8.4 投资相关项目审计
　　　　　　　　　　　　　　　　控制及其测试

高职高专互联网+新形态教材·财会系列

项目九
货币资金的审计

【知识目标】

- 了解货币资金的业务特性。
- 了解货币资金内部控制的内容及测试方法。
- 了解货币资金审计目标及实质性程序。

【技能目标】

- 能对被审计单位货币资金内部控制实施控制测试。
- 能对库存现金、银行存款实施实质性程序。
- 能正确规范填写记录货币资金审计过程的审计工作底稿。

【案例引导】

某会计师事务所接受闽宏有限公司的委托，对其 2020 年 12 月 31 日的资产负债表进行审计。在审查资产负债表"货币资金"项目时，发现该公司 2020 年 12 月 31 日银行存款账面余额为 31 400 元，派审计人员向开户银行取得对账单一张，2020 年 12 月 31 日的银行对账单存款余额为 39 900 元。另外，查有下列未达账款：

(1) 12 月 23 日公司送存转账支票 6 000 元，银行尚未入账。

(2) 12 月 24 日公司开出转账支票 7 200 元，持票人尚未到银行办理转账手续。

(3) 12 月 25 日委托银行收款 10 500 元，银行已收妥入账，但收款通知尚未到达该公司。

(4) 12 月 30 日银行代付水费 3 200 元，但银行付款通知单尚未到达该公司。

要求：根据上述资料，编制银行存款余额调节表，并提出银行存款数额是否真实的分析意见。

任务一　货币资金审计概述

一、主要凭证和会计记录

货币资金审计涉及的主要凭证和会计记录如下所述。

(1) 库存现金盘点表。

(2) 银行对账单。

(3) 银行存款余额调节表。

(4) 有关科目的记账凭证(现金收、付款凭证，银行存款收、付款凭证等)。

(5) 有关会计账簿(现金日记账、银行存款日记账等)。

二、货币资金内部控制概述

(一)货币资金内部控制的目标

由于货币资金关乎企业生产经营活动的正常运行，且具有流动性强、业务量大、固有风险高等特点，因而企业必须加强对货币资金的管理，建立良好的货币资金内部控制。企业货币资金内部控制一般应实现以下目标。

(1) 确保货币资金安全。

(2) 确保全部应收取的货币资金均能收取，并及时正确地予以记录。

(3) 确保全部货币资金支出是按照经批准的用途进行的，并及时正确地予以记录。

(4) 确保库存现金、银行存款报告正确，并得以恰当保管。

(5) 确保生产经营各环节资金供求的动态平衡。企业应当将资金合理安排到采购、生产、销售等各环节，做到实物流和资金流的相互协调、资金收支在数量上及在时间上相互协调。

(6) 促进资金合理循环和周转，提高资金使用效率。资金只有在不断流动的过程中才能带来价值增值，因而要努力促使资金正常周转，为短期资金寻找适当的投资机会，避免出现资金闲置和沉淀等低效现象。

(二)货币资金内部控制的一般要求

根据货币资金存放地点及用途的不同,其可分为库存现金、银行存款及其他货币资金。在企业的日常生产经营活动中,三类货币资金之间的转换比较频繁,其相应的内部控制目标、内部控制措施等也都大致相似。一般而言,一个良好的货币资金内部控制应该达到以下几点:①货币资金收支与记账的岗位分离;②货币资金收支要有合理、合法的凭据;③全部收支及时准确入账,并且支出要有核准手续;④控制现金坐支,当日收入现金应及时送存银行;⑤按月盘点现金,编制银行存款余额调节表,以做到账实相符;⑥加强对货币资金收支业务的内部审计。

尽管由于每个企业的性质、所处行业、规模以及内部控制健全程度等不同,使其与货币资金相关的内部控制内容有所不同,但通常应当共同遵循下述几项原则。

1. 岗位分工及授权批准

(1) 单位应当建立货币资金业务的岗位责任制,明确相关部门和岗位的职责权限,确保办理货币资金业务的不相容岗位相互分离、制约和监督。出纳人员不得兼任稽核、会计档案保管和收入、支出、费用、债权债务账目的登记工作。单位不得由一人办理货币资金业务的全过程。

(2) 单位应当对货币资金业务建立严格的授权批准制度,明确审批人对货币资金业务的授权批准方式、权限、程序、责任和相关控制措施,规定经办人办理货币资金业务的职责范围和工作要求。审批人应当根据货币资金授权批准制度的规定,在授权范围内进行审批,不得超越审批权限。经办人应当在职责范围内,按照审批人的批准意见办理货币资金业务。

对于审批人超越授权范围审批的货币资金业务,经办人员有权拒绝办理,并及时向审批人的上级授权部门报告。

(3) 单位应当按照规定的程序办理货币资金支付业务:①支付申请。单位有关部门或个人用款时,应当提前向审批人提交货币资金支付申请,注明款项的用途、金额、预算、支付方式等内容,并附有效经济合同或相关证明。②支付审批。审批人根据其职责、权限和相应程序对支付申请进行审批。对不符合规定的货币资金支付申请,审批人应当拒绝批准。③支付复核。复核人应当对批准后的货币资金支付申请进行复核,复核货币资金支付申请的批准范围、权限、程序是否正确,手续及相关单证是否齐备,金额计算是否准确。支付方式、支付单位是否妥当等。复核无误后,交由出纳人员办理支付手续。④办理支付。出纳人员应当根据复核无误的支付申请,按规定办理货币资金支付手续,及时登记现金和银行存款日记账。

(4) 单位对于重要货币资金支付业务,应当实行集体决策和审批,并建立责任追究制度,防范贪污、侵占、挪用货币资金等行为。

(5) 严禁未经授权的机构或人员办理货币资金业务或直接接触货币资金。

【例 9-1】下列情形中,未违反货币资金"不相容职务分离控制"的是( )。

A. 由出纳人员兼任会计档案保管工作

B. 由出纳人员保管签发支票所需全部印章

C. 由出纳人员兼任收入总账和明细账的登记工作

D. 由出纳人员兼任固定资产明细账的登记工作

分析：答案是 D。因为出纳员不得兼任稽核、会计档案保管和收入、支出、费用、债权债务账目的登记工作，故选项 A、B、C 都属于违反出纳员的不相容岗位职责；选项 D 的"固定资产明细账"不是"收入、支出、费用、债权债务账目"，符合出纳员职责要求。

2. 现金和银行存款的管理

(1) 单位应当加强库存现金限额的管理，超过库存限额的现金应及时存入银行。

(2) 单位必须根据《现金管理暂行条例》的规定，结合本单位的实际情况，确定本单位现金的开支范围。不属于现金开支范围的业务应当通过银行办理转账结算业务。

(3) 单位现金收入应当及时存入银行，不得用于直接支付单位自身的支出。因特殊情况需坐支现金的，应事先报经开户银行审查批准。单位借出款项必须执行严格的授权批准程序，严禁擅自挪用、借出货币资金。

(4) 单位取得的货币资金收入必须及时入账，不得私设"小金库"，不得账外设账，严禁收款不入账。

(5) 单位应当严格按照《支付结算办法》等国家有关规定，加强银行账户的管理，严格按照规定开立账户，办理存款、取款和结算等业务。单位应当定期检查、清理银行账户的开立及使用情况，发现问题，及时处理。单位还应当加强对银行结算凭证的填制、传递及保管等环节的管理与控制。

(6) 单位应当严格遵守银行结算纪律，不准签发没有资金保证的票据或远期支票，套取银行信用；不准签发、取得和转让没有真实交易和债权债务的票据，套取银行和他人资金；不准无理拒绝付款，任意占用他人资金；不准违反规定开立和使用银行账户。

(7) 单位应当指定专人定期核对银行账户，每月至少核对一次，编制银行存款余额调节表，使银行存款账面余额与银行对账单调节相符。如调节不符，应查明原因，及时处理。

(8) 单位应当定期和不定期地进行现金盘点，以确保现金账面余额与实际库存相符。如发现不符，应及时查明原因，作出处理。

3. 票据及有关印章的管理

(1) 单位应当加强与货币资金相关的票据的管理，明确各种票据的购买、保管、领用、背书转让、注销等环节的职责权限和程序，并专设登记簿进行记录，防止空白票据的遗失和被盗用。

(2) 单位应当加强银行预留印鉴的管理。财务专用章应由专人保管，个人名章必须由本人或其授权人员保管。严禁一人保管支付款项所需的全部印章。

按规定需要有关负责人签字或盖章的经济业务，必须严格履行签字或盖章手续。

4. 监督检查

(1) 单位应当建立针对货币资金业务的监督检查制度，明确监督检查机构或人员的职责权限，定期和不定期地进行检查。

(2) 货币资金监督检查的内容主要包括下述各项。

① 货币资金业务相关岗位及人员的设置情况。重点检查是否存在货币资金业务不相

容职务混岗的现象。

② 货币资金授权批准制度的执行情况。重点检查货币资金支出的授权批准手续是否健全，是否存在越权审批行为。

③ 支付款项印章的保管情况。重点检查是否存在办理付款业务所需的全部印章交由一人保管的现象。

④ 票据的保管情况。重点检查票据的购买、领用、保管手续是否健全，票据保管是否存在漏洞。

(3) 对监督检查过程中发现的货币资金内部控制中的薄弱环节，应当及时采取措施，加以纠正和完善。

(三)货币资金内部控制的关键控制点及控制措施

财政部会计司在《企业内部控制应用指引第 6 号——资金活动》解读中指出，企业的资金营运活动大多与货币资金相关，资金营运内部控制的关键控制点如下所述。

1. 审批控制点

审批活动的关键点包括制定资金的限制接近措施，经办人员进行业务活动时应该得到授权审批，任何未经授权的人员不得办理资金收支业务；使用资金的部门应提出用款申请，记载用途、金额、时间等事项；经办人员在原始凭证上签章；经办部门负责人、主管总经理和财务部门负责人审批并签章。

2. 复核控制点

复核的关键点包括资金营运活动会计主管审查原始凭证反映的收支业务是否真实合法，经审核通过并签字盖章后才能填制记账凭证；凭证上的主管、审核、出纳和制单等印章是否齐全。

3. 收付控制点

该控制点包括出纳人员按照审核后的原始凭证收付款，并对已完成收付的凭证加盖戳记，并登记日记账；主管会计人员及时准确地记录在相关账簿中，定期与出纳人员的日记账核对。

4. 记账控制点

该控制点包括出纳人员根据资金收付凭证登记日记账，会计人员根据相关凭证登记有关明细分类账；主管会计登记总分类账。

5. 对账控制点

对账控制点包括账证核对、账账核对、账表核对、账实核对等。

6. 银行账户管理控制点

银行账户管理的关键控制点包括银行账户的开立、使用和撤销是否经过授权，下属企业或单位是否有账外账。

高职高专互联网+新形态教材·财会系列

7. 票据与印章管理控制点

印章是明确责任、表明业务执行及完成情况的标记。印章的保管要遵循不相容职务分离的原则，严禁将办理资金支付业务的相关印章和票据集中一人保管，印章要与空白票据分管，财务专用章要与企业法人章分管。

任务二　库存现金审计

一、库存现金的审计目标

(1) 确定资产负债表中的库存现金是否确实存在(存在认定)。

(2) 确定已发生的现金收支业务是否均已记录(完整性认定)。

(3) 确定库存现金是否为被审计单位所拥有或控制(权利和义务认定)。

(4) 确定资产负债表中的库存现金余额是否正确(计价和分摊认定)。

(5) 确定库存现金是否已按企业会计准则的规定在财务报表中作出恰当列报。

二、库存现金内部控制的测试

(一)库存现金内部控制的要求

由于现金是企业流动性最强的资产，加强现金管理对于保护企业资产安全完整、维护社会主义经济秩序具有重要的意义。一般而言，一个良好的现金内部控制应该达到以下几点：①现金收支与记账的岗位分离；②现金收支要有合理、合法的凭据；③全部收支及时准确入账，并且支出要有核准手续；④控制现金坐支，当日收入现金应及时送存银行；⑤按月盘点现金，以做到账实相符；⑥加强对现金收支业务的内部审计。

(二)库存现金内部控制的测试

1. 了解现金内部控制

了解现金内部控制时，注册会计师应当注意检查库存现金内部控制的建立和执行情况，重点包括下述各点。

(1) 库存现金的收支是否按规定的程序和权限办理。

(2) 是否存在与被审计单位经营无关的款项收支现象。

(3) 出纳与会计的职责是否严格分离。

(4) 库存现金是否妥善保管，是否定期盘点、核对等。

2. 抽取一定期间的库存现金日记账与总账核对

注册会计师应抽取一定期间的库存现金日记账，检查其加总是否正确无误，库存现金日记账是否与总分类账核对相符。

3. 检查收款凭证

为测试现金收款的内部控制，注册会计师应按现金的收款凭证分类，选取适当的样本量，作如下所述各种检查。

(1) 核对现金日记账的收入金额是否正确。

(2) 核对现金收款凭证与应收账款明细账的有关记录是否相符。

(3) 核对实收收额与销货发票是否一致等。

4. 检查付款凭证

为测试现金付款的内部控制，注册会计师应按现金的付款凭证分类，选取适当的样本量，作如下所述各种检查。

(1) 检查付款的授权批准手续是否符合规定。

(2) 核对现金日记账的付出金额是否正确。

(3) 核对现金付款凭证与应付账款明细账的记录是否一致。

(4) 核对实付金额与购货发票是否相符等。

5. 检查外币现金的折算方法是否符合有关规定，是否与上年度一致

对于有外币现金业务的被审计单位，注册会计师应检查外币库存现金日记账及"财务费用""在建工程"等账户的记录，确定企业有关外币现金的增减变动是否采用交易发生日的即期汇率，将外币金额折算为记账本位币金额，或者采用按照系统合理的方法确定的、与交易发生日即期汇率近似的汇率折算为记账本位币，选择采用汇率的方法前后各期是否一致；检查企业的外币现金的期末余额是否采用期末即期汇率折算为记账本位币金额；折算差额的会计处理是否正确。

6. 评价库存现金的内部控制

注册会计师在完成上述程序之后，即可对库存现金的内部控制进行评价。评价时，注册会计师应首先确定库存现金内部控制可信赖的程度以及存在的薄弱环节和缺点，然后据以确定在库存现金实质性程序中对哪些环节可以适当减少审计程序，哪些环节应增加审计程序并作重点检查，以减少审计风险。

三、库存现金的实质性程序

1. 核对库存现金日记账与总账的余额是否相符

注册会计师首先应将库存现金日记账与总账的金额进行核对，检查二者是否相符，如果不相符，应查明原因，并作出适当调整。

2. 监盘库存现金

监盘库存现金是证实资产负债表中所列现金是否存在的一项重要程序。企业盘点库存现金，通常包括对已收到但未存入银行的现金、零用金、找换金等的盘点。

盘点库存现金的时间和人员应视被审计单位的具体情况而定，但必须有出纳员和被审计单位会计主管参加，并由注册会计师进行监盘。

盘点和监盘库存现金的步骤和方法如下所述。

(1) 制订库存现金盘点程序，实施突击性盘点。

库存现金的盘点时间最好选择在上午上班前或下午下班时进行，盘点的范围一般包括

企业各部门经管的现金。在进行现金盘点前，应由出纳员将现金集中存入保险柜，必要时可加以封存，然后由出纳员把已办妥现金收付手续的收付款凭证记入库存现金日记账。若企业库存现金存放部门有两处或两处以上，则应同时进行盘点。

(2) 审阅库存现金日记账并同时与现金收付凭证相核对。

注册会计师一方面要检查日记账的记录与凭证的内容和金额是否相符，另一方面要了解凭证日期与日记账日期是否相符或接近。

(3) 由出纳员根据库存现金日记账加计累计数额，结出现金结余额。

(4) 盘点保险柜中的现金实存数，同时编制"库存现金盘点表"。

(5) 若注册会计师在资产负债表日后对库存现金进行盘点，还应将盘点数调整为资产负债表日的金额。

(6) 将盘点金额与库存现金日记账余额进行核对，如有差异，应查明原因，并进行记录或进行适当调整。

(7) 若有冲抵库存现金的借条、未提现支票、未做报销的原始凭证，应在"库存现金盘点表"中注明或作出必要的调整。

3. 分析日常库存现金余额，关注大额现金

分析日常库存现金余额是否合理，关注是否存在未缴存的大额现金。

4. 抽查大额现金收支

注册会计师应抽查大额现金收支的原始凭证，检查内容填列是否完整，有无授权批准，并核对相关账户的进账情况，有无与被审计单位生产经营业务无关的收支事项，若有，应查明原因，并做相应的记录。

5. 检查现金收支的正确截止日期

被审计单位资产负债表货币资金项目中的库存现金数额，应以结账日实有数为准。因此，注册会计师必须验证现金收支的截止日期。通常，注册会计师可考虑对结账日前后一段时期内现金收支凭证进行审计，以确定是否存在跨期事项，是否应考虑提出调整建议。

6. 检查库存现金是否在资产负债表中恰当披露

注册会计师在确定库存现金的期末余额是否正确后，再确定其是否在资产负债表的货币资金项目中恰当披露。

【例 9-2】注册会计师为了审查宏发公司 2020 年 12 月 31 日现金实有数，并进一步确定资产负债表中货币资金的正确性，于 2021 年 1 月 12 日对该公司库存现金实施突击盘点，盘点结果表明库存现金实有数为 4 328.80 元。进一步审计发现以下问题。

(1) 尚未入账的业务招待费发票一张，金额 300 元，已经批准。

(2) 尚未入账的差旅费借款单 3 张，金额 2 000 元，已经批准。

(3) 职工王新借款 2 000 元私用，未经批准。

(4) 尚未入账的收据一张，收职工童建红归还差旅费 2 800 元。

(5) 1 月 12 日现金账面余额 5 828.80 元。

(6) 本月 1~12 日现金收入合计 49 800 元，现金支出合计 47 800 元。

(7) 2020 年 12 月 31 日现金账面余额 2 968 元。

(8) 银行核定该企业库存现金限额为 2 000 元。

要求：根据盘点结果编制库存现金盘点表，指出该公司现金管理中存在的问题，并提出处理意见。

分析：

库存现金盘点表

客户：宏发公司　　　　　　　编制人：　　　日期：　　　索引号：

项目：库存现金监盘　　　　　复核人：　　　日期：　　　页次：

会计期间：2020 年度

盘点日期：2021 年 1 月 12 日

盘点记录	金额	追溯及审定数	金额
上一日库存现金账面余额	5 828.80	库存现金盘点日调整后余额	6 328.80
加：盘点日未记账收入金额	2 800	加：现金盘点日的支出	47 800
减：盘点日未记账支出金额	2 300	减：现金盘点日的收入	49 800
盘点日库存现金账面应有余额	6 328.80	报表日库存现金应有余额	4 328.80
盘点日库存现金实有金额	4 328.80	报表日库存现金账面余额	2 968
库存现金溢缺数(长款或短款)	−2 000	审计差异	−1360.80
溢缺原因：		报表日库存现金应有余额	
白条抵库账面应有金额	2 000	报表日库存现金应有余额	
调整后库存现金余额	6 328.80	报表日库存现金应有余额	

盘点人：　　　　　　　监盘人：　　　　　　　复核人：

1. 存在问题

(1) 该公司盘点日库存现金短缺。库存现金账面余额应为 6 328.80 元(即 5 828.80 +2 800−2 300)，而现金实有数为 4 328.80 元，库存现金短缺 2 000 元，短缺原因为白条抵库。

(2) 存在白条抵库现象，违反现金管理制度。

(3) 入账不及时，存在跨日收入。

(4) 超限额留存现金，2020 年 12 月 31 日超限额 2 328.82 元，违反现金限额有关规定。

(5) 2020 年度资产负债表中库存现金数额不正确。2020 年 12 月 31 日库存现金应有数为 4 328.80 元(即 6 328.80−49 800+47 800)，与 2020 年报表日库存现金账面余额 2 968 元不相符，相差 1360.80 元。

2. 处理意见

(1) 白条抵库应查明原因，责令限期归还。

(2) 未入账的凭证应及时补记入账。

(3) 库存现金超限额部分，应及时送存银行。

(4) 报表日库存现金审计差异应进行及时调整。

3. 审计调整分录

库存现金溢余，应编制如下调整分录。

借：库存现金　　　　　　　1360.80

　　贷：营业外收入　　　　　　　　1360.80

任务三 银行存款审计

一、银行存款的审计目标

(1) 确定资产负债表中的银行存款是否确实存在(存在认定)。

(2) 确定已发生的银行存款收支业务是否均已记录(完整性认定)。

(3) 确定银行存款是否为被审计单位所拥有或控制(权利和义务认定)。

(4) 确定资产负债表中的银行存款余额是否正确(计价和分摊认定)。

(5) 确定银行存款是否已按企业会计准则的规定在财务报表中作出恰当列报。

二、银行存款内部控制的测试

(一)银行存款内部控制测试的要求

一般而言,一个良好的银行存款的内部控制应当做到以下几点。

(1) 银行存款收支与记账的岗位分离。

(2) 银行存款收支要有合理、合法的凭据。

(3) 全部收支及时准确入账,并且支出要有核准手续。

(4) 按月编制银行存款余额调节表,以做到账实相符。

(5) 加强对银行存款收支业务的内部审计。

(二)银行存款的控制测试

1. 了解银行存款的内部控制

注册会计师对银行存款内部控制的了解一般可与了解现金的内部控制同时进行。注册会计师应当注意的内容如下所述。

(1) 银行存款的收支是否按规定的程序和权限办理。

(2) 银行账户是否存在与本单位经营无关的款项收支情况。

(3) 是否存在出租、出借银行账户的情况。

(4) 出纳与会计的职责是否严格分离。

(5) 是否定期取得银行对账单并编制银行存款余额调节表等。

2. 抽取一定期间的银行存款日记账与总账核对

注册会计师应抽取一定期间的银行存款日记账,检查其有无计算错误,并与银行存款总分类账核对。

3. 检查银行存款收款凭证

注册会计师应选取适当的样本量,作如下所述各种检查。

(1) 核对收款凭证与存入银行账户的日期和金额是否相符。

(2) 核对银行存款日记账的收入金额是否正确。

(3) 核对收款凭证与银行对账单是否相符。

(4) 核对收款凭证与应收账款明细账的有关记录是否相符。

(5) 核对实收金额与销货发票是否一致等。

4. 检查银行存款付款凭证

为测试银行存款付款内部控制，注册会计师应选取适当的样本量，作如下所述各种检查。

(1) 检查付款的授权批准手续是否符合规定。

(2) 核对银行存款日记账的付出金额是否正确。

(3) 核对付款凭证与银行对账单是否相符。

(4) 核对付款凭证与应付账款明细账的记录是否一致。

(5) 核对实付金额与购货发票是否相符等。

5. 抽取一定期间银行存款余额调节表，查验其是否按月正确编制并经复核

为证实银行存款记录的正确性，注册会计师必须抽取一定期间的银行存款余额调节表，将其同银行对账单、银行存款日记账及总账进行核对，确定被审计单位是否按月正确编制并复核银行存款余额调节表。

6. 检查外币银行存款的折算方法是否符合有关规定，是否与上年度一致

对于有外币银行存款的被审计单位，注册会计师应检查外币银行存款日记账及"财务费用""在建工程"等账户的记录，确定有关外币银行存款的增减变动是否采用交易发生日的即期汇率将外币金额折算为记账本位币金额，或者采用按照系统合理的方法确定的、与交易发生日即期汇率近似的汇率折算为记账本位币，选择采用汇率的方法前后各期是否一致；检查企业的外币银行存款的余额是否采用期末即期汇率折算为记账本位币金额；折算差额的会计处理是否正确。

7. 评价银行存款的内部控制

注册会计师在完成上述程序之后，即可对银行存款的内部控制进行评价。评价时，注册会计师应首先确定银行存款内部控制可信赖的程度以及存在的薄弱环节和缺点，然后据以确定在银行存款实质性程序中对哪些环节可以适当减少审计程序，哪些环节应增加审计程序并作重点检查，以减少审计风险。

三、银行存款的实质性程序

1. 核对银行存款日记账与总账是否核对相符

注册会计师首先应获取或编制银行存款余额明细表，复核加计是否正确，并与日记账、总账合计数核对是否相符。检查非记账本位币银行存款汇率折算及折算金额是否正确。如果银行存款日记账与总账核对不相符，应查明原因，必要时应建议作出适当调整。

2. 实施实质性分析程序

注册会计师可通过计算定期存款占银行存款的比例，了解被审计单位是否存在高息资

金拆借行为。如存在高息资金拆借，应进一步分析拆出资金的金额，检查高额利差的入账情况。计算存放于非银行金融机构的存款占银行存款的比例，分析这些资金的安全性。

3. 检查银行账户发生额

注册会计师可通过编制银行存单检查表，检查是否与账面记录一致，是否被质押或限制使用，存单是否为被审计单位所拥有。

(1) 对已质押的定期存款，应检查定期存单，并与相应的质押合同核对，同时关注定期存单对应的质押借款有无入账。

(2) 对未质押的定期存款，应检查开户证书原件。

(3) 对审计外勤工作结束日前已提取的定期存款，应核对相应的兑付凭证、银行对账单和定期存款复印件。

4. 取得并检查银行对账单和银行存款余额调节表

取得并检查银行存款余额调节表是证实资产负债表中所列银行存款是否存在的重要程序。银行存款余额调节表通常应由被审计单位根据不同的银行账户及货币种类分别编制。

取得银行存款余额调节表后，注册会计师应检查调节表中未到账项的真实性，以及资产负债表日后的进账情况，如果查明存在应于负债表日之前进账的款项，应进行记录并提出适当的调整建议。其审计程序如下所述。

(1) 验算调节表的数字计算。

(2) 对于金额较大的未提现支票、可提现的未提现支票以及审计人员认为重要的未提现支票，列示未提现支票清单，注明开票日期和收票人的姓名或单位。

(3) 追查截止日期银行对账单上的在途存款，并在银行余额调节表上注明存款日期。

(4) 检查截止日仍未提现的大额支票和其他已签发一个月以上的未提现支票。

(5) 追查截止日期银行对账单已收、企业未收的款项性质及款项来源。

(6) 核对银行存款总账余额、银行对账单加总金额。

5. 函证银行存款余额

函证银行存款余额是证实资产负债表所列银行存款是否存在的重要程序。注册会计师应当对银行存款(包括零余额账户和本期注销的账户)、借款以及与金融机构往来的其他重要信息实施函证程序，除非有充分证据表明银行存款、借款以及与金融机构往来的其他重要信息对财务报表不重要。如果不对这些项目实施函证程序，注册会计师应在审计工作底稿中说明理由。

实施函证程序时，注册会计师应当以被审计单位的名义向其开户银行发函，以验证被审计单位银行存款的真实性、合法性和完整性。按照有关规定，各商业银行、政策性银行、非银行金融机构应该对询证函列示的全部项目作出回复，并在收到询证函之日起 10 个工作日内，将回函直接寄给有关会计师事务所。

完整的银行询证函一般包括款、借款、销户情况、委托存款、委托贷款、担保、承兑汇票、贴现票据、托收票据、信用证、外汇合约、存托证券及其他重大事项。银行询证函的格式见参考格式 9-1。

参考格式 9-1

银行询证函

××银行：

本公司聘请的××会计师事务所注册会计师正在对本公司××年度财务报表进行审计，按照中国注册会计师审计准则的要求，询证本公司与贵行相关的信息。下列信息出自本公司记录，如与贵行记录相符，请在本函下端"信息证明无误"处签单证明；如有不符，请在"信息不符"处列明不符项目及具体内容；如存在与本公司有关的未列入本函的其他重要信息，也请在"信息不符"处列出其详细资料。回函请直接寄到××会计师事务所。

回函地址：　　　　　　　　　　　　　　邮编：

电话：　　　　　　　传真：　　　　　　　联系人：

截至××××年××月××日，本公司与贵行相关的信息列示如下。

1. 银行存款

账户名称	银行账号	币种	利率	余额	起止日期	是否被质押、担保或存在其他使用限制	备注

除以上所述，本公司并无其他在贵行的存款。

2. 银行借款

借款人名称	币种	本息余额	借款日期	到期日期	利率	借款条件	抵(质)押品、担保人	备注

除以上所述，本公司并无其他在贵行借款。

……

结论：1. 数据证明无误

(银行签章)

经办人：　　　　　　　　年　　月　　日

2. 数据不符，请列明不符事项及具体内容

(银行签章)

经办人：　　　　　　　　年　　月　　日

通过向往来银行函证，注册会计师不仅可了解企业资产的存在，还可了解企业账面反映所欠银行债务的情况，并有助于发现企业未入账的银行借款和未披露的或有负债。

进行函证时，除了应了解被审计单位银行存款余额外，还应对银行借款账户的开户及

注销情况,委托贷款、担保贷款及抵(质)押贷款的情况,银行承兑汇票的出票情况,商业汇票的托收情况,信用证的开证情况,未履行完毕的外汇买卖合约,存放于该行的有价证券及其他产权文件及其他重大事项进行函证。

6. 查明银行存款的存款人是否为被审计单位,如果不是,应获取户主与被审计单位的书面证明,确认资产负债表日是否需要提请被审计单位进行调整

7. 抽查大额银行存款收支凭证,检查银行存款收支的真实性、合法性、完整性

审计人员应抽查大额银行存款(含外埠存款、银行汇票存款、银行本票存款、信用证保证金存款)收支的原始凭证,检查相关内容填写是否完整,是否经过授权审批,并核对相关账户的进账情况。若有与被审计单位生产经营业务无关的收支事项,应查明原因并予以记录。

8. 查明被审计单位是否有质押、冻结等对变现有限制或存放在境外的款项,如果存在,是否需要提请被审计单位进行必要的调整或披露

9. 检查银行存款收支的正确截止日期

注册会计师应通过抽查负债表日前后若干天的银行存款收支凭证来实施截止测试,并关注业务内容及对应项目,若有跨期收支事项,应考虑是否应提出调整建议。

10. 对不符合现金及现金等价物条件的银行存款应在审计工作底稿中予以说明,以考虑对现金流量表的影响

11. 确定银行存款在财务报表中的列报是否恰当

【例9-3】注册会计师对某企业银行存款进行审计时发现:2020年12月31日银行存款日记账金额为53 360元。银行存款对账单余额为50 800元(经核实是正确的)。经核对发现2020年12月存在以下几笔未达账项。

(1) 12月29日,委托银行收款5 000元,银行已入账,收款通知单尚未到达企业。

(2) 12月31日,企业开出1张现金支票1 600元,企业已减少存款,银行尚未入账。

(3) 12月31日,银行已代付企业电费1 000元,银行已入账,企业尚未收到付款通知。

(4) 12月31日,企业收到外单位转账支票1张,计7 200元,企业已收款入账,银行尚未记账。

(5) 12月15日,收到银行收款通知单金额为7 700元,公司入账时误记为7 000元。

要求:

(1) 根据上述情况编制银行存款余额调节表。

(2) 假定银行存款对账单中存款余额正确无误,请问:

① 编制的调节表中发现的错误数额是多少?属于何种性质的错误?

② 2020年12月31日银行存款日记账的正确余额是多少?

③ 如果2020年12月31日资产负债表上的"货币资金"科目中的银行存款余额为56 000元,请问是否真实?

分析:

(1) 编制银行存款余额调节表。

银行存款余额调节表

企业名称：××公司　　　　　2020 年 12 月 31 日　　　　　单位：元

项　目	金额	项　目	金额
公司银行存款账面余额	53 360	开户银行对账单余额	50 800
加：银行已收，公司未收的款项	5 000	加：公司已收，银行未收的款项	7 200
减：银行已付，公司未付的款项	1 000	减：公司已付，银行未付的款项	1 600
加：企业记账差错数	700		
调节后的存款余额	58 060		56 400

(2) 假定银行存款对账单中存款余额正确无误，则相关数据如下。

① 调节表发现的错误数额是 1 660 元(58 060-56 400)。因为银行存款对账单中存款余额(即 50 800 元)是正确的，所以错误性质有二：其一可能属于登记银行存款减少上的错误，因为少记银行存款的减少，会导致银行存款余额虚增。其二可能属于企业登记银行存款收入上的虚增，同样也会导致企业银行存款余额虚增。

② 2020 年 12 月 31 日企业银行存款日记账的正确余额是 51 700 元(53 360-1 660)。

③ 资产负债表上的"货币资金"科目中的银行存款数 56 000 元的真实性差，应加以调整。正确余额为 56 400 元(51 700+5 000-10 00+700)。

【案例解析】

银行存款余额调节表

2020 年 12 月 31 日

项　目	金　额	项　目	金　额
银行存款日记账余额	31400	银行对账单余额	39 900
加：银行已收、企业未收款	10 500	加：企业已收、银行未收款	6 000
减：银行已付、企业未付款	3 200	减：企业已付、银行未付款	7 200
调节后余额	38 700	调节后余额	38 700

结论：

从银行存款余额调节表可以看出，××公司 2020 年 12 月 31 日银行存款的数额经调整后应为 38 700 元，从而证明公司银行存款账面余额 31 400 元是真实的。

项 目 小 结

通过本项目学习，要求了解货币资金与各业务循环的关系及所涉及的凭证记录，了解货币资金的内部控制及控制测试。掌握库存现金、银行存款的重要实质性测试程序。本项目重点和难点是库存现金的实质性程序、银行存款的实质性程序。

高职高专互联网+新形态教材·财会系列

项目强化训练

一、单项选择题

1. 货币资金内部控制的以下关键控制环节中，存在重大缺陷的是(　　)。
   A. 财务专用章由专人保管，个人名章由本人或其授权人员保管
   B. 对重要货币资金支付业务，实行集体决策
   C. 现金收入及时存入银行，特殊情况下，经主管领导审查批准方可坐支现金
   D. 指定专人定期核对银行账户，每月核对一次，编制银行存款余额调节表，使银行存款账面余额与银行对账单调节相符

2. 在进行年度会计报表审计时，为了证实被审计单位在临近 12 月 31 日签发的支票未入账，注册会计师实施的最有效审计程序是(　　)。
   A. 审查 12 月 31 日的银行存款余额调节表
   B. 函证 12 月 31 日的银行存款余额
   C. 审查 12 月 31 日的银行对账单
   D. 审查 12 月的支票存根

3. 被审计单位的现金收款通过舞弊手段被侵占违背了(　　)认定。
   A. 真实性　　　　B. 完整性　　　　C. 准确性　　　　D. 权利和义务

4. 银行存款余额调节表应由(　　)来调节，以保证资产的安全完整、会计记录的正确无误。
   A. 采购员　　　　B. 出纳员　　　　C. 出纳员以外人员　　　D. 会计

5. 向开户银行函证，可以证实若干项目标，其中最基本的目标是证实(　　)。
   A. 银行存款真实存在　　　　　　B. 是否有欠银行的债务
   C. 是否有漏记的存款　　　　　　D. 是否有充作抵押担保的资产

6. 审查库存现金时，在出纳员清点库存现金以后，编制"库存现金盘点表"的人员应是(　　)。
   A. 注册会计师　　　B. 出纳员　　　　C. 会计主管　　　　D. 财务经理

7. 如果在资产负债表日后对库存现金进行盘点，应当根据盘点数、资产负债表日至(　　)的现金收支数额，倒推计算资产负债表上所包含的现金数额是否正确。
   A. 审计报告日　　B. 资产负债表日　C. 盘点日　　　　D. 外勤工作结束日

8. 下列(　　)不属于注册会计师把货币资金作为审计重点的理由。
   A. 货币资金收付业务量大　　　　B. 货币资金收付发生频繁
   C. 舞弊事件大多与货币资金相关　D. 货币资金占资产总额的比重大

9. 下列与现金业务有关的职责可以不分离的是(　　)。
   A. 现金支付的审批与执行　　　　B. 现金保管与现金日记账的记录
   C. 现金的会计记录与审计监督　　D. 现金保管与现金总分类账的记录

10. 盘点库存现金，不能实现的审计目标是(　　)。
    A. 确定现金在财务报表日是否确实存在，是否为被审计单位所有
    B. 确定在特定期间内发生的现金收支业务是否均已记录完毕

C. 确定现金的余额是否正确

D. 确定现金在报表上的列报是否恰当

二、多项选择题

1. 一个良好的货币资金内部控制应包括(　　)。

　　A. 货币资金收支与记账岗位分离　　　B. 货币资金收支要有合理、合法的凭据

　　C. 全部收支及时准确入账　　　　　　D. 按月盘点现金，做到账实相符

2. 注册会计师实施的下列各项审计程序中，能够证实银行存款是否存在的有(　　)。

　　A. 分析定期存款占银行存款的比例　　B. 检查银行存款余额调节表

　　C. 函证银行存款余额　　　　　　　　D. 检查银行存款收支的正确截止日期

3. 库存现金的实质性审计程序包括(　　)。

　　A. 监盘库存现金

　　B. 抽查大额库存现金收支

　　C. 核对库存现金日记账与总账金额是否相符

　　D. 核对银行对账单和银行存款余额调节表

4. 关于库存现金监盘，正确的做法是(　　)。

　　A. 应包括被审计单位各部门经管的现金

　　B. 事先通知出纳员做必要准备

　　C. 盘点库存现金的时间一般安排在上午上班前或下午下班时

　　D. 清点库存现金时，出纳员和会计主管人员必须参加，注册会计师监盘

5. 注册会计师对库存现金进行盘点时，被审计单位必须参与的人员有(　　)。

　　A. 出纳员　　　　　B. 财务总监　　　　　C. 注册会计师　　　　　D. 会计主管

6. 下列属于银行存款实质性审计程序的有(　　)。

　　A. 函证银行存款余额　　　　　　　　B. 实施实质性分析程序

　　C. 检查银行存款账户发生额　　　　　D. 抽查大额现金收支

7. 注册会计师应当对(　　)实施函证程序。

　　A. 银行存款　　　　　　　　　　　　B. 银行借款

　　C. 金融机构往来的其他重要信息　　　D. 零余额账户和本期注销的账户

8. 针对与货币资金相关的内部控制，注册会计师应提出改进建议的有(　　)。

　　A. 现金收入必须及时存入银行，不得直接用于公司的支出

　　B. 在办理费用报销的付款手续后，出纳员应及时登记现金、银行存款日记账和相关
　　　 费用明细账

　　C. 指定负责成本核算的会计人员每月应核对一次银行存款账户

　　D. 期末应当核对银行存款日记账余额和银行对账单余额。对余额核对相符的银行存
　　　 款账户，无须编制银行存款余额调节表

三、判断题(正确的在括号内打"√"，错误打"×")

1. 注册会计师编制的库存现金盘点表属于审计工作底稿。　　　　　　　　(　　)

2. 盘点库存现金时，注册会计师不必考虑盘点的时间，随时都可以进行。　(　　)

3. 单位应当加强现金库存限额的管理，超过库存限额的现金应及时存入银行。(　　)

4. 特殊情况下，单位取得的货币资金收入可以不入账，设立"小金库"。　　（　　）

5. 若被审计单位财会人员较少时，出纳员可以兼任债权债务账目的登记工作。（　　）

6. 当日收到现金应及时送存银行，以控制现金坐支。　　　　　　　　　　（　　）

7. 库存现金盘点最好采取突击式检查方式。　　　　　　　　　　　　　　（　　）

8. 检查银行对账单和银行存款余额调节表是证实资产负债表所列银行存款是否存在的重要程序。　　　　　　　　　　　　　　　　　　　　　　　　　　　　　　　（　　）

9. 若被审计单位某一银行存款账户的余额为零，注册会计师一般不对其实施函证。
　　　　　　　　　　　　　　　　　　　　　　　　　　　　　　　　　（　　）

10. 函证银行存款余额是证实资产负债表所列银行存款是否存在的重要程序。（　　）

四、简答题

1. 货币资金可能发生错报的环节有哪些？

2. 如何设计对于库存现金的有效内部控制？

3. 如何对库存现金实施监盘？

4. 如何对银行存款实施函证？

五、实务题

1. 闽宏会计师事务所的注册会计师 A 和 B 接受委托，审计甲公司 2020 年度的财务报表。根据以往经验，决定信赖客户的内部控制，为此决定对相关内部控制进行了解和控制测试。通过了解，A 和 B 注册会计师发现以下问题。

(1) 关于银行存款的内部控制：财务处处长负责支票的签署，外出时其职责由副处长代为履行。副处长负责银行预留印鉴的保管和财务专用章的管理，外出时其职责由处长代为履行。财务人员乙负责空白支票的管理，仅在出差期间交由财务处长管理。负责签署支票的财务处长的个人名章由其本人亲自掌管，仅在出差期间交由副处长临时代管。

(2) 关于货币资金支付的规定：部门或个人用款时，应提前向审批人提交申请，注明款项的用途、金额、支付方式、经济合同或相关证明。对于金额在 10 000 元以下的用款申请，必须经过财务处副处长的审批，金额在 10 000 元以上的用款申请，应经过财务处处长的审批。出纳人员根据已经批准的支付申请，按规定办理货币资金支付手续，及时登记现金和银行存款日记账。货币资金支付后，应由专职的复核人员进行复核，复核货币资金的批准范围、权限、程序、手续、金额、支付方式、时间等，发现问题后及时纠正。

要求：指出甲公司内部控制中存在的问题并提出改进建议。

2. B 注册会计师在对甲公司 2020 年财务报表进行审计时，对甲公司的银行存款实施的审计程序中，部分程序如下所述。

(1) 取得 2020 年 12 月 31 日银行存款余额调节表。

(2) 向开户银行寄发银行询证函，并直接收取寄回的询证函回函。

(3) 取得开户银行 2021 年 1 月 31 日的银行对账单。

请讨论：B 注册会计师取得银行存款余额调节表后，应检查哪些内容？B 注册会计师向开户银行询证的作用有哪些？B 注册会计师应采取什么方式才能直接收回开户银行的询证函回函？目的是什么？B 注册会计师索取开户银行 2021 年 1 月 31 日银行对账单，可以证实2020 年 12 月 31 日银行存款余额调节表中的哪些内容？

3. 2021 年 1 月 21 日，注册会计师对某企业进行会计报表审计，查得资产负债表的"货币资金"科目中库存现金余额为 4 299.05 元。2021 年 1 月 21 日下午下班前，对出纳经管的现金进行了清点，该企业 1 月 21 日库存现金账面余额为 3 799.05 元。清点结果如下所述。

(1) 现金实存数 2 725.25 元。

(2) 保险柜中有下列单据已经收付款，但未入账。

① 某职工预借差旅费借条 1 张，金额 1 000 元，已经批准，日期是 2020 年 12 月 29 日。

② 某采购员借条 1 张，金额是 650 元，日期是 2020 年 12 月 20 日，未经批准。

③ 保险柜中有已收款但未记账的凭证 3 张，金额 676.20 元。

④ 外地汇款单 1 张，汇出日期是 2020 年 12 月 3 日，金额是 2 500 元，尚未办理。

⑤ 2021 年 1 月 18 日的转账支票 1 张，金额 925 元。

⑥ 本市某单位 2021 年 1 月 5 日开出转账支票 1 张，金额是 500 元，20 日交存银行，已过规定进账时间，银行不予进账，现未加处理。

⑦ 经核对 2021 年 1 月 1 日至 21 日的收付款凭证和现金日记账，核实这段日期的现金收入为 11 750 元，现金支出 12 000 元，正确无误。

⑧ 银行核定该企业的库存现金限额为 3 000 元。

要求：根据以上资料，编制库存现金盘点表，核实库存现金实有数，并调整核实 2020 年 12 月 31 日资产负债表所列的数字是否公允，对现金收支、库存管理的合法性提出审计意见。

 ## 微课视频

扫一扫，获取本项目相关微课视频。

9.1 货币资金审计概述　　9.2 库存现金审计　　9.3 银行存款审计

项目十

撰写审计报告

【知识目标】

● 明确完成审计工作阶段应完成的主要任务。

● 熟悉掌握审计报告的基本内容。

● 了解审计报告的类型及其特点。

● 熟悉审计档案的分类与保管期限。

【技能目标】

● 能熟练进行审计完成阶段的各项工作。

● 能够根据不同审计结果提出恰当的审计意见。

● 能够熟练编制各种类型的审计报告。

【案例引导】

1996 年 1 月 18 日大华会计师事务所对上海延中实业股份有限公司(证券代码 600601)1995 年度报告出具的保留意见。这是我国证券市场首份保留意见的审计报告。

重庆渝港钛白粉有限公司(证券代码 000515)1997 年度报告,被重庆华源会计师事务所审计并出具了否定意见的审计报告。这是我国证券市场首份否定意见的审计报告。

1998 年年初,石家庄宝石电子玻璃股份有限公司(证券代码 000413)由于生产停顿、财务状况不佳,受聘审计的普华大华会计师事务所对其财务报表出具了无法表示意见的审计报告。这是我国证券市场出现的第一份无法表示意见的审计报告。

请问审计报告的类型有哪些?如何解读各种类型的审计报告?

任务一　完成审计工作

一、审计差异调整

审计差异是由于被审计单位的会计处理方法与相关会计准则不一致而形成的差异。审计差异按是否需要调整账户记录可分为核算错误和重分类错误。核算错误是因企业对经济业务进行了不正确的会计核算而引起的错误。可以把这些核算错误区分为建议调整的不符事项和不建议调整的不符事项。重分类错误是因企业未按相关会计准则列报财务报表而引起的错误,如企业在应付账款项目中反映的预付账款和在应收账款项目中反映的预收账款等。

审计项目组成员在审计过程中发现的审计差异,应根据重要性原则予以初步确定并汇总,并建议被审计单位调整,使经审计的财务报表所载信息能够真实反映被审计单位的财务状况、经营成果和现金流量。若被审计单位予以采纳,应取得其同意调整的书面确认;若被审计单位不予采纳,应分析原因,并根据错报的性质和重要程度,确定是否在审计报告中反映,以及如何反映。

(一)编制审计差异调整表

审计差异调整在审计工作底稿中一般是以会计分录的形式反映的,汇总审计差异可以通过编制审计差异调整表进行,包括账项调整分录汇总表、重分类调整分录汇总表和未更正错报汇总表(参见表 10-1～表 10-3)。

表 10-1　账项调整分录汇总表

被审计单位：	索引号：
项目：	财务报表截止日/期间：
编制：	复核：
日期：	日期：

序号	内容及说明	索引号	调整内容				影响利润表 +(−)	影响资产 负债表+(−)
			借方项目	借方金额	贷方项目	贷方金额		

与被审计单位沟通：

参加人员：

被审计单位：

审计项目组：

被审计单位意见：

结论：

是否同意上述审计调整：

被审计单位授权代表签字：　　　　　　　　　　　　　　　日期：

表 10-2　重分类调整分录汇总表

被审计单位：	索引号：
项目：	财务报表截止日/期间：
编制：	复核：
日期：	日期：

序号	内容及说明	索引号	调整内容			
			借方项目	借方金额	贷方项目	贷方金额

与被审计单位沟通：

参加人员：

被审计单位：

审计项目组：

被审计单位意见：

结论：

是否同意上述审计调整：

被审计单位授权代表签字：　　　　　　　　　　　　　日期：

表 10-3　未更正错报录汇总表

被审计单位：	索引号：
项目：	财务报表截止日/期间：
编制：	复核：
日期：	日期：

序号	内容及说明	索引号	未调整内容				备注
			借方项目	借方金额	贷方项目	贷方金额	

未更正错报的影响：

	项目	金额	百分比	计划百分比
1. 总资产	＿＿＿	＿＿＿	＿＿＿	＿＿＿
2. 净资产	＿＿＿	＿＿＿	＿＿＿	＿＿＿
3. 销售收入	＿＿＿	＿＿＿	＿＿＿	＿＿＿
4. 费用总额	＿＿＿	＿＿＿	＿＿＿	＿＿＿
5. 毛利	＿＿＿	＿＿＿	＿＿＿	＿＿＿
6. 净利润	＿＿＿	＿＿＿	＿＿＿	＿＿＿

结论：

被审计单位授权代表签字：　　　　　　　　　　　　　　　　日期：

(二)编制试算平衡表

试算平衡表是注册会计师在被审计单位提供的未审计财务报表的基础上，考虑调整分录、重分类分录等内容，以确定已审数额与报表披露数额的表达形式。注册会计师认可的财务报表最终反映的数额应以试算平衡表调整后的审定数额为准(见表10-4、表10-5)。

表10-4　资产负债表试算平衡表

被审计单位：　　　　　　　　　　索引号：

项目：　　　　　　　　　　　　　财务报表截止日/期间：

编制：　　　　　　　　　　　　　复核：

日期：　　　　　　　　　　　　　日期：

项目	期末未审数	账项调整借方	账项调整贷方	重分类调整借方	重分类调整贷方	期末审定数	项目	期末未审数	账项调整借方	账项调整贷方	重分类调整借方	重分类调整贷方	期末审定数
货币资金							短期借款						
……							……						
长期应收款							长期借款						
……							……						
固定资产													
……							实收资本						
							……						
合计							合计						

资产负债表试算平衡表左边的期末未审数、期末审定数的合计数应分别等于其右边相应合计数。资产负债表试算平衡表左边的账项调整栏中的借方合计数与贷方合计数之差应等于右边的账项调整栏中的贷方合计数与借方合计数之差。资产负债表试算平衡表左边的重分类调整栏中的借方合计数与贷方合计数之差应等于右边的重分类调整栏中的贷方合计数与借方合计数之差。

表 10-5 利润表试算平衡表

被审计单位:	索引号:
项目:	财务报表截止日/期间:
编制:	复核:
日期:	日期:

项　　目	审计前金额	调整金额		审定金额
		借　　方	贷　　方	
一、营业收入				
减：营业成本				
税金及附加				
……				
二、营业利润				
加：营业外收入				
减：营业外支出				
三、利润总额				
减：所得税费用				
四、净利润				

二、评价审计结果

评价审计结果，主要是为了确定将要发表的审计意见的类型以及在整个审计工作中是否遵循了审计准则。主要包括两项工作：一是对重要性和审计风险进行最终的评价。二是对被审计单位已审计财务报表形成审计意见并草拟审计报告。

(一)对重要性和审计风险进行最终的评价

对重要性和审计风险进行最终评价，是审计人员决定发表何种类型审计意见的必要过程，该过程可通过以下两个步骤来完成。

第一，确定可能错报金额。可能错报金额包括已经识别的具体错报和推断误差。

第二，根据财务报表层次重要性水平，确定可能的错报金额的汇总数(即可能错报总额)对财务报表的影响程度。

(二)对被审计单位已审计财务报表形成审计意见并草拟审计报告

在完成审计工作阶段，为了对会计报表整体发表适当的意见，审计项目经理应当将分散的审计结果加以汇总和评价，以发表审计意见。综合评价后，再逐级交给部门经理和主任会计师认真复核。在对审计意见作出最后决定之前，会计师事务所通常要与被审计单位召开沟通会，由注册会计师报告审计所发现的问题，并说明建议调整的理由，管理层可以在会上申辩立场。双方若对被审计单位需要作出的改变达成协议，项目经理就可以确定自

高职高专互联网＋新形态教材·财会系列

已发表审计意见的类型，并草拟出审计报告。

三、与治理层沟通

为了借助公司内部之间的权力平衡和制约关系，保证财务信息质量，现代公司治理结构往往要求治理层对管理层编制财务报表的过程实施有效监督。因此，公司治理层和审计人员在健全完善公司治理结构中都扮演着重要的角色，两者在对管理层编制的财务报表进行监督方面具有共同的关注点。

注册会计师应当就自身的独立性与治理层进行书面沟通。此外，注册会计师还应当就与财务报表审计相关，且根据职业判断认为与治理层责任相关的重大事项，以适当的方式及时与治理层沟通。注册会计师应当直接与治理层沟通的事项包括审计人员的责任、计划的审计范围和时间、审计工作中发现的问题以及审计人员的独立性等。

四、取得管理层声明

管理层声明是管理层向注册会计师提供的用以确认某些事项或支持其他审计证据的书面陈述。注册会计师在出具审计报告前，应向被审计单位管理层索取书面声明，以明确会计责任与审计责任。如果被审计单位管理层拒绝就会计报表重大影响事项提供必要的书面声明，或拒绝就重要的口头声明予以书面确认，则注册会计师应将其视为审计范围受到严重限制，并出具保留意见或无法表示意见的审计报告。

审计人员应当要求管理层就下列事项提供书面声明：首先，按照审计业务约定条款，已向审计人员提供所有相关信息，并允许审计人员不受限制地接触所有相关信息及被审计单位内部人员和其他相关人员。其次，所有交易均已记录并反映在财务报表中。

管理层书面声明

(致注册会计师):

本声明书是针对你们审计 ABC 公司截至 20××年 12 月 31 日的年度财务报表而提供的。审计的目的是对财务报表发表意见，以确定财务报表是否在所有重大经营活动方面已按照企业会计准则的规定编制，并实现公允反映。

尽我们所知，并在作出了必要的查询和了解后，我们确认：

一、财务报表

1. 我们已履行[插入日期]签署的审计业务约定书中提及的责任，即根据企业会计准则的规定编制财务报表，并对财务报表进行公允反映。

2. 在作出会计估计时使用的重大假设(包括与公允价值计量相关的假设)是合理的。

3. 已按照企业会计准则的规定对关联方关系及其交易作出了恰当的会计处理和披露。

4. 根据企业会计准则的规定，所有需要调整或披露的资产负债表日后事项都已得到调整或披露。

5. 未更正错报，无论是单独还是汇总起来，对财务报表整体的影响均不重大。未更正错报汇总表附在本声明书后。

6. [插入审计人员可能认为适当的其他任何事项]。

二、提供的信息

7. 我们已向你们提供下列工作条件：

(1) 允许接触我们注意到的、与财务报表编制相关的所有信息(如记录、文件和其他事项)。

(2) 提供你们基于审计目的要求我们提供的其他信息。

(3) 允许在获取审计证据时不受限制地接触你们认为必要的本公司内部人员和其他相关人员。

8. 所有交易均已记录并反映在财务报表中。

9. 我们已向你们披露了由于舞弊可能导致的财务报表重大错报风险的评估结果。

10. 我们已向你们披露了我们注意到的、可能影响本公司的、与舞弊或舞弊嫌疑相关的所有信息，这些信息涉及本公司的：

(1) 管理层。

(2) 在内部控制中承担重要职责的员工。

(3) 其他人员(在舞弊行为导致财务报表重大错报的情况下)。

11. 我们已向你们披露了从现任和前任员工、分析师、监管机构等方面获知的，影响财务报表的舞弊指控或舞弊嫌疑的所有信息。

12. 我们已向你们披露了所有已知的、在编制财务报表时应当考虑其影响的违反或涉嫌违反法律法规的行为。

13. 我们已向你们披露了我们注意到的关联方的名称和特征、所有关联方关系及其交易。

14. [插入审计人员可能认为必要的其他任何事项]。

附：未更正错报汇总表

ABC 公司　　　ABC 公司管理层

(盖章)　　　　(签名并盖章)

中国××市　　20××年×月××日

五、完成质量控制复核

质量控制复核由没有参加审计项目的人员进行，客观地评价项目组作出的重大判断和在准备报告时形成的结论，以及拟出具的审计报告的适当性。进行独立复核能严格保持整体审计工作质量的一致性，确认该审计工作已达到会计师事务所的工作标准，同时可以消除妨碍注册会计师正确判断的偏见，作出符合事实的审计结论。对签发审计报告前的审计工作底稿进行独立复核，是实施对审计工作结果的最后质量控制，能避免对重大审计问题的遗留或对具体审计工作理解不透彻等缺陷，从而形成与审计工作结果相一致的审计意见。

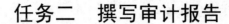

任务二　撰写审计报告

审计报告是指注册会计师根据审计准则的规定，在实施审计工作的基础上对被审计单位财务报表发表审计意见的书面文件。审计报告是注册会计师在完成审计工作后向委托人提交的最终产品，注册会计师在审计报告上签名并盖章，表明对其出具的审计报告负责。注册会计师应当将已审计的财务报表附于审计报告后，以便于财务报表使用者正确理解和使用审计报告，并防止被审计单位替换、更改已审计的财务报表。

一、审计报告的作用

(一)鉴证作用

注册会计师签发的审计报告，是以超然独立的第三者身份，对被审计单位财务报表的合法性、公允性发表意见。这种意见具有鉴证作用，旨在提高财务报表的质量，以增强报表使用者对报表的信赖程度。

(二)保护作用

注册会计师通过审计，对被审计单位财务报表出具不同类型审计意见的审计报告，可以提高或降低财务报表信息使用者对财务报表的信赖程度，能够在一定程度上对被审计单位的财产、债权人和股东的权益以及企业利害关系人的利益起到保护作用。

(三)证明作用

审计报告是对注册会计师审计任务完成情况及其结果所作的总结。审计报告可以证明注册会计师在审计过程中是否实施了必要的审计程序，是否以审计工作底稿为依据发表了审计意见，审计工作的质量是否符合要求。通过审计报告，可以证明注册会计师审计责任的履行情况。

二、审计报告的基本内容

注册会计师进行财务报表审计后编写的审计报告，其模式趋于标准化，它包括如下所述各要素。

(一)标题

审计报告的标题应当统一规范为"审计报告"。

(二)收件人

审计报告的收件人是指注册会计师按照业务约定书的要求致送审计报告的对象，一般是指审计业务的委托人。审计报告应当载明收件人的全称，如"××股份有限公司全体股东"等。

(三)审计意见

审计意见由两部分构成，第一部分应当指出已审计财务报表，第二部分应当说明注册会计师发表的审计意见。

1. 指出已审计财务报表

本部分应当包括：①指出被审计单位的名称；②说明财务报表已经审计；③指出构成整套财务报表的每一财务报表的名称并提及财务报表附注；④指明构成整套财务报表的每一财务报表的日期或涵盖的期间。

2. 说明注册会计师发表的审计意见

本部分应当说明注册会计师发表的审计意见。如果对财务报表发表无保留意见，审计意见应当说明财务报表已在所有重大方面按照适用的财务报告编制基础编制，公允反映了财务报表应当反映的事项。

(四)形成审计意见的基础

本部分内容用以提供关于审计意见的重要背景，紧接在审计意见部分之后，应当说明注册会计师按照审计准则的规定执行了审计工作，并提及审计报告中注册会计师责任的部分。声明注册会计师按照与审计相关的职业道德要求对被审计单位保持了独立性，并履行了职业道德方面的其他责任。说明注册会计师是否相信获取的审计证据是充分、适当的，为发表审计意见提供了基础。

(五)管理层对财务报表的责任

管理层对财务报表的责任段，应当说明管理层所负下列责任。

(1) 按照适用的财务报告编制基础编制财务报表，使其实现公允反映，并设计、执行和维护必要的内部控制，以便财务报表不存在由于舞弊或错误导致的重大错报。

(2) 评估被审计单位的持续经营能力和使用持续经营假设是否适当，并披露与持续经营相关的事项(如适用)，对管理层评估责任的说明应当包括描述在何种情况下使用持续经营假设是适当的。

(六)注册会计师的责任

注册会计师的责任段应当包括下列内容。

(1) 说明注册会计师的目标是对财务报表整体是否不存在由于舞弊或错误导致的重大错报获取合理保证，并出具包含审计意见的审计报告。

(2) 说明合理保证是高水平的保证，但按照审计准则执行的审计并不能保证一定会发现存在的重大错报。

(3) 说明错报可能由于舞弊或错误导致。

(4) 在按照审计准则执行审计工作的过程中，注册会计师运用职业判断，并保持职业怀疑。

(5) 通过说明注册会计师的责任，对审计工作进行描述。这些责任包括：

①识别和评估财务报表重大错报风险；②了解与审计相关的内部控制，设计恰当的审计程序；③评价管理层选用会计政策的恰当性和作出会计估计及相关披露的合理性，对管理层使用持续经营假设的恰当性得出结论；④评价财务报表的总体列报、结构和内容(包括披露)，并评价财务报表是否公允反映相关交易和事项。

(6) 说明注册会计师与治理层就审计事项进行了沟通。

(七)按照相关法律法规的要求报告的事项(如适用)

除审计准则规定的注册会计师对财务报表出具审计报告的责任外，相关法律法规可能对注册会计师设定了其他报告责任。这些责任是注册会计师按照审计准则对财务报表出具审计报告的责任的补充。例如，如果注册会计师在财务报表审计中注意到某些事项，可能被要求对这项事项予以报告。此外，注册会计师可能被要求实施额外规定的程序并予以报告，或对特定事项发表意见。

(八)注册会计师的签名和盖章

审计报告应当由两名具备相关业务资格的注册会计师签名盖章，以明确法律责任。

(九)会计师事务所的名称、地址及盖章

审计报告应当载明会计师事务所的名称和地址，并加盖会计师事务所公章。

(十)报告日期

审计报告应当注明报告日期。审计报告的日期不应早于注册会计师获取充分、适当的审计证据，并在此基础上对财务报表形成审计意见的日期。

在确定审计报告日期时，注册会计师应当确信已获取下列两个方面的审计证据：①构成整套财务报表的所有报表(包括相关附注)已编制完成；②被审计单位的董事会、管理层或类似机构已经认可其对财务报表负责。

三、审计报告的类型

审计报告可分为标准审计报告和非标准审计报告两种类型。标准审计报告是不带附加的、无保留意见的审计报告。非标准审计报告也称为非无保留意见的审计报告，是指标准审计报告以外的其他审计报告，包括保留意见的审计报告、否定意见的审计报告和无法表示意见的审计报告。

(一)标准审计报告

标准审计报告为不附加说明段、强调事项段或任何修饰性用语的无保留意见的审计报告，是注册会计师在对所审查的全部项目都感到满意的前提下发表的审计报告。

发表标准审计报告应符合下列条件：①财务报表已经按照适用的会计准则和相关会计制度的规定编制，在所有重大方面进行了公允反映，不存在重大错报；②注册会计师已经

按照中国注册会计师审计准则的规定计划和实施审计工作，在审计过程中未受到限制；③不存在应调整或披露而被审计单位未予调整或披露的重要事项。

标准审计报告格式的参考格式如下。

审计报告

ABC 股份有限公司全体股东：

一、对财务报表出具的审计报告

(一)审计意见

我们审计了 ABC 股份有限公司(以下简称"ABC 公司")的财务报表，包括 20×1 年 12 月 31 日的资产负债表，20×1 年度的利润表、现金流量表、股东权益变动表以及相关财务报表附注。

我们认为，后附的财务报表在所有重大方面按照企业会计准则的规定编制，公允反映了 ABC 公司 20×1 年 12 月 31 日的财务状况以及 20×1 年度的经营成果和现金流量。

(二)形成审计意见的基础

我们按照中国注册会计师审计准则的规定执行了审计工作。审计报告的"注册会计师对财务报表审计的责任"部分进一步阐述了我们在这些准则下的责任。按照中国注册会计师职业道德守则，我们独立于 ABC 公司，并履行了职业道德方面的其他责任。我们相信，我们获取的审计证据是充分、适当的，为发表审计意见提供了基础。

(三)关键审计事项

关键审计事项是我们根据职业判断，认为对本期财务报表审计最为重要的事项。这些事项的应对以对财务报表整体进行审计并形成审计意见为背景，我们不对这些事项单独发表意见。

(按照《中国注册会计师审计准则第 1504 号——在审计报告中沟通关键审计事项》的规定描述每一关键审计事项。)

(四)管理层和治理层对财务报表的责任

ABC 公司管理层(以下简称管理层)负责按照企业会计准则的规定编制财务报表，使其实现公允反映，并设计、执行和维护必要的内部控制，以使财务报表不存在由于舞弊或错误导致的重大错报。

在编制财务报表时，管理层负责评估 ABC 公司的持续经营能力，披露与持续经营相关的事项(如适用)，并运用持续经营假设，除非管理层计划清算 ABC 公司、终止运营或别无其他现实的选择。治理层负责监督 ABC 公司的财务报告过程。

(五)注册会计师对财务报表审计的责任

我们的目标是对财务报表整体是否不存在由于舞弊或错误导致的重大错报获取合理保证，并出具包含审计意见的审计报告。合理保证是高水平的保证，但并不能保证按照审计准则执行的审计在某一重大错报存在时总能发现。错报可能由于舞弊或错误导致，如果合理预期错报单独或汇总起来可能影响财务报表使用者依据财务报表作出的经济决策，则通常认为错报是重大的。

在按照审计准则执行审计工作的过程中，我们运用职业判断，并保持职业怀疑。同时，我们也执行以下工作。

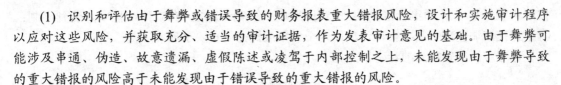

(1) 识别和评估由于舞弊或错误导致的财务报表重大错报风险，设计和实施审计程序以应对这些风险，并获取充分、适当的审计证据，作为发表审计意见的基础。由于舞弊可能涉及串通、伪造、故意遗漏、虚假陈述或凌驾于内部控制之上，未能发现由于舞弊导致的重大错报的风险高于未能发现由于错误导致的重大错报的风险。

(2) 了解与审计相关的内部控制，以设计恰当的审计程序，但目的并非对内部控制的有效性发表意见。

(3) 评价管理层选用会计政策的恰当性和作出会计估计及相关披露的合理性。

(4) 对管理层使用持续经营假设的恰当性得出结论。同时，根据获取的审计证据，就可能导致对 ABC 公司持续经营能力产生重大疑虑的事项或情况是否存在重大不确定性得出结论。如果我们得出结论认为存在重大不确定性，审计准则要求我们在审计报告中提请报表使用者注意财务报表中的相关披露；如果披露不充分，我们应当发表非无保留意见。我们的结论基于截至审计报告日可获得的信息。然而，未来的事项或情况可能导致 ABC 公司不能持续经营。

(5) 评价财务报表的总体列报、结构和内容(包括披露)，并评价财务报表是否公允反映相关交易和事项。

我们与治理层就计划的审计范围、时间安排和重大审计发现等事项进行沟通，包括沟通我们在审计中识别出的值得关注的内部控制缺陷。

我们还就已遵守与独立性相关的职业道德要求向治理层提供声明，并与治理层沟通可能被合理认为影响我们独立性的所有关系和其他事项，以及相关的防范措施(如适用)。

从与治理层沟通过的事项中，我们确定哪些事项对本期财务报表审计最为重要，因而构成关键审计事项。我们在审计报告中描述这些事项，除非法律法规禁止公开披露这些事项，或在极少数情形下，如果合理预期在审计报告中沟通某事项造成的负面后果超过在公众利益方面产生的益处，我们确定不应在审计报告中沟通该事项。

二、按照相关法律法规的要求报告的事项

[本部分的格式和内容，取决于法律法规对其他报告责任性质的规定。]

××会计师事务所	中国注册会计师：×××
(盖章)	(签名并盖章)
	中国注册会计师：×××
	(签名并盖章)
中国××市	二〇×二年×月×日

(二)非标准审计报告

1. 发表非无保留意见的情形

非无保留意见是指保留意见、否定意见或无法表示意见。当出具非保留意见的审计报告时，注册会计师应当直接在审计意见段之前增加说明段，并使用恰当的标题，如"形成保留意见的基础""形成否定意见的基础"或"形成无法表示意见的基础"，清楚地说明导致发表非无保留意见的事项。

当存在下列情形之一时，注册会计师应当在审计报告中发表非无保留意见。

(1) 根据获取的审计证据，得出财务报表整体存在重大错报的结论。

(2) 无法获取充分、适当的审计证据，不能得出财务报表整体不存在重大错报的结论。

2. 确定非无保留意见的类型

注册会计师确定恰当的非无保留意见的类型，取决于下列事项。

(1) 导致非无保留意见的事项的性质，是财务报表存在重大错报，还是在无法获取充分、适当的审计证据的情况下财务报表可能存在重大错报。

(2) 注册会计师就导致非无保留意见的事项对财务报表产生或可能产生影响的广泛性作出的判断。

根据注册会计师的判断，对财务报表的影响具有广泛性的情形包括：①不限于对财务报表的特定要素、账户或项目产生影响；②虽然仅对财务报表的特定要素、账户或项目产生影响，但这些要素、账户或项目是或可能是财务报表的主要组成部分；③当与披露相关时，产生的影响对财务报表使用者理解财务报表至关重要。

表 10-6 列示了注册会计师对导致发表非无保留意见的事项的性质和这些事项对财务报表产生或可能产生影响的广泛性的判断，以及这些判断对审计意见类型的影响。

表 10-6　导致注册会计师发表非无保留意见的事项

导致发表非保留意见的	这些事项对财务报表产生或可能产生影响的类型	
事项的性质	重大但不具有广泛性	重大且具有广泛性
财务报表存在重大错报	保留意见	否定意见
无法获取充分、适当的审计证据	保留意见	无法表示意见

3. 保留意见的审计报告

当存在下列情形之一时，注册会计师应当发表保留意见。

(1) 在获取充分适当的审计证据后，注册会计师认为错报单独或汇总起来时财务报表影响重大，但不具有广泛性。

注册会计师在获取充分、适当的审计证据后，只有当认为财务报表就整体而言是公允的，但还存在对财务报表产生重大影响的错报时，才能发表保留意见。如果注册会计师认为错报对财务报表产生的影响极为严重且具有广泛性，则应发表否定意见。

(2) 注册会计师无法获取充分、适当的审计证据以作为形成审计意见的基础，但认为未发现错报(如存在)对财务报表可能产生的影响重大，但不具有广泛性。

当出具保留意见的审计报告时，注册会计师应当对审计意见段使用恰当的标题，如"保留意见"。注册会计师应当在审计意见段中说明：除了形成保留意见的基础部分所述事项产生的影响外，财务报表在所有重大方面按照适用的财务报告编制基础编制，并实现公允反映。当无法获取允分、适当的审计证据而导致发表保留意见时，注册会计师应当在审计意见段中使用"除……可能产生的影响外"等措辞。

保留意见审计报告的参考格式如下。

高职高专互联网＋新形态教材·财会系列

审计报告

ABC 股份有限公司全体股东:

一、对财务报表出具的审计报告

(一)保留意见

我们审计了 ABC 股份有限公司(以下简称"ABC 公司")的财务报表,包括 20×1 年 12 月 31 日的资产负债表,20×1 年度的利润表、现金流量表、股东权益变动表以及相关财务报表附注。

我们认为,除"形成保留意见的基础"部分所述事项产生的影响外,后附的财务报表在所有重大方面按照企业会计准则的规定编制,公允反映了 ABC 公司 20×1 年 12 月 31 日的财务状况以及 20×1 年度的经营成果和现金流量。

(二)形成保留意见的基础

ABC 公司 20×1 年 12 月 31 日资产负债表中存货的列示金额为×元。管理层根据成本对存货进行计量,而没有根据成本与可变现净值孰低的原则进行计量,这不符合企业会计准则的规定。ABC 公司的会计记录显示,如果管理层以成本与可变现净值孰低来计量存货,存货列示金额将减少×元,相应的,资产减值损失将增加×元,所得税、净利润和股东权益将分别减少×元、×元和×元。

我们按照中国注册会计师审计准则的规定执行了审计工作。审计报告的"注册会计师对财务报表审计的责任"部分进一步阐述了我们在这些准则下的责任。按照中国注册会计师职业道德守则,我们独立于 ABC 公司,并履行了职业道德方面的其他责任。我们相信,我们获取的审计证据是充分、适当的,为发表保留意见提供了基础。

(三)关键审计事项

关键审计事项是根据我们的职业判断,认为对本期财务报表审计最为重要的事项。这些事项是在对财务报表整体进行审计并形成意见的背景下进行处理的,我们不对这些事项提供单独的意见。除"形成保留意见的基础"部分所述事项外,我们确定下列事项是需要在审计报告中沟通的关键审计事项。

[按照《中国注册会计师审计准则第 1504 号——在审计报告中沟通关键审计事项》规定描述每一关键审计事项。]

(四)管理层和治理层对财务报表的责任

[参见 P219 审计报告。]

(五)注册会计师对财务报表审计的责任

[参见 P219 审计报告。]

二、按照相关法律法规的要求报告的事项

[参见 P219 审计报告。]

××会计师事务所　　　　　　　　　　　中国注册会计师:×××

(盖章)　　　　　　　　　　　　　　　(签名并盖章)

　　　　　　　　　　　　　　　　　　中国注册会计师:×××

　　　　　　　　　　　　　　　　　　(签名并盖章)

中国××市　　　　　　　　　　　　　二○×二年×月×日

4. 否定意见的审计报告

在获取充分、适当的审计证据后，如果认为错报单独或汇总起来对财务报表的影响重大且具有广泛性，注册会计师应当发表否定意见。

当发表否定意见时，注册会计师应当根据适用的财务报告编制基础在审计意见段中说明：注册会计师认为，由于形成否定意见的基础部分所述事项的重要性，财务报表没有在所有重大方面按照适用的财务报告编制基础编制，未能实现公允反映。

否定意见审计报告的参考格式如下。

<h2 style="text-align:center">审计报告</h2>

ABC 股份有限公司全体股东：

一、对合并财务报表出具的审计报告

(一)否定意见

我们审计了 ABC 股份有限公司及其子公司(以下简称"ABC 集团")的合并财务报表，包括20×1 年 12 月 31 日的合并资产负债表，20×1 年度的合并利润表、合并现金流量表、合并股东权益变动表以及相关合并财务报表附注。

我们认为，由于"形成否定意见的基础"部分所述事项的重要性，后附的合并财务报表没有在所有重大方面按照××财务报告编制基础的规定编制，未能公允反映 ABC 集团20×1 年 12 月 31 日的合并财务状况以及20×1 年度的合并经营成果和合并现金流量。

(二)形成否定意见的基础

如财务报表附注×所述，20×1 年 ABC 集团通过非同一控制下的企业合并获得对 XYZ 公司的控制权，因未能取得购买日 XYZ 公司某些重要资产和负债的公允价值，故未将 XYZ 公司纳入合并财务报表的范围。按照××财务报告编制基础的规定，该集团应将这一子公司纳入合并范围，并以暂估金额为基础核算该项收购。

如果将 XYZ 公司纳入合并财务报表的范围，后附的 ABC 集团合并财务报表的多个报表项目将受到重大影响。但我们无法确定未将 XYZ 公司纳入合并范围对合并财务报表产生的影响。

我们按照中国注册会计师审计准则的规定执行了审计工作。审计报告的"注册会计师对合并财务报表审计的责任"部分进一步阐述了我们在这些准则下的责任。按照中国注册会计师职业道德守则，我们独立于 ABC 集团，并履行了职业道德方面的其他责任。我们相信，我们获取的审计证据是充分、适当的，为发表否定意见提供了基础。

(三)关键审计事项

除"形成否定意见的基础"部分所述事项外，我们认为，没有其他需要在我们的报告中沟通的关键审计事项。

(四)管理层和治理层对合并财务报表的责任

[参见 P219 审计报告。]

(五)注册会计师对合并财务报表审计的责任

[参见 P219 审计报告。]

二、按照相关法律法规的要求报告的事项

[参见 P219 审计报告。]

××会计师事务所	中国注册会计师：×××(项目合伙人)
(盖章)	(签名并盖章)
	中国注册会计师：×××
	(签名并盖章)
中国××市	二○×二年×月×日

5. 无法表示意见的审计报告

如果无法获取充分、适当的审计证据以作为形成审计意见的基础，且认为未发现的错报(如存在)对财务报表可能产生的影响重大且具有广泛性，注册会计师应当发表无法表示意见。

当出具无法表示意见的审计报告时，注册会计师应当在审计意见段中说明：由于形成无法表示意见的基础部分所述事项的重要性，注册会计师无法获取充分、适当的审计证据为发表审计意见提供基础，因此注册会计师不对这些财务报表发表审计意见。

无法表示意见审计报告的参考格式如下。

审计报告

ABC 股份有限公司全体股东：

一、对财务报表出具的审计报告

(一)无法表示意见

我们审计了 ABC 股份有限公司(以下简称"ABC 公司")的财务报表，包括20×1年12月31日的资产负债表，20×1年度的利润表、现金流量表、股东权益变动表以及财务报表附注。

我们不对后附的 ABC 公司财务报表发表审计意见。由于"形成无法表示意见的基础"部分所述事项的重要性，我们无法获取充分、适当的审计证据以作为对财务报表发表审计意见的基础。

(二)形成无法表示意见的基础

我们于20×2年1月接受 ABC 公司的审计委托，因而未能对 ABC 公司20×1年年初金额为×元的存货和年末金额为×元的存货实施监盘程序。此外，我们也无法实施替代审计程序以获取充分、适当的审计证据。并且 ABC 公司于20×1年9月采用新的应收账款电算化系统，由于存在系统缺陷导致应收账款出现大量错误。截至报告日，管理层仍在纠正系统缺陷并更正错误，我们也无法实施替代审计程序，对截至20×1年12月31日的应收账款总额×元获取充分、适当的审计证据。因此，我们无法确定是否有必要对存货、应收账款以及财务报表其他项目作出调整，也无法确定应调整的金额。

(三)管理层和治理层对财务报表的责任

管理层负责按照企业会计准则的规定编制财务报表，使其实现公允反映，并设计、执行和维护必要的内部控制，以使财务报表不存在由于舞弊或错误导致的重大错报。

在编制财务报表时，管理层负责评估 ABC 公司的持续经营能力，披露与持续经营相关的事项(如适用),并运用持续经营假设,除非计划清算 ABC 公司、停止营运或别无其他现实的选择。治理层负责监督 ABC 公司的财务报告过程。

(四)注册会计师对财务报表审计的责任

我们的责任是按照中国注册会计师审计准则的规定,对 ABC 公司的财务报表执行审计工作,以出具审计报告。但由于"形成无法表示意见的基础"部分所述的事项,我们无法获取充分、适当的审计证据作为发表审计意见的基础。按照中国注册会计师职业道德守则,我们独立于 ABC 公司,并履行了职业道德方面的其他责任。

二、按照相关法律法规的要求报告的事项

[本部分的格式和内容,取决于法律法规对其他报告责任的性质的规定。]

×× 会计师事务所	中国注册会计师: ×××
(盖章)	(签名并盖章)
	中国注册会计师; ×××
	(签名并盖章)
中国 ×× 市	二○×× 年 ×× 月 ×× 日

四、审计报告中增加强调事项段和其他事项段

(一)强调事项段

1. 强调事项段的含义

强调事项段是指审计报告中含有的一个段落,该段落提及已在财务报表中恰当列报或披露的事项,且根据注册会计师的职业判断,该事项对财务报表使用者理解财务报表至关重要。

2. 增加强调事项段的情形

如果认为有必要提醒财务报表使用者关注已在财务报表中列报或披露,且根据职业判断认为是对财务报表使用者理解财务报表至关重要的事项,在该事项不会导致注册会计师发表非无保留意见,且该事项未被确定为在审计报告中沟通的关键审计事项时,注册会计师应当在审计报告中增加强调事项段。

注册会计师可能认为需要增加强调事项段的情形举例如下。

(1) 异常诉讼或监管行动的未来结果存在不确定性。

(2) 在财务报表日至审计报告日之间发生的重大期后事项。

(3) 在允许的情况下,提前应用对财务报表有重大影响的新会计准则。

(4) 存在已经或持续对被审计单位财务状况产生重大影响的特大灾难。

3. 在审计报告中增加强调事项段时应采取的措施

如果在审计报告中增加强调事项段,注册会计师应当将强调事项段作为单独的一部分置于审计报告中,并使用包含"强调事项"的适当标题,明确提及被强调事项以及相关披露的位置,以便能够在财务报表中找到对该事项的详细描述。强调事项段应当仅提及已在财务报表中列报或披露的信息,并且指出审计意见没有因该强调事项而改变。

带有强调事项段的保留意见审计报告的参考格式如下。

审计报告

ABC 股份有限公司全体股东：

一、对财务报表出具的审计报告

(一)保留意见

我们审计了 ABC 股份有限公司(以下简称"ABC 公司")的财务报表，包括 20×1 年 12 月 31 日的资产负债表，20×1 年度的利润表、现金流量表、股东权益变动表以及财务报表附注。

我们认为，除"形成保留意见的基础"部分所述事项产生的影响外，后附的财务报表在所有重大方面按照企业会计准则的规定编制，公允反映了 ABC 公司 20×1 年 12 月 31 日的财务状况以及 20×1 年度的经营成果和现金流量。

(二)形成保留意见的基础

ABC 公司 20×1 年 12 月 31 日的资产负债表中列示的以公允价值计量且其变动计入当期损益的金融资产为×元。管理层对这些金融资产未按照公允价值进行后续计量，而是按照其历史成本进行计量，这不符合企业会计准则的规定。如果按照公允价值进行后续计量，ABC 公司 20×1 年度利润表中公允价值变动损益将减少×元。相应地，所得税、净利润和股东权益将分别减少×元、×元和×元。

我们按照中国注册会计师审计准则的规定执行了审计工作。审计报告的"注册会计师对财务报表审计的责任"部分进一步阐述了我们在这些准则下的责任。按照中国注册会计师职业道德守则，我们独立于 ABC 公司，并履行了职业道德方面的其他责任。我们相信，我们获取的审计证据是充分、适当的。为发表保留意见提供了基础。

(三)强调事项——火灾的影响

我们提醒财务报表使用者关注，财务报表附注×描述了火灾对 ABC 公司的生产设备造成的影响。本段内容不影响已发表的审计意见。

(四)管理层和治理层对合并财务报表的责任

[参见参考格式 10-1(参见 P219 审计报告。)]

(五)注册会计师对合并财务报表审计的责任

[参见参考格式 10-1(参见 P219 审计报告。)]

二、按照相关法律法规的要求报告的事项

[参见参考格式 10-1(参见 P219 审计报告。)]

××会计师事务所	中国注册会计师：×××(项目合伙人)
(盖章)	(签名并盖章)
	中国注册会计师：×××
	(签名并盖章)
中国××市	二○×二年×月×日

(二)其他事项段

1. 其他事项段的含义

其他事项段是指审计报告中含有的一个段落，该段落提及未在财务报表中列报或披露的事项,且根据注册会计师的职业判断,该事项与财务报表使用者理解审计工作、注册会计师的责任或审计报告相关。

2. 需要增加其他事项段的情形

对于未在财务报表中列报或披露,但根据职业判断认为与财务报表使用者理解审计工作、注册会计师的责任或审计报告相关,且未被法律法规禁止、也未被确定为在审计报告中沟通的关键审计事项,注册会计师应当在审计报告中增加其他事项段。

具体而言,需要在审计报告中增加其他事项段的情形主要包括以下四种。

(1) 与使用者理解审计工作相关的情形。在极其特殊的情况下,即使由于管理层对审计范围施加的限制导致无法获取充分、适当的审计证据,注册会计师也不能解除业务约定。在这种情况下,可在审计报告中增加其他事项段,解释为何不能解除业务约定。

(2) 与使用者理解注册会计师的责任或审计报告相关的情况。有时需要注册会计师详细说明某些事项,以进一步解释注册会计师在财务报表审计中的责任或审计报告。在这种情况下,注册会计师可以使用一个或多个子标题来描述其他事项段的内容。

(3) 对两套以上财务报表出具审计报告的情形。被审计单位可能同时编制两套财务报表(如按×国财务报告编制基础编制一套财务报表,又按国际财务报告准则编制另一套财务报表),并委托注册会计师同时对两套财务报表出具审计报告。如果注册会计师已确定两个财务报告编制基础在各自情形下是可接受的,可以在审计报告中增加其他事项段说明这一情况。

(4) 限制审计报告分发和使用的情形。为特定目的编制的财务报表,由于审计报告旨在提供给特定使用者,在这种情况下,可以在审计报告中增加其他事项段,说明审计报告只是提供给财务报表预期使用者,不应被分发给其他机构或人员或者被其他机构或人员使用。

(三)与治理层沟通

如果拟在审计报告中增加强调事项段或其他事项段,注册会计师应当就该事项和拟使用的措辞与治理层沟通。与治理层的沟通能使治理层了解注册会计师拟在审计报告中所强调的特定事项的性质,并在必要时为治理层提供向注册会计师作出进一步澄清的机会。

任务三　管理会计师事务所审计档案

在出具审计报告前,注册会计师应完成所有必要的审计程序,并将审计工作底稿分类整理、汇集归档,形成审计档案。 审计档案的所有权属于承接业务的会计师事务所。审计档案是会计师事务所审计工作的重要历史资料,应当建立严格的保密制度,并由专人保管。

一、审计档案的分类

审计档案按照使用期限的长短和作用的大小可以分为永久性档案和当期档案。

(一)永久性档案

永久性档案是指那些记录内容相对稳定,具有长期使用价值,并对以后审计工作具有重要影响和直接作用的审计档案。包括所有备查类工作底稿、综合类工作底稿中的审计报告底稿、管理建议书等。

(二)当期档案

当期档案是指那些记录内容经常变化,只供当期使用和下期审计参考的审计档案。主要是业务类工作底稿和综合类工作底稿。

(1) 审计计划阶段工作底稿。这种底稿包括总体审计策略和具体审计计划;对内部审计职能的评价;对外部专家的评价;对服务机构的评价;被审计单位提交的资料清单;主审注册会计师的指示;前期审计报告和经审计的财务报表;预备会会议纪要。

(2) 审计实施阶段工作底稿。这种底稿包括有关风险评估工作底稿;控制测试工作底稿;实质性程序工作底稿。

(3) 审计完成阶段工作底稿。这种底稿包括审计工作完成情况核对表;管理层声明书原件;重大事项概要;错报汇总表;被审计单位财务报表和试算平衡表;有关列报的工作底稿(如现金流量表、关联方和关联交易披露等);财务报表所属期间的董事会会议纪要;总结会会议纪要。

(4) 沟通和报告相关工作底稿。这种底稿包括审计报告和经审计的财务报表;与主审注册会计师的沟通和报告;与治理层的沟通和报告;与管理层的沟通和报告;管理建议书。

二、审计档案的归档期限和保管期限

1. 审计档案的归档期限

审计档案的归档期限为审计报告日后 60 天内;对于未完成审计业务的审计档案,则审计工作底稿的归档期限为审计业务中止后的 60 天内。

2. 审计档案的保管期限

对于当期档案,自审计报告签发之日起,至少保管 10 年。对于未完成的审计业务,应当自审计业务中止日起,将审计工作底稿至少保存 10 年。会计师事务所应当制定档案保管制度。对于保管期限届满的审计档案,会计师事务所可以决定将其销毁,销毁时应当按照规定履行必要的手续。

三、审计档案的变动

(一)审计工作底稿在归档期的变动

在归档期内,注册会计师可以对审计工作底稿作出调整,但只是针对下述事务性的工作。

(1) 删除或废弃被取代的审计工作底稿。删除主要是指删除整张原审计工作底稿,或以涂改、覆盖等方式删减原审计工作底稿中的全部或部分记录内容。废弃主要是指将原审计工作底稿从审计档案中抽取出来，使审计档案中不再包含原来的底稿。

(2) 对审计工作底稿进行分类整理和交叉索引。

(3) 对审计档案归整工作的完成核对表签字认可。

(4) 记录在审计报告日前获取的、与审计项目组相关成员进行讨论并取得一致意见的审计证据。

(二)审计工作底稿归档后的变动

一般情况下，在审计工作底稿归档后不需要对审计工作底稿进行修改或增加。如果发现有必要修改现有审计工作底稿或增加新的审计工作底稿，注册会计师应当记录以下内容：修改或增加审计工作底稿的时间和人员，以及复核的时间和人员。修改或增加审计工作底稿的具体理由。修改或增加审计工作底稿对审计结论产生的影响。

四、审计档案的保密与调阅

会计师事务所应建立严格的审计工作档案保密制度，并由专人保管，除下列情况外，会计师事务所不得对外泄露审计档案中涉及的商业机密。

(1) 法院及检察院因工作需要，在办理了规定的查阅手续后，可依法查阅审计档案中的有关审计工作底稿。

(2) 注册会计师协会对执业情况进行检查时，可查阅审计档案。

(3) 不同会计师事务所的注册会计师因审计工作的需要，并经委托人同意，办理了有关手续后，可要求查阅审计档案。

【案例解析】

审计报告分为标准审计报告和非标准审计报告。标准审计报告是注册会计师在对所查的全部项目都感到满意的前提下发表的审计报告；非标准审计报告包括保留意见审计报告、否定意见审计报告或无法表示意见审计报告。

在获取充分、适当的审计证据后，如果注册会计师认为错报单独或汇总起来对财务报表的影响重大且具有广泛性，应当发表否定意见。如果无法获取充分、适当的审计证据以作为形成审计意见的基础，且未发现的错报对财务报表可能产生的影响重大且具有广泛性，注册会计师应当发表无法表示意见审计报告。

案例中，重庆华源会计师事务所对重庆渝港钛白粉有限公司 1997 年度报告，出具了否定意见的审计报告。说明注册会计师认为重庆渝港钛白粉有限公司在经营活动中存在严重违法乱纪行为，会计处理严重违反会计准则和相关会计制度，存在重大错报，影响广泛，因而给出了否定的评价。

普华大华会计师事务所对石家庄宝石电子玻璃股份有限公司出具了无法表示意见的审计报告。说明注册会计师在审计过程中不能获取充分、适当的审计证据，未发现的错报影响重大且具有广泛性，以至于无法确定财务报表的合法性与公允性，因而无法表示意见。

高职高专互联网＋新形态教材·财会系列

项 目 小 结

本项目学习了审计工作的最后阶段——撰写审计报告。

在完成审计工作阶段要进行以下工作：一是审计差异调整，具体包括编制审计差异调整表和编制试算平衡表；二是评价审计结果；三是与治理层沟通；四是取得管理层声明；五是完成质量控制复核。

审计报告是注册会计师根据审计准则的规定，在实施审计工作的基础上对被审计单位财务报表发表审计意见的书面文件。它具有对财务报表的鉴证作用、对被审计单位利害关系人利益的保护作用和审计工作完成的证明作用。审计报告有其规定的基本内容，注册会计师应按其要素规范编写。

审计报告分为标准审计报告和非标准审计报告。标准审计报告是无保留意见的审计报告，是注册会计师在对所查的全部项目都感到满意的前提下发表的审计报告。非标准审计报告也称非无保留意见审计报告，包括保留意见审计报告、否定意见审计报告或无法表示意见审计报告。注册会计师应根据审计过程中形成的审计意见，选择编制不同的审计报告。

审计档案是会计师事务所审计工作的重要历史资料，按期限和作用可以分为永久档案和当期档案。会计师事务所应当建立严格的审计档案保密与调阅制度，并由专人保管。审计档案应按规定的归档期限和保管期限进行管理。审计档案在归档期和归档期后如需变动，应遵照相关规定进行。

项目强化训练

一、单项选择题

1. 会计师事务所应按规定的期限保存审计档案，自审计报告日起，至少保存(   )年。

   A. 5   B. 10   C. 20   D. 50

2. 会计师事务所对某股份有限公司的财务报表进行审计，审计报告的收件人应为(   )。

   A. 全体员工   B. 全体股东   C. 董事会   D. 董事长

3. 在审计报告中，(   )紧接在审计意见部分之后，用以提供关于审计意见的重要背景。

   A. 注册会计师的签名盖章   B. 形成审计意见的基础

   C. 注册会计师的责任   D. 管理层对财务报表的责任

4. 由于未能取得充分、适当的审计证据，且认为未发现的错报(如存在)对财务报表可能产生的影响重大且具有广泛性，注册会计师对被审计单位财务报表整体不能发表意见，应当(   )。

   A. 拒绝接受委托   B. 拒绝提供审计报告

   C. 出具无法表示意见的审计报告   D. 出具否定意见的审计报告

5. 如果注册会计师认为，有些已在财务报表中列报或披露的事项对财务报表使用者理解财务报表至关重要，有必要提醒财务报表使用者关注，可以在审计报告中增加( )。

    A. 引言段   B. 强调事项段

    C. 其他事项段   D. 说明段

6. 如果被审计单位限制注册会计师监盘构成总资产50%的存货，尽管对财务报表的其他项目都取得了满意的证据，但无法对存货运用替代审计程序，则应出具( )审计报告。

    A. 无保留意见   B. 保留意见

    C. 否定意见   D. 无法表示意见

7. 如果注册会计师无法就关联方和关联方交易获得充分适当的审计证据，应视为审计范围受到限制，并根据其对财务报表的影响程度出具( )的审计报告。

    A. 无保留意见或否定意见   B. 否定意见或无法表示意见

    C. 保留意见或无法表示意见   D. 保留意见或否定意见

8. 审计报告的日期可能为( )。

    A. 已审财务报表截止日   B. 董事会正式批准财务报表日

    C. 审计业务约定书签订日   D. 审计报告完稿日期

9. ( )表明注册会计师认为被审计单位财务报表整体无法接受。

    A. 无保留意见   B. 否定意见   C. 保留意见   D. 无法表示意见

10. 下列属于客观环境导致注册会计师的审计范围受到限制的原因有( )。

    A. 被审计单位管理层不允许注册会计师观察存货盘点

    B. 由于被审计单位存货的性质或位置特殊等原因导致注册会计师无法实施监盘

    C. 被审计单位管理层不允许注册会计师对应收账款实施函证

    D. 被审计单位管理层不提供主营业务收入相关的明细资料

二、多项选择题

1. 审计档案按其使用期限的长短和作用大小可以分为( )。

    A. 永久性档案   B. 当期档案   C. 审计计划档案   D. 审计实施档案

2. 下列属于当期档案的是( )。

    A. 总体审计策略和具体审计计划   B. 预备会会议纪要

    C. 与治理层的沟通和报告   D. 审计工作完成核对表

3. 注册会计师出具的审计报告的作用有( )。

    A. 鉴证作用   B. 保护作用

    C. 证明作用   D. 减轻注册会计师的责任

4. 下列各项属于审计报告基本内容的有( )。

    A. 审计意见   B. 形成审计意见的基础

    C. 管理层对财务报表的责任   D. 注册会计师的责任

5. 下列各项属于非标准审计报告的有( )。

    A. 无保留意见审计报告   B. 否定意见的审计报告

    C. 保留意见的审计报告   D. 无法表示意见的审计报告

6. 注册会计师应在审计报告的意见段之后增加强调事项段的情形有( )。

    A. 否定意见   B. 无法表示意见

    C. 保留意见   D. 带强调事项段的无保留意见

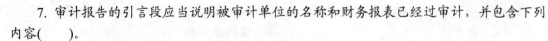

7. 审计报告的引言段应当说明被审计单位的名称和财务报表已经过审计,并包含下列内容(　　)。
   A. 指出构成整套财务报表的每张财务报表的名称
   B. 按照适用的财务报告编制基础编制财务报表,使其实现公允反映
   C. 提及财务报表附注
   D. 说明注册会计师的责任,对审计工作进行描述

8. 下列情况中,注册会计师应在审计报告的意见段之后增加强调事项段的有(　　)。
   A. 资产负债表日后被审计单位发生火灾,损失重大,已在财务报表中进行了适当的披露
   B. 可能无法偿还将要到期的重大债务,已有相应的措施,且已在财务报表中进行了适当的披露
   C. 可能无法偿还将要到期的重大债务,已有相应的措施,但未在财务报表中进行适当的披露
   D. 涉及其他注册会计师的工作,但无法复核

9. 下列属于标准无保留意见的审计报告应该包括的基本内容有(　　)。
   A. 财务报表批准报出日　　　　　B. 注册会计师的责任段
   C. 注册会计师的签名和盖章　　　D. 强调事项段

10. 在审计报告中,下列属于管理层对财务报表的责任段的内容有(　　)。
    A. 在实施审计工作的基础上对财务报表发表审计意见
    B. 已获取的审计证据是充分的、适当的,为其发表审计意见提供了基础
    C. 设计、实施和维护与财务报表编制相关的内部控制,以使财务报表不存在由于舞弊或错误而导致的重大错报
    D. 作出合理的会计估计

11. 注册会计师应当直接与治理层沟通的事项有(　　)。
    A. 注册会计师的责任　　　　　　B. 计划的审计范围和时间
    C. 审计工作中发现的问题　　　　D. 注册会计师的独立性

三、判断题(正确的在括号内打"√",错误打"×")

1. 注册会计师在出具审计报告前,应向被审计单位治理层索取书面声明,以明确会计责任与审计责任。　　　　　　　　　　　　　　　　　　　　　　　　　　　(　　)

2. 试算平衡表是注册会计师在被审计单位未审计财务报表的基础上,不考虑调整分录、重分类分录等内容,确定的已审数与报表披露数的表达形式。　　　　　　　　　(　　)

3. 项目质量控制复核是指在出具审计报告前,对项目组准备报告时形成的结论及拟出具的审计报告的适当性,作出客观评价的过程。　　　　　　　　　　　　　　　(　　)

4. 注册会计师明知应当出具否定意见的审计报告,为规避风险,可以用无法表示意见的审计报告代替。　　　　　　　　　　　　　　　　　　　　　　　　　　　　(　　)

5. 注册会计师应当将已审计的财务报表附于审计报告后,以便于财务报表使用者正确理解和使用审计报告,并防止被审计单位替换、更改已审计的财务报表。　　　　(　　)

6. 在获取充分、适当的审计证据后,如果认为错报对财务报表的影响重大且具有广泛性,注册会计师应当发表否定意见审计报告。　　　　　　　　　　　　　　　　(　　)

7. 如果认为财务报表整体是公允的，但因审计范围受到限制，不能获取充分、适当的审计证据，虽影响重大，但不至于出具无法表示意见的审计报告时，应当出具保留意见审计报告。　　　　　　　　　　　　　　　　　　　　　　　　　　　（　　）

8. 如果审计范围受到限制，不能获取充分、适当的审计证据，应出具无法表示意见的审计报告。　　　　　　　　　　　　　　　　　　　　　　　　　　（　　）

9. 在任何情况下，注册会计师都应当要求管理层就已识别的错报调整财务报表。
　　　　　　　　　　　　　　　　　　　　　　　　　　　　　　　（　　）

10. 标准意见审计报告，是注册会计师对被审计单位会计报表发表不带说明段的无保留意见的审计报告。　　　　　　　　　　　　　　　　　　　　　　　　　（　　）

四、实务题

1. 在下列相互独立的审计环境中，假设你是注册会计师，你会发表何种审计意见？

(1) 在对大兴公司的审计过程中，你发现存货存在严重高估的可能性。但是当你要进一步执行审计程序以证实存货高估的数量和金额时，客户拒绝合作。

(2) 你正在第一次对江北公司进行审计。江北公司已成立 5 年，但从来没有被审计过。在审计过程中，江北公司不同意你对期初余额进行审计。审计完毕后，你认为本期财务报表的编制符合《企业会计准则》的要求。

(3) 你是在于田百货公司会计年度结束日之后才被聘请对该公司进行审计的，所以无法对于田百货公司的期末存货进行盘点。你知道，对于田百货公司来说，存货项目非常重要。你设法通过执行替代程序获取了充分、适当的审计证据。审计工作完成后，你认为会计报表的编制符合《企业会计准则》的规定，公允地反映了于田百货公司的财务状况、经营成果和现金流量情况。

(4) 会计年度结束后大约四个星期，博乐公司的一家主要购货商宣告破产。注册会计师在对应收账款进行函证时，这个购货商确认了其所欠的金额，因此博乐公司拒绝对应收账款期末余额作出调整或者进行披露。该客户所欠的应收账款占流动资产总额的 10%，是当年净利润的 30%。

(5) 叶城运输公司原来采用购置运输车辆的经营政策。今年叶城运输公司决定不再购置运输车辆，改为租赁所需的车辆。会计政策也相应改为融资租赁的会计处理方法。该会计政策变更已经在会计报表中作了充分的披露。

要求：请你说明每种情况下你将发表的审计意见类型。如果所给的条件不足，可以自行设定。

2. 注册会计师张亮对昌都股份有限公司进行了 20×1 年度财务报表审计，发现了以下问题。

(1) 该公司的应收账款总额为 390 万元，其中有 220 万元注册会计师没有收到询证函回函，同时由于昌都股份有限公司缺乏相应的原始凭证，因此注册会计师也没办法实施替代程序。

(2) 多记主营业务收入 200 万元，公司 20×1 年的利润为 78 万元。

除了上述事项外，被审计单位的财务报表都符合企业会计准则的要求。注册会计师建议昌都股份有限公司调整年度财务报表，遭到拒绝。

要求：根据上述情况，请代替注册会计师出具恰当的审计意见，并说明理由。

五、简答题

1. 完成审计工作阶段要完成哪些工作?

2. 什么是审计报告?审计报告有哪些作用?

3. 审计报告的基本内容包括哪些?

4. 审计报告有哪些意见类型?

5. 审计档案的种类有哪些?

 微课视频

扫一扫,获取本项目相关微课视频。

10.1.完成审计工作　　10.2.1 审计报告的作用与内容　　10.2.2 审计报告的类型　　10.3 保管审计档案

参 考 文 献

[1] 中国注册会计师协会. 审计[M]. 北京：中国财政经济出版社，2020.

[2] 李晓慧. 审计学原理与案例[M]. 3 版. 北京：中国人民大学出版社，2020.

[3] 王宏，林冬梅. 审计基础与实务[M]. 北京：中国人民大学出版社，2020.

[4] 陶媛婷. 审计学原理[M]. 上海：上海财经大学出版社，2020.

[5] 秦荣生. 审计学[M]. 10 版. 北京：中国人民大学出版社，2020.

[6] 颜永廷. 审计基础与实务[M]. 大连：东北财经大学出版社，2020.

[7] 蔡维灿，林克明. 审计基础与实务[M]. 北京：北京理工大学出版社，2020.